国家社科基金教育学2015年度一般课题
“知识生产模式视域下地方高校智库建设研究”（BIA150114）最终成果

地方高校智库建设

——理论与实践

刘福才　张振宇　著

湘潭大学出版社

图书在版编目(CIP)数据

地方高校智库建设 : 理论与实践 / 刘福才, 张振宇著. -- 湘潭 : 湘潭大学出版社, 2020.8
ISBN 978-7-5687-0451-9

Ⅰ. ①地… Ⅱ. ①刘… ②张… Ⅲ. ①地方高校-咨询服务-研究-中国 Ⅳ. ①G649.2

中国版本图书馆 CIP 数据核字(2020)第 145977 号

地方高校智库建设——理论与实践

刘福才 张振宇 著

责任编辑:王正杰
封面设计:李 平
出版发行:湘潭大学出版社
社 址:湖南省湘潭大学工程训练大楼
电 话:0731-58298960 0731-58298966(传真)
邮 编:411105
网 址:http://press.xtu.edu.cn/
印 刷:广东虎彩云印刷有限公司
经 销:湖南省新华书店
开 本:787 mm×1092 mm 1/16
印 张:22.25
字 数:344 千字
版 次:2020 年 8 月第 1 版
印 次:2022 年 1 月第 1 次印刷
书 号:ISBN 978-7-5687-0451-9
定 价:68.00 元

前　言

随着新时代治国理政理论与实践的不断完善，党和国家高度重视中国特色新型智库建设，并将其作为保障决策科学化民主化程度、提升国家治理体系与治理能力现代化水平、增强国家软实力的重要举措。《中国教育现代化2035》明确提出，加强中国特色新型智库建设。党的十九届四中全会明确提出，健全决策机制，加强重大决策的调查研究、科学论证、风险评估。新时代有效提升治国理政水平，推进国家治理体系和治理能力现代化，一个重要前提就是要履行智库使命、提升咨政智慧、更好地发挥智库软实力作用。

在构建“定位明晰、特色鲜明、规模适度、布局合理的中国特色新型智库体系”政策倡议中，作为中国特色新型智库体系的重要组成部分，高校智库建设正值政策利好的新时期。中国特色新型高校智库制度体系与制度能力现代化，是高等教育治理体系和治理能力现代化的重要内容。质量是影响高校智库生存发展的生命线，体现了高校智库的根本价值。在高等教育“质量革命”新时代，高校智库高质量发展是实现高等教育内涵式发展的基本要求，是全面提高高等教育质量的题中应有之义。

《中国特色新型高校智库建设推进计划》强调牢固树立质量第一的评价导向，完善以贡献和质量为导向的绩效评估办法。2020年2月14日，中央全面深化改革委员会第十二次会议审议通过了《关于深入推进国家高端智库建设试点工作的意见》，明确提出，建设中国特色新型智库是党中央立足党和国家事业全局做出的部署，要“精益求精、注重科学、讲求质量”，切实提高服务决策的能力水平。与我国经济发展转向高质量发展阶段相适应，中国特色高校智库建设正面临转型升级、走向高质量发展的机遇和挑战。最新数据显示，2018 年中国智库索引（CTTI）共收录 441 家高校智库，但进入“全国高校智库百强”榜单的地方高校智库数量明显偏少。可以预判，未来 15 年我国地方高校智库也必将走向推动机制创新、全面提升质量的新阶段，并实现高质量驱动教学、科研和服务职能深度融合。

自 20 世纪 90 年代以来，西方发达国家普遍将“高质量、独立性和影响力”作为智库至上的核心价值。以智库形式高质量服务政府决策咨询活动已普遍成为西方高校对接社会需求的重要形式。美国宾夕法尼亚大学“智库研究项目”（TTCSP）研究编写了《全球智库报告 2018》，从各国智库数量排名来看，美国以 1871 家智库仍居世界第一，美国 75% 的智库设在大学。2018 年中国拥有 507 家智库，数量位居世界第三，但在全球顶级智库百强中，唯一的中国高校智库是北京大学国际战略研究院。关于高校智库研究路径与理论基础，西方教育智库研究逐渐形成了历史主义、实证主义和国际比较研究三个主要研究路径，这些研究以智库影响政策过程为主线，以多元理论、精英理论、国家理论等政治学理论为基础，构成了西方高校智库研究的主流形态。

我国高校智库研究起步于 20 世纪 80 年代。高校智库是中国特色新型智库体系的重要组成部分，在研判形势、影响公共决策和社会舆论等方面发挥着重要作用。2018 年 CTTI 数据统计共收录 706 家来源智库，从绝对数量上来看，占比高达 62% 的高校智库是来源智库最主要的类型，在我国智库体系中占据了半壁江山。但是，目前我国高校研究机构尽管很多，但明确以智库质量提升为明确定位，重视问题导向、需求导向及目标导向有机结合的地方高校智库并不多。教育部目前已设立 42 家国别和区域研究培育基地，备案 394 家国别和区域研究中心，实现了国别和区域研究的全覆盖，但智库高质量发展水平和核心竞争力与世界一流大学智库相比仍有很大差距。相对于官方智库来说，中国地方高校智库对政府决策贡献率和社会影响力仍不理想。部分研究针对性和实践性不强、过于学术化，不能很好地转变观念、改变科研方式及评价方式。绝大多数地方高校尚缺乏主动面向政府和地方区域经济社会服务的意识和能力。高质量、具有核心竞争力的地方高校智库在服务政府决策和社会需求、推动区域经济发展中应该发挥的实际作用，并没有引起人们的普遍重视。聚焦地方高校智库的独特性、对错位发展的质量研究也相对缺位，这在一定程度上影响着“定位明晰、特色鲜明、规模适度、布局合理的中国特色新型智库体系”的可持续发展。关于高校智库研究的理论基础及其方法论指导，大多数相关研究停留在政策阐释及对策研究层面，对其质量内涵界定及其维度分解缺乏明晰的理论基础和方法论指导，这在一定程度上不利于当前中国特色新型地方高校智库质量研究的拓展和深化。

本书以迈克尔·吉本斯等人提出的知识生产模式理论、政策过程理论、新公共服务理念为理论基础，分别从微观、中观和宏观层面三个视角解读地方高校智库建设所面临的现状和问题。这三个理论贯穿于本书各章的内容之中，其中以知识生产模式理论为本书的主要理论基础。该知识生产模式理论认为，20 世纪 80 年代中期以来，西方学术界正在发生一场革命性的学术转型，知识生产模式Ⅰ正在转向知识生产模式Ⅱ。模式Ⅰ是基于学科的，并且将所谓的“基础”和“应用”明确区分开来；模式Ⅱ的知识生产是跨学科的，其特点是“基础”和“应用”之间、理论和实践之间不断交互。模式Ⅱ从对于研究取向的探索转移到了对于情境性的成果探索，即知识的开发和利用要求参与到知识的生产之中。智库的本质是一个知识生产组织。地方高校智库建设和发展的理论基础呈现出知识生产模式Ⅱ的基本特点，即跨学科、实用化、以解决问题为导向。

本书以地方高校智库为研究对象，基于地方高校立足服务区域经济社会发展的基本立场，通过问卷调查研究，对全国 137 所地方高校智库建设现状进行了实证分析，诊断地方高校智库在组织机构建设、研究团队建设、学科建设、智库平台建设、国际交流平台、智库服务面向、成果影响力等方面的实然表现；通过对浙江师范大学非洲研究院进行个案研究，解读了地方高校智库特色化创新发展的经验；结合粤港澳大湾区高校智库协同发展研究，分析了制约高校智库协同发展的瓶颈，如粤港澳三地未形成一体化的高层决策机制与政策咨询市场，三地高校之间尚未形成有效的协同机制，在组织建设、项目申报、数据共享、人员流动和成果转化等方面存在一定的壁垒。

本书对地方高校智库建设和发展进行了国别考察，重点选取几个具有代表性的、不同文化类型的国家作为参照。对英国高校智库的研究，选取了宾夕法尼亚大学《全球智库报告2017》中英国高校智库排名榜中的四个案例进行比较分析；对美国高校智库的研究，选取了宾夕法尼亚大学“智库和公民社会项目”发布的《全球智库报告2017》中影响力较大的四家美国高校智库作为案例，分别从组织要素及组织特征两个方面探讨英国和美国高校智库的建设现状。通过分析以协调型市场经济的德国、自由市场经济的英国、混合型市场经济的丹麦为代表的三种不同政策咨询系统中智库的三个成果产出指标，研判政策咨询系统的差异与智库产出之间的关系，发现智库的产出传播活动因不同的政策咨询系统而变化。这些比较研究结论对于我国新型高校智库建设有重要的启示价值。

本书从地方高校智库建设的文化特质及价值定位两个视角进行了规范研究。首先，地方高校智库应坚守智库建设的文化定位，坚持文化先行。新时代高等教育发展方式转型要求实现内涵式发展，重视地方高校智库文化培育研究，涵养新型高校智库文化生态，增强文化软实力，是高等教育内涵式发展的新要求。为此，高校智库文化的特质亟须凝练，文化特质在地方高校智库发展中的价值引领作用亟待发挥。其次，作为一种特殊类型的新型智库，地方高校智库的价值定位及可持续发展等问题，尚有待于进一步探索。从现实来看，地方高校智库在自身建设中尚存在一系列的困扰与争议，诸多现实困境限制了其功能的有效发挥。如何调适这些冲突，促进其健康可持续发展，亟须做出学理上的回应。

本书积极回应当前我国地方高校智库建设的政策意义和价值，探讨高校综合改革背景下中国特色地方高校智库建设的理论基础，为实现新时代高等教育内涵式发展、全面提高高等教育质量提供了建设思路。本书是笔者主持的国家社科基金教育学2015年度一般课题“知识生产模式视域下地方高校智库建设研究”（课题批准号：BIA150114）最终成果。在研究过程中，课题组严格按照相关要求展开工作，坚守学术标准，针对我国当前地方高校智库建设面临的瓶颈问题，扎实细致地进行了系列研究，多次在学术交流中介绍项目的进展情况，获得了学界的好评。项目按时结项，鉴定等级为良好。在此，感谢课题组成员张振宇、余晖、杨尊伟、苑健、张继明参与课题调研并负责书稿专章的撰写工作，感谢浙江师范大学非洲研究院刘鸿武院长和王珩教授对本课题调研的学术支持，感谢济南大学张伟教授对本课题实证研究的专业指导！

刘福才

2020年2月28日

目　录

第一章　导　论

第一节　新时代加强高校智库建设的政策价值

党的十八大以来，随着治国理政理论与实践的不断完善，党和国家高度重视中国特色新型智库建设，并将其作为保障决策科学化民主化程度、提升国家治理体系与治理能力现代化水平、增强国家软实力的重要举措，智库的决策咨询功能日益凸显。作为中国特色新型智库体系的重要组成部分，高校智库建设正值政策利好的新时期，高校智库随之得到了空前的重视与发展，其政策价值日益得到体现和凸显。

一、有助于优化依法科学民主决策的制度环境

高校智库建设需要良好的外部政策生态，党和国家对于智库功能的高度肯定及相关政策的积极引领，催生了高校智库的健康发展。2012 年 11 月党的十八大报告提出："坚持科学决策、民主决策、依法决策，健全决策机制和程序，发挥思想库作用。"将思想库建设作为党和政府决策咨询的重要保障机制。随后，《国务院工作规则》（国发［2013］16 号）第五章"实行科学民主决策"中明确指出："把公众参与、专家论证、风险评估、合法性和集体讨论决定作为重大决策的必经程序。"党的十八届三中全会强调指出："要加强中国特色新型智库建设，建立健全决策咨询制

度。”2014 年 10 月 27 日，《关于加强中国特色新型智库建设的意见》提交“深改组”第六次会议审议，习近平总书记就智库建设再次发表重要讲话，强调要从推动科学决策、民主决策，推进国家治理体系和治理能力现代化、增强国家软实力的战略高度，把中国特色新型智库建设作为一项重大而紧迫的任务切实抓好。党的十八届三中全会以后，中央全面深化改革领导小组将政策评估任务委托给国务院发展研究中心、中国科学院、中国社会科学院这三家相对独立、无涉部门利益的研究机构，第三方专业评估政策由此正式得以确认。十八届四中全会通过了《中共中央关于全面推进依法治国重大问题的决定》，加快推进了决策机制和决策程序法制化进程，把公众参与、专家论证、风险评估、合法性审查和集体讨论确定为重大行政决策的法定程序，建立行政机关内部重大决策合法性审查机制，建立重大决策终身追究制度及责任倒查机制。由此，智库功能的发挥明确嵌入到政府的决策程序中，从传统的务虚程序转化为法定的决策咨询过程。中国特色新型智库是党和政府科学民主依法决策的重要支撑。健全中国特色决策支撑体系，大力加强智库建设，可以保障以科学咨询支撑科学决策，以科学决策引领科学发展。

依法民主科学决策是当前中国高校智库建设的外部制度环境，也是高等教育治理的制度环境。依法科学民主决策体制，直接决定智库体制，高校智库体制机制建设都是在决策制度的框架下进行的，并取决于我国当前依法科学民主决策体制的进程。目前，尽管高校智库参与有效决策在实践层面还缺少必要的保障机制，但是，对于高校智库而言，无论何种形式的决策咨询行为，高校智库作为国家和社会治理的主体之一，基于社会大众利益的基本立场，进行对策性研究和前瞻性研究。这是因为，“学者的使命主要是为社会服务，因为他是学者，所以他比任何一个阶层都更能真正通过社会而存在，为社会而存在。因此，学者特别担负着这样一个职责：

优先地、充分地发展他本身的社会才能。”① 高校智库的学者应当把自己为社会而获得的知识，真正用于造福社会，随时随地指明特定条件下出现的社会需求，以及为达到需求目标所需要的特定手段。因此，要重视发挥智库成员参与咨政服务的积极性、主动性，注重发挥好高校应有的社会服务和政府治理的基本职能。高校智库都不再将自己的功能定位于传统意义上的领导意志的“传声筒”、利益集团的“代言人”，而应该是基于事实和问题真相的咨政建言，依法规范决策程序，提高决策透明度和公众参与度，以保证决策的民主化和科学性，为推动决策的法治化进程提供良好的制度环境。

二、有助于推动国家和社会治理体系现代化

加强现代智库建设，通过优化智库的决策咨询功能，服务国家发展战略和社会发展需求，是现代国家政府和社会治理改革的发展趋势。从全球社会治理变革的理论探讨和实践举措来看，智库作为现代社会从事战略和政策研究、咨询的专业机构，是现代政治运作、行政管理和社会治理综合需求的产物，是知识社会分工进一步细化的产物。大学智库作为现代智库体系的重要组成部分，通过供给思想、生产知识，实质性地影响决策制定，已经成为沟通国家与国家、政府与政府、政府与公众之间的知识桥梁，在更新治理理念，提升国家和社会治理能力过程中扮演着越来越重要的角色。相对于传统大学发展模式而言，“当今高等教育面临的主要挑战之一是如何满足世界各地对于专业资质的大量需求，同时还要让高等教育在以研究为目的和手段的培养工作中继续起到重要作用。在全球竞争日益激烈的情况下，需要重新界定将高等教育机构与社会联系起来的社会契约。这给我们熟知的大学模式的发展前途提出了一些重要问题。”② 不断变

① ［德］费希特．论学者的使命　人的使命［M］．梁志学、沈真译．北京：商务印书馆，2013：48.

② 联合国教科文组织．反思教育：向“全球共同利益”的理念转变？［M］．联合国教科文组织总部中文科译．北京：教育科学出版社，2017：45.

革的高等教育发展外部环境，挑战着现代大学智库的功能定位，并促使人们关注基于学术自治的传统大学组织的知识生产转型与内部治理模式变革。

建设中国特色新型智库是推进国家治理体系和治理能力现代化的重要组成部分。党的十八届三中全会提出推进国家治理体系和治理能力现代化。智库作为一种制度安排，已成为国家和社会治理体系的重要组成部分。推进国家治理体系和治理能力现代化，必须提升智库能力建设的现代化。党的十九大报告明确提出，中国特色社会主义进入新时代，这一重大判断给高等教育赋予了新要求和新机遇。习近平总书记在党的十九大报告中指出，“建设教育强国是中华民族伟大复兴的基础工程。”教育是民族振兴的基石，大学是民族精神的脊梁。我国高等教育发展进入了一个新时代，新时代高等教育内涵式发展已经成为高等教育发展的战略抉择，其要义之一就是高等教育研究机构的创新发展。大学发挥智库功能是大学服务国家和社会的需要，培育优秀智库是大学的义务和责任，这是新时代高等教育改革与发展的新使命和新需要。面向新时代，作为高等教育研究咨询机构的高校智库担负着更重大的使命，高校智库建设将助力高等教育研究，积极推动高等教育内涵式发展和高等教育强国建设，完善和发展中国特色社会主义制度，推进国家治理体系和治理能力现代化。

三、有助于提升国家软实力

一个国家的发展进程及其国际竞争力，既是包括基础资源、军事力量、经济力量和科技力量等硬实力提升的进程，也是意识形态、思想文化、价值观念、知识传播等软实力提升的进程。哈佛大学教授约瑟夫·奈在20世纪90年代提出“软实力”，泛指国家的凝聚力、文化认同程度和国际机构参与程度等。“软实力是一个国家综合国力的重要体现，具有超强的扩张性、传导性，能够超越时空，并对人类的生活方式和行为准则产生重大而深远的影响。”[1] 党的十七大报告提出，要提升文化软实力。文化是一个国家、一个民族的灵魂。高校智库是大学的名片，是大学文化交流功能的主要承载平台之一，高校智库是以思想交流和知识生产为基础而提供的软基础设施，无论是宏观层面的国家战略框架，还是微观层面的社区民意表达，作为软实力的重要力量，高校智库立足专业视角和全球视野，研判分析问题，促进文化融合，加深人们对政策文化的包容互鉴，是国家软实力的重要载体。

在当前加快中国特色新型高校智库建设过程中，高校智库作为国家软实力的重要载体，高校智库建设已经提升到了国家软实力建设的战略高度。2014 年习近平主席访问德国时提出“智库外交”，成为中国与国际交流合作的“二轨外交”。2015 年 1 月 21 日，中共中央办公厅、国务院办公厅联合印发《关于加强中国特色新型智库建设的意见》，特别强调：“树立社会主义中国的良好形象，推动中华文化和当代中国价值观念走向世界，在国际舞台上发出中国声音，迫切需要发挥中国特色新型智库在公共外交和文化互鉴中的重要作用，不断增强我国的国际影响力和国际话语权。”我国新型智库发展进入了历史新阶段。这对智库，特别是高校智库的建设提出了重大任务，也提供了难得的发展机遇。树立新时代中国社会主义的良好形象，推动中华文化和当代中国价值观念走向世界，在国际舞台上发出中国声音，迫切需要发挥中国特色新型高校智库在公共外交和文化互鉴（互动交流而非单向行为）中的重要作用，不断增强我国的国际影响力和国际话语权。高校智库越来越成为国际竞争力的重要因素，在对外交往中发挥着不可替代的作用。

第二节　政策法规保障视域中我国高校智库的发展历程

政策法规最基本的功能是其保障功能。为适应新时期我国不同历史发

① “地方政府智库建设研究”课题组．地方政府智库建设研究［M］．北京：中国发展出版社，2015：32—33.

展阶段国内外形势发展的需要，更好地服务于党和国家关于经济社会发展的总体部署，党和政府出台了关于加强高校智库建设的各种政策和法规，为中国特色新型高校智库健康、可持续发展提供了有力的法律保障和政策支持。

一、高校智库建设的发端

《中华人民共和国高等教育法》第四十四条第二款规定："教育行政部门负责组织专家或者委托第三方专业机构对高等学校的办学水平、效益和教育质量进行评估。评估结果应当向社会公开。"高校智库是以知识生产、科学发现、思想传播、社会服务、文化传承等为基础进行服务政府和社会的学术组织机构。作为学术专业机构的高校智库，其基本定位是以知识生产为基础、决策咨询服务为导向，有资历作为第三方专业机构，参与包括针对高等学校在内的学术组织及其他性质类型的组织机构、行业企业等，对其进行政策评估、决策咨询及社会服务。《中华人民共和国高等教育法》中关于第三方专业机构参与评估的条款内容，为高校智库职能的全面行使提供了直接的法理依据和保障。

《国家中长期教育改革和发展规划纲要（2010—2020 年）》要求高校"积极参与决策咨询，积极开展前瞻性、对策性研究，充分发挥智囊团、思想库作用"。基于高校智库本身所具有的知识基础和专业性质，参与决策咨询和政策评估应当是赋予高校智库的一项新的职能。

2011 年教育部和财政部联合制定《高等学校哲学社会科学繁荣计划（2011—2020 年）》（教社科［2011］3 号），其中主要内容之一规定如下："推进哲学社会科学成果的转化应用，强化哲学社会科学育人功能，普及哲学社会科学知识，大力开展决策咨询研究，积极发挥思想库和智囊团作用，构建哲学社会科学社会服务体系，全面提升社会服务水平。"该繁荣计划明确将加强哲学社会科学应用对策研究作为重点建设内容，特别提出，着眼党和国家的战略需求，聚焦社会建设和发展的重大问题，"推进高等学校与国家部委、地方政府等合作建设咨询型智库，推出系列发展报告和政策建议，以扎实有力的研究成果服务于党和政府的决策。”

2012 年 3 月《教育部关于全面提高高等教育质量的若干意见》（高教 30 条）提出，围绕服务经济社会发展，繁荣发展高校哲学社会科学，应该瞄准国家发展战略和重大国际问题，推进高校智库建设。

2012 年 11 月党的十八大报告提出：“坚持科学决策、民主决策、依法决策，健全决策机制和程序，发挥思想库作用。”此后，以习近平同志为核心的党中央对中国特色新型智库建设做出了一系列重要指示和部署。

研究解决社会现实问题，回应解答社会发展问题，这是我国哲学社会科学理论创新的动力源泉，更是应有的社会担当。加强智库建设是“推动高等教育改革发展和繁荣发展哲学社会科学的重点任务”。重点把握、解读国家层面颁布的关于哲学社会科学的文本及其精神，有利于帮助我们了解高校智库建设与繁荣发展哲学社会科学之间的关系。高校智库无疑是建构中国特色哲学社会科学的重要抓手，也是探索社会科学知识生产如何经世致用的有效途径之一。跨学科的、问题导向的智库研究必将催生中国特色哲学社会科学的“智库范式”。高校智库建设由此进入了发展的新时期。

二、高校智库建设的推进

2013 年 5 月刘延东同志在教育部讲话，强调高校要发挥思想库、智囊团的作用。2013 年 3 月《国务院工作规则》（国发［2013］16 号）第五章“实行科学民主决策”中明确指出，要“把公众参与、专家论证、风险评估、合法性审查、集体讨论决定作为重大决策的必经程序”。智库工作被明确嵌入政府的决策程序，由原来指导性的务虚程序变为法定的参与决策的过程。智库参与决策的过程，是一个决策公开的过程、提高决策透明度和公众参与度的过程。这一重大举措，被智库界看作智库发展环境的制度保障。

2013 年 11 月党的十八届三中全会明确提出要“加强中国特色新型智库建设，建立健全决策咨询制度”，以党的文件形式将加强中国特色新型智库建设确定为国家战略，从顶层设计、制度建设、对外交流等方面为中国智库建设指明了发展方向，从此中国智库进入高质量有序发展的新时代。

党的十八届三中全会后，中央全面深化改革领导小组将政策评估任务分给国务院发展研究中心、中科院、中国社科院三家相对独立、没有部门利益的研究机构，由此开始了第三方专业评估政策的序幕，第三方政策评估是新近赋予智库的一项重要职能。

三、高校智库建设的勃兴

自 2014 年伊始，新型高校智库建设在我国蓬勃兴起。2014 年 2 月 10 日，教育部发布《中国特色新型高校智库建设推进计划》（教社科［2014］1 号），强调“面向区域发展需要，在高校培育一批面向区域产业发展需要的特色政策咨询机构”。发挥高校学科齐全、人才密集的优势。聚焦重大问题，服务国家战略。要求高校明确智库建设定位，聚焦国家重大现实问题，整合优质资源，为党和政府科学决策提供高水平智力支持。在“推进计划”的激励下，各高校掀起了一股智库建设的新热潮。

2014 年 10 月，中央全面深化改革领导小组第六次会议审议了《关于加强中国特色新型智库建设的意见》，习近平总书记在讲话中强调，要“统筹推进党政军智库、社科院智库、高校智库、民间智库协调发展，形成定位明晰、特色鲜明、规模适度、布局合理的中国特色新型智库体系”。中国特色新型智库的组成及其体系特征得到全面、精准的阐述。

2014 年 10 月党的十八届四中全会通过的《中共中央关于全面推进依法治国若干重大问题的决定》提出：“把公众参与、专家论证、风险评估、合法性审查、集体讨论决定确定为重大行政决策法定程序，确保决策制度科学、程序正当、过程公开、责任明确。”提出要健全依法决策机制，将专家论证作为重大行政决策的法定程序之一，赋予了智库新的职责使命。智库的功能与定位进入了决策合法化的层面。以知识和智力为基础的专家咨询和公众参与是公共政策制定的重要环节，智库越来越明显地彰显出集成专家咨询和公众参与的独特优势。充分发挥好智库作用是决策科学化、民主化的重要表现，以法定形式规范和保障智库在公共政策制定过程中有效参与，是实现依法科学民主决策的必要前提。

2015 年 1 月，中共中央办公厅、国务院办公厅印发的《关于加强中国特色新型智库建设的意见》指出，中国特色新型智库是以战略问题和公共政策为主要研究对象、以服务党和政府科学民主依法决策为宗旨的非营利性研究咨询机构。该《意见》明确指出，把高校智库作为中国特色新型智库建设的重要力量；形成定位明晰、特色鲜明、规模适度、布局合理的中国特色新型智库体系；加强顶层设计、统筹协调和分类指导，突出优势和特色，调整优化智库布局，促进各类智库有序发展，并提出了衡量中国特色新型智库的基本标准。关于智库评价标准问题，《关于加强中国特色新型智库建设的意见》特别突出提出："完善以质量创新和实际贡献为导向的评价办法。"突出围绕智库质量文化，评价体系包括四个标准，即原则性标准、中国特色标准、国际化惯例标准、学理性标准、需求侧标准。[①]从此，大学智库建设开始走向自觉状态，许多大学把大学智库建设定位在人文社会科学学科发展的方向，根据中国特色新型智库的基本标准，着力推动着大学智库的内涵建设。

2016 年 11 月 7 日，中共中央办公厅、国务院办公厅联合印发了《关于实行以增加知识价值为导向分配政策的若干意见》。该意见通过优化以增加知识价值为导向的分配政策，旨在深化高等教育领域高校社会服务功能研究的内容，以推动高校职能与智库职能有机对接。这些内容规定，契合了地方高校智库建设要向新的知识生产模式转型的基本要求。

2017 年 1 月 10 日，《国务院关于印发国家教育事业发展"十三五"规划的通知》（国发［2017］4 号）在"完善高校哲学社会科学体系"内容中提出："推进中国特色新型高校智库建设。"并设立专栏"中国特色新型高校智库建设推进计划"，具体针对高校智库做出规定："统筹规划高校各类科研机构、人才团队和项目设置，建立形式多样、结构合理的高校智

① 牟岱．构建新时代中国智库建设的评价体系［N］．中国社会科学报，2018－02－01.

库。深化高校人文社会科学重点研究基地综合改革，重点建设一批国家急需、特色鲜明、制度创新、引领发展的专业化高端智库。建立咨政研究核心人才库，培养一批复合型智库人才和咨政研究团队。拓展成果应用渠道，支持高校举办高层智库论坛，打造智库成果发布品牌。”

2017 年 2 月 6 日，中央全面深化改革领导小组第三十二次会议审议通过了《关于社会智库健康发展的若干意见》，这是继中央“两办”《关于加强中国特色新型智库建设的意见》出台后，中央层面首次专门对社会智库进行谋划。《关于社会智库健康发展的若干意见》指出：“规范和引导社会智库健康发展，对发挥民间智力、为党和政府决策服务具有重要意义。要坚持用党的理论和路线方针政策引领社会智库建设，坚持把社会责任放在首位，紧紧围绕党和政府决策的重大课题开展咨询研究。要优化发展环境，拓展社会智库参与决策服务的有效途径，完善社会智库人才政策。要完善管理体制，建立重大事项报告制度和信息公开制度。”从提出要建设新型智库开始，到专门就社会智库发展发表重要讲话，这表明中国智库建设和智库改革，正在迈向新的阶段。

2017 年 5 月，《国家“十三五”时期文化发展改革规划纲要》提出：“充分发挥中国特色新型智库作用，形成定位明晰、特色鲜明、规模适度、布局合理、能进能出的中国特色新型智库体系。”① 将中国特色新型智库建设工程作为专栏内容，特别突出以下内容：“国家高端智库建设：重点扶持一批国家急需、特色鲜明、制度创新、引领发展的专业化高端智库。加强社科院、党校、行政学院、高校、企业等智库建设。”将包括高校智库在内的智库建设，提升到了文化发展和建设的战略高度。

2017 年 9 月 24 日，中共中央办公厅国务院办公厅印发《关于深化教育体制机制改革的意见》，强调“加强高等学校智库建设，推进高等学校

① 国家“十三五”时期文化发展改革规划纲要［EB/OL］. http://www.xinhuanet.com/local/2017-05/08/c_129593485.htm.

开展前瞻性、政策性研究，积极参与决策咨询”。①

2017年11月，习近平总书记在党的十九大报告中提出，“坚定文化自信，推动社会主义文化繁荣兴盛”，在“牢牢掌握意识形态工作领导权”的内容里，重点指出“深化马克思主义理论研究和建设，加快构建中国特色哲学社会科学，加强中国特色新型智库建设”。②

2019年2月23日，中共中央、国务院印发了《中国教育现代化2035》，明确将“提高高等学校哲学社会科学研究水平，加强中国特色新型智库建设”作为面向教育现代化的未来15年的建设内容。围绕十大战略任务之一的“提升一流人才培养与创新能力”，通过加强中国特色新型智库建设，健全有利于激发创新活力和促进科技成果转化的科研体制，明显提升高等教育竞争力。

2020年2月14日，中央全面深化改革委员会第十二次会议审议通过的《关于深入推进国家高端智库建设试点工作的意见》特别强调，建设中国特色新型智库要“精益求精、注重科学、讲求质量”，切实提高服务决策的能力水平。与我国经济发展转向高质量发展相适应，中国特色高校智库正面临转型升级、走向高质量发展的机遇和挑战。

综观上述我国高校智库建设所经历的三个发展阶段，可以发现，推进高校智库建设，是推进新时代我国经济社会发展、繁荣哲学社会科学对高校智库作为知识组织属性的客观要求；是以习近平新时代中国特色社会主义思想为指导，在不断完善中国特色社会主义制度的过程中，通过高校智库知识生产服务决策咨询机制、提高治国理政能力的最新实践领域。推进高校智库建设与党和政府决策制度之间关系密切，二者是一种相互作用、相互促进的关系。一方面，高校智库的体制性问题首先取决于科学民主决策体制建设的制度环境及其推进情况，任何组织形式的智库都必须在决策制度的框架下运行；另一方面，新时代中国特色新型高校智库立足自身的

---

① 关于深化教育体制机制改革的意见［EB/OL］. http：//szs. mof. gov. cn/mofhome/mof/zhengwuxinxi/caijingshidian/xinhuanet/201709/t20170925_ 2711045. html.

② 习总书记十九大报告全文［EB/OL］. https：//www. liuxue86. com/a/3351261. html.

知识、学科和人才优势，以服务国家和社会治理为中心，以研究重大理论问题和实践问题为出发点，不断创新组织方式和管理体制机制，积极发挥知识与政策团体的桥梁沟通作用，通过提高决策咨询质量，促进科学民主依法决策，为新时代中国特色社会主义健康发展提供理论支撑和智力支持。

正是上述不同发展阶段利好政策法规的出台，有力地发挥了政策法规对于中国特色高校智库建设的保障功能，使高校智库体制机制和决策制度两者之间不断优化，推动着中国特色新型高校智库建设逐渐走向良性发展的轨道。

第三节　核心概念

一、地方高校

从高等教育管理体制上而言，根据《中华人民共和国高等教育法》第十三条规定："省、自治区、直辖市人民政府统筹协调本行政区域内的高等教育事业，管理主要为地方培养人才和国务院授权管理的高等学校。"第十四条规定："国务院教育行政部门主管全国高等教育工作，管理由国务院确定的主要为全国培养人才的高等学校。"依据行政管理方式的不同，通常将我国的高等院校划分为国务院教育行政部门主管的部属高校和地方人民政府管辖的地方高校两大类，前者由国家财政拨款，后者由地方财政拨款；前者如教育部直属的重点建设的"双一流"高校（之前有"985""211"高校），后者则是非"双一流"高校，如省属高校、地市级高校等。与部属高校相比，地方高校规模较小，层次不高，师资队伍相对较弱，但也是地市级城市人才最为集中的地方，是地级市经济发展的智力支持，一般由省市共管，以省管为主。《高等学校中长期科学和技术发展规划纲要(2006—2020年)》特别指出："地方高校是我国高等教育体系的重要组成部分，是我国科技创新队伍中的有生力量、区域创新体系的核心组成部分。”[①] 地方高校在我国高等教育体系中地位举足轻重，不仅承载着高等教育大众化的职责，而且承担着为地方社会经济发展服务的功能。

综合学术界已有的研究成果，关于“地方高校”的判别，可从高校管理权限归属、财政拨款主体、高校服务面向三个维度予以相应界定：一是依据归属关系。从行政区划上看，与从属于教育部或其他部委的部属高校相比较，地方高校是各省、自治区和直辖市所属的大学。二是依据财政拨款主体。部属高校财政拨款的主体是国家各部委，而地方高校的财政拨款主体是地方政府。三是依据高校的服务面向。地方高校的服务范围和服务对象主要面向地方，主要为区域经济社会发展和地方政府决策服务。

随着人们对地方高校认识的不断深入，越来越多的专家和学者认为，上述三种观点仅仅立足某一个视角解读地方高校，需要综观各种要素全方位地对地方高校进行界定，如地方高校是指“隶属于全国各省、自治区、直辖市，主要由地方行政部门划拨经费，靠地方财政供养，部分由地方和中央共同投资的，由地方政府管理，主要面向地方，服务地方经济和社会发展的普通高等院校”。[②] 有研究者特别指出，地方高校之所以定位于地方，侧重指大学所处的区域经济社会具有明显的区域性，并彰显出其独特的存在价值，是因为地方高校“顺应地域经济社会的发展需求应运而生的，服务地域经济社会是地方大学的本义和主要价值所在”。[③] 有研究者辩证地指出，地方高校是一个相对的概念，无论是中央高校还是地方高校，其实都是位于某个地方的“地方高校”，如位于北京、天津或上海，有一块它生长的“那一方水土”，但这些高校往往都忽视对于自己所在“那个区域和那个地方”的本土性知识教学与乡土文化传习。[④] 地方高校只有紧

---

① 高等学校中长期科学和技术发展规划纲要［EB/OL］. http：//www. moe. gov. cn/s78/A16/kjs_ left/s8234/tnull_ 8331. html.

② 牛凤瑞．城市学概论［M］．北京：中国社会科学出版社，2008：283.

③ 郭峰等．地方大学文化与地域文化互动发展研究［M］．北京：人民出版社，2017：3.

④ 刘鸿武．命运共同体视域下中非共享知识体系的建构［J］．西亚非洲，2018（5）.

密结合区域经济社会发展的需求，才能更好地实现自身的可持续发展。

基于高校的职能定位，地方高校应该突出特色，实现科研与服务的职能融通。我国高等教育正处在由大众化阶段迈入普及化阶段，高等教育自身的多样化、与社会的契合性是度量高等教育生态体系是否健康的标志。“不同于‘双一流’建设大学，面大量广的地方高校受条件制约难以大规模开展前沿性重大战略研究，但它们与地方经济的联系最为紧密，需要错位发展，即充分利用知识和人才优势促进地区繁荣，应用知识解决现实问题，把学问做到区域大地上。作为一种办学模式，它们应把办学特色与社会需求、技术推广结合起来，以社会服务为导向开展科研工作，不断提高服务地方的技术含量。为此，需要实现学科专业与区域产业企业农业的多点对接，加强模式变革，努力使学校成为区域经济发动机和社会健康发展的活力中心。”① 地方高校的优势恰恰就在于与区域社会发展联系密切，是高校和地方共生共存的共同体，办学机制比较灵活。根据地方高校的区位优势、办学传统、人才资源、学科结构及专业布局、服务面向领域，整合校内外各种资源，突出办学特色，实行错位发展，避免“一哄而上”的同质化倾向和重复性建设。

本研究中的地方高校，是指省、市地方政府根据辖区内经济社会发展需要而主办的，由地方政府出资创建，具有明确区域需求指向和地方办学特色的高等院校。在目前我国高等教育转型发展语境下，与研究型大学的服务定位不同，本研究所指的“地方高校”更多地指向“地方高水平大学”，是在地方高等教育系统中能够依托多个高水平学科、服务区域经济社会发展需求的地方本科高校，即具有综合性、开放式、应用导向等显著特征的地方本科高校。作为区域知识精英的聚集地，地方高校通过智库建设服务于区域政府决策具有天然的优势。当前，随着高等教育大众化向普及化进程的深入推进，高等教育转型发展方式要求实现内涵式发展，地方高校应该着眼于满足区域经济社会发展的需求，利用自身宽厚的专业理论

① 马陆亭. 加强中西部省份教育生态建设［N］. 中国教育报，2019－04－18（06）.

知识和培养应用型高级专门人才的优势，把服务区域经济社会发展作为自身办学的出发点，并将其贯穿于办学的全过程。

二、智库

智库这一概念发源于美国，并在很大程度上由英美的观点和经验来塑造。在第二次世界大战中，这个术语第一次出现，其主要指“安全和封闭环境下专注军事规划的战略专家”①。在接下来的几十年中，这一术语被用于广泛的独立研究机构，并不仅仅局限于关注外交政策或国防战略，而是涉及更广泛的经济、政治和社会问题。大多数情况下言及传统智库时，仍然以西方或英美的智库观点为主，因为已有研究和著名的智库“原型”，如布鲁金斯学会（The Brookings Institution），传统基金会（The Heritage Foundation），兰德（The RAND）等，仍然主导对传统智库的解释。在传统智库理论中，智库的主要角色与特点有：应该有助于为政策问题找到解决方案的基础研究；确保研究成果能扩散；公众与政府部门之间的调解人，拥有政策，商业和研究领域的专家库；客观性和专业精神作为其所有工作领域的主要原则；评估当前和未来的政府活动；问题网络中的链接功能；具有议程制定者或危机预警系统的职能；教育功能②。

为智库下一个确切的定义比较困难，加之智库组织结构的高度差异，将智库分类并将其整齐地归入某一类别则更加困难。尽管如此，韦弗和麦甘（Weaver，McGann）仍然提出了智库类别模式，主要是四类：（1）学术智库（无学生的大学）；（2）合同研究所；（3）政策倡导思想库；（4）政党智库。③ 前两种类型的智库更加依赖科学工作人员和研究方法，并强调其独立性和客观性，以便被认为是非常客观和可信的。学术智库和合同

① Stone O. Think Tank Traditions, Policy Research and the Politics of Ideas [M]. Manchester: Manchester University Press, 2004: 156.

② Braml J. US and German Think－tanks [M]. Baden－Baden: Nomos, 2004: 36.

③ McGann J. G., Weaver K. R. Think Tanks and Civil Societies: Catalysts for Ideas and Action [M]. New Brunswick. NJ: Transaction Publishers, 2000: 58.

研究所之间的主要区别仅仅在于资金来源不同。学术智库主要由政府机构持续资助，而合同研究所通过与政府或非政府实体签订单一合同作为其资金来源。政策倡导思想库作为第三种智库类型，不把客观性和独立性作为其主要属性，他们不以科学化为导向，主要焦点也不在于基础研究，而是非常强烈地参与意识形态竞争。政党智库作为第四种智库类型，主要作为政党的思想库，依赖于其人员配备，议程设置和关联政党的大量资助。

然而，必须强调的是，今天有不同的智库概念，主要差异是由不同的文化和国家传统与特点造成的。一个关键区别在于，西方人认为智库是独立于国家或企业利益的实体，而在如中国或印度等国家更多地把智库作为一种国家的财产。近年来关于智库的定义逐步扩大，以适应国际智库环境的发展和变化。智库今天远远超过了曾经被认为是传统英美体系中的智库。传统智库和其他组织之间存在某种融合过程。韦弗和麦甘（Weaver，McGann）重新对上面提到的四个智库的类别做出了新的描述：学术智库和大学研究中心；合同研究机构和营利性咨询机构/政府研究组织/临时政府委员会；政策倡导思想库和利益集团/公共利益群体；政党智库和政党研究部门。[①] 虽然他们提出了智库的新分类，但今天这些实体之间的界限似乎更加模糊。智库往往对教育整个社会不感兴趣，他们更感兴趣的是与未来的精英进行教育并沟通，以实现他们的想法，通过推动他们进入真正决策者的圈子。此外，当今知识和政策的行为是共生和相互依赖的，而不是像传统假设的线性方式。近年来，除了政策学和社会学学者之外，甚至人类学家，经济学家和组织研究学者也参与关于智库的现代化研究中。

智库可以被称为智力知识的提供者，提出新的想法，并使想法进入到公共议程。因此，智库经常被称为“面向未来，具有改革意识和外向型组织”[②]。在这个功能定位下，智库了解惯性和进步的阻力，熟悉新的想法或

① Stone O. Think Tank Traditions, Policy Research and the Politics of Ideas [M]. Manchester: Manchester University Press, 2004: 8.

② Stone O. Think Tank Traditions, Policy Research and the Politics of Ideas [M]. Manchester: Manchester University Press, 2004: 47.

概念，智库试图制造政策。他们也经常被描述是政策企业家，作为议程制定者和预警系统，使基础研究的结果适用于政治实践。智库创造出新的概念，不停留在科学象牙塔中，作为中介引入到社会。此外，智库可以促进思想在决策者、团体、国家等网络节点中的转移。媒体、公共问题或主题网络是智库非常重要的沟通手段，通过它们试图推动他们认为对政治和社会议程至关重要的想法和理念。此外，智库生产可视化的产品对他们争取资金来源很重要，特别是通过个人和企业捐款、私人基金会支持以及收费和销售收入来维持运作。智库使用报告、书籍、期刊文章、新闻等书面出版物或个人互动手段（如会议，培训，访谈，听证会，个人咨询等）的主要方式传播他们的想法、理念和发现。

三、中国特色新型智库

2015 年 1 月，中共中央办公厅、国务院办公厅印发了《关于加强中国特色新型智库建设的意见》，对中国特色新型智库做了标准界定。该文件明确指出：中国特色新型智库是以战略问题和公共政策为主要研究对象，以服务党和政府科学民主依法决策为宗旨的非营利性研究咨询机构，应当具备以下八条基本标准：

遵守国家法律法规，相对稳定、运作规范的实体性研究机构；特色鲜明，长期关注决策咨询研究领域及其研究成果；拥有具有一定影响的专业代表人物和专职研究人员；拥有可保障、可持续的资金来源；具有多层次的学术交流平台和成果转化渠道；具有功能完备的信息采集分析系统；具有健全的治理结构及组织章程；具有开展国际合作交流的良好条件。[①]

新型智库要为党和政府的决策提供知识基础和智力支撑。“中国特色”是中国智库建设的出发点和落脚点，是我国智库建设的最大国情。坚持党的领导，坚持社会主义制度，这是中国特色新型智库建设和发展的前提，

① 中办、国办印发《关于加强中国特色新型智库建设的意见》［EB/OL］. http://www.gov.cn/xinwen/2015-01/20/content_2807126_2.htm.

否则就会迷失发展的方向。"新型"最基本的就是智库建设的体制机制创新，是针对以往智库建设的碎片化、低效重复、封闭性等问题进行体制机制改革创新，如从碎片化到智库联盟；从国内研究为主到发挥"智库外交"功能，开展国际研究，提升国际话语权；从单一政策研究到多功能研究（如政策评估）；从单一的服务主体（决策者）到多元服务主体（决策者、公众和媒体）；从无偿提供服务到政府购买服务；从传统智库到现代智库；从体制内到体制外，等等。

新型智库建设既要有硬标准，更需要软实力。目前我国智库发展水平参差不齐的一个重要原因，是很大程度上没有将新型智库建设的基本标准作为必要条件。通过解读上述八条基本标准，可以看出，当前新型智库建设的标准重在强调有形的实体机构建设，如拥有研究机构、研究队伍、研究领域及可持续的研究成果、资金来源、交流平台和成果转化渠道、信息系统、治理结构及组织章程，新型智库的特色如何通过上述基本标准充分体现出来？实体性研究机构是否意味着相对独立的编制、财务权、人事权？与实体性机构相比较，虚体机构的长处是可以通过项目驱动的方式，人员在院系之间流动比较灵活。智库虚实结合的运行机制结合可以尝试，基于问题导向的、基于项目制的研究队伍建设可以进行专兼职结合。高校智库作为特色新型智库的重要组成部分，其不同于其他类型智库的治理结构及组织章程背后体现的独特制度文化是什么？无形的智库文化或者理念如何体现？作用何以体现？上述问题需要在学理上做出充分阐释，以推动高校智库建设的可持续性发展。

为了进一步加强和优化中国特色新型智库建设，需要在理论层面和实践层面以习近平新时代中国特色社会主义思想为指导，着力加强对智库质量和智库文化软实力问题的持续关注，以对接政策研究，提高智库研究质量，推动智库成果创新，更好地服务于国家需求和社会需要。

四、高校智库

高等学校是以人才培养、科学研究、社会服务、文化传承为主要职能的学术组织机构。高校智库是智库形态中的一种“特殊的存在”[①]，主要是各个大学主办的各种研究院、研究所和研究中心，是一种隶属于大学的从事政策研究和决策咨询的学术型研究机构。其优势主要表现为高层次人才聚集、学科领先且综合性强、资料丰富信息畅通，以及具有宽松的学术研究氛围等，这些优势能产生创新的思想和研究成果。作为大学内部从事政策研究，并志愿服务公共决策的学术组织机构，高校智库依存于高校生态环境中。

从高校智库的内部构成来看，与稳定的官方智库相比较，大学智库相对稳定，在人员、经费、管理、定位上处于稳态结构，以差额拨款和自收自支为主，属于事业编制。高校智库的组织形式不一致，这与智库机构的人员流动关系密切。从智库的分工协作来看，高校智库主要是大学的研究机构和体制内的研究院所，偏重基础研究和理论创新，具有启迪民智和塑造政策基础的特点。[②] 与从事基础研究的大学研究机构相比，高校智库更接近社会实际，但与其他政府智库机构相比，其特质还是重在思想贡献和理论创新。高校智库作为面向经济社会发展、政府决策咨询研究的大学科研机构，有的偏重学术研究，有的偏重影响政策。智库研究人员基本由专家学者组成，以校内各学科的教师为主，同时也会从其他大学、研究机构聘任研究人员，主要从事政策问题研究。大学智库的研究者应有政策意识、合作能力和实践关怀，有社会责任感和使命感。[③] 高校智库与官方智库和民间智库相比，具有独特的比较优势：人才资源和学术资源优势；人才培养和学术研究相结合；基础研究和政策研究相结合。其中，高校智库最根本的优势是大学本身就是一个积淀并不断形成独立纯净学术传统和学术精神的殿堂。克拉克·科尔（Clark Kerr）曾经做过一个统计，在1520年前成立的各种社会组织中，至今为止仍保留最初名字并且进行着最初研

① 王耀辉、苗绿．大国智库［M］．北京：人民出版社，2014：241.

② “地方政府智库建设研究”课题组．地方政府智库建设研究［M］．北京：中国发展出版社，2015：32—33.

③ 黄忠敬．发挥大学智库的决策影响力［N］．中国社会科学报，2012（2）．

究工作的机构，全世界只有 85 个，其中 70 个是大学。[①] 对于高校智库来说，正是基于大学学术组织所特有的执着、独立和永恒的大学精神，高校智库才能为国家提供源源不断的知识和思想。保持思想和学术的执着和独立是智库的根本，也是高校智库贡献给国家和世界的核心精神。

就高校智库的组织属性而言，“高校智库应是在国家相关法律法规的前提下注册成立的非营利性的公共研究实体机构。”[②] 从资金来源和机构归属视角来划，一般认为高校智库是“一种依附于大学的非独立法人智库”。[③] 高校智库是由大学单独或在其他机构、团体协助下创建的，其经费主要来自校方的拨款和一些基金会、企业赞助或私人捐助，研究人员多为在校的教师或聘用的研究员，其服务对象和课题范围相当广泛。由于这类智库一般没有权利和校外的独立法人签订合同，财务上不能独立核算，因此不属于独立法人智库，必须依附于所属大学。

五、地方高校智库

地方高校智库是地方高校内部设立的一种独立于传统院系的、依托自身人才与学科优势，专门开展政策研究的学术研究组织，是以解决现实政策问题为目的，生产政策思想和政策知识，培养政策研究人才，并通过知识转化以影响政策制定和政策实施的知识生产组织。

地方高校智库以区域经济社会发展所面临的问题为导向。2005 年以来，国务院先后批准设立 10 个国家综合配套改革试验区，旨在鼓励地方政府探索自下而上制度内生的改革模式，通过制度创新促进区域发展并总结攻克共性难题的经验。地方政府制度创新自主性的提高以及区域综合改革本身的复杂化，客观上要求政府决策寻求多领域的知识支持。地方高校作

---

① 杨玉良．大学智库的使命［J］．复旦学报（社会科学版），2012（1）．

② 孙站伟．高校智库建设：具体标准、运行机制及实现路径［J］．智库理论与实践，2018（2）．

③ 王莉丽．中国大学思想库建设的未来发展图景与路径［J］．武汉大学学报（哲学社会科学版），2012（7）．

为地方政府知识采集的重要来源，理应在区域综合配套改革试验区制度创新中发挥智库的作用。① 约占高校智库总数80%的地方高校智库，是地方大学基于区域决策咨询需求而创立的，作为区域公共决策咨询研究机构，处在区域经济社会发展的最前沿，具有“生于斯长于斯”的地缘特点与“近水楼台先得月”的区位优势；其具有鲜明的区域属性、地方特色、地缘优势与本土色彩，强化属地的本土资政意识，以立足地方、依托本土、服务区域与引领决策为宗旨。2014年教育部发布的《中国特色新型高校智库建设推进计划》指出：“面向区域发展需要，在高校培育一批面向区域产业发展需要的特色政策咨询机构。”② 为此，地方高校智库建设要以区域经济社会发展所面临的问题为导向，加强跨校智库资源的交叉利用，加强与区域经济社会发展的互动，以此推动协同创新，为区域经济社会发展和地方政府决策服务。作为区域知识精英的聚集地，地方高校通过智库建设服务于区域政府决策具有天然的优势，尤其是地方高水平大学建设有利于助推地方政府决策咨询智库的发展。

地方高校智库应该在“双一流”推进过程发挥其应有的推动作用。一流水平的智库和一流学科是高校提升办学质量、优化办学特色、实现其内涵式发展的两轮驱动。这是因为，针对中心城市对外围地区客观存在的“空吸效应”，地方高校智库通过积极发挥其与区域社会发展联系紧密、校地共生共存的特点，充分发挥高校知识生产的问题导向和服务导向，咨政建言，释放知识价值，积极参与区域社会经济发展，积极助推地方产业升级，造福一方，实现高校对区域经济社会发展的“反哺效应”，进而最大限度地减少“空吸效应”带来的不利影响。从这个意义上说，高校智库可以弥补地方高校在“双一流”建设过程中“一流学科”建设的缺位和不足问题。

---

① 王莉、吴文清．地方高校智库建设的逻辑分析——基于地方政府治理模式创新的探讨［J］．清华大学教育研究，2013（12）．

② 贺文华、左雪松．高校特色新型智库建设的定位、逻辑与策略［J］．淮北师范大学学报，2017（10）．

但是，地方高校智库建设发展尚面临诸多现实困境。高校内部的科研机构本身并不能简单等同于高校智库，地方高校的科研机构，像济南大学校级科研平台（高等教育研究院、金融研究院、软实力研究中心、经济研究中心），尽管在履行为学校决策服务的部分智库功能，但其身份认定是否等同于西方话语中的智库？地方高校智库与国家级高校智库相比较，如北京大学国家发展研究院、清华大学国情研究院、北京师范大学与民进中央联合成立的中国教育政策研究院等，其定位与服务面向、特色领域、人才培养、成果推广和转化渠道，是否具有本质上的不同？地方高校智库的内部治理结构优化问题，如履行智库职能的科研平台与学校的关系、与二级学院的内部关系和运行机制如何理顺？它们与政府、市场、社会的各种外部关系如何优化？如何进一步优化地方高校智库咨政建言功能与其人才培养、学科建设之间的关系？如何科学优化地方高校智库的评价机制，更好地激发人员参与智库建设的内生动力，发挥好知识生产的外溢效应，保障高质量的智库产出成果？这些都是当前地方高校智库建设和可持续发展面临的诸多现实困境，需要做出回应。

第四节　理论基础

智库的本质是一个知识生产组织，智库通过提供洞见和专业知识以服务政府决策和社会发展。当前，地方高校智库的生产模式强调关注现实情境，强调学术研究的问题导向、应用导向和跨学科性质；对政策过程及其基本要素之间关系的考察，实际上是为智库研究中的政策分析和政策行动提供必要的知识基础；新公共服务理念有助于扩大对管理咨询机构和高校智库所提供的专业知识的基本需求。因此，本书从微观、中观和宏观三个层面，分别选定知识生产模式、政策过程理论、新公共服务理念，作为地方高校智库建设研究的基本理论基础。

一、知识生产模式理论：微观层面

知识生产模式理论是英国学者迈克尔·吉本斯等人提出来的、一种旨在说明当代学术转型的理论。迈克尔·吉本斯等人认为，20 世纪 80 年代中期以来，西方学术界正在发生一场革命性的学术转型，知识生产模式Ⅰ正在转向知识生产模式Ⅱ。模式Ⅰ是基于学科的，并且将所谓“基础”和“应用”明确区分开来，与传统的学科知识生产模式（学术模式Ⅰ）不同，模式Ⅱ的知识生产是跨学科的，其特点是“基础”和“应用”之间、理论和实践之间不断交互。知识生产模式Ⅱ强调知识生产不应局限在某一学科认知情境中进行，而是在一个更广阔的、跨学科的、应用情境中进行。模式Ⅱ从对于研究取向的探索转移到了对于情境性的成果探索中，即知识的开发和利用要求参与到知识的生产之中。该模式强调学术研究的问题导向、应用导向和跨学科性质。

在英国学者迈克尔·吉本斯等人看来，知识生产模式Ⅱ的出现引发了我们对于现有知识生产机构（大学、公共研究机构等）的充分性的质疑。作为一种新的知识生产模式，与知识生产模式Ⅰ所界定的知识生产主要在一种学科的、主要是认知的语境中进行不同，知识生产模式Ⅱ是“始于应用情景，通过学科异质性、组织多样性而形成的环，在新的适应性且情景化的质量控制处完成闭合，结果就是一种更具社会问责和反思性的新的知识范式”。[①] 高校智库作为知识生产机构，其知识生产模式，遵从了模式Ⅱ中的知识生产逻辑，是在一个更广阔的、跨学科的社会和经济情境中被创造出来的。高校智库不应仅仅局限于知识的应用，尤其在当前，高校智库应随着外部环境变化的需要，主动适应新的产业升级和经济转型，围绕经济社会发展面临的现实问题，打破传统的学科专业壁垒，整合力量推动学科和专业发展，提供新的知识基础与理论工具，通过加强基础研究，促进知识与理论创新。

知识生产模式Ⅱ对于地方高校智库知识生产的性质具有很强的现实解释力。智库的本质是一个知识生产组织，地方高校智库建设和发展的理论

① ［英］迈克尔·吉本斯等．知识生产的新模式：当代社会科学与研究的动力学［M］．陈洪捷等译．北京：北京大学出版社，2011：8.

基础呈现出知识生产模式Ⅱ的基本特点，即跨学科、实用化、以解决问题（有效对接地方政府决策需求和区域经济社会需求）为导向。智库的功能定位是由需求决定的，需求决定供给。智库的知识供给方式需要适应需求的变化，其组织形式和功能效应随着决策需求和经济社会需求也应进行相应调整。

二、政策过程理论：中观层面

对政策过程及其基本要素之间关系的考察，实际上是为智库研究中的政策分析和政策行动提供必要的知识基础。公共政策过程其本质是一个政治过程，是各种社会主体运用其掌握的政治资源，表达其利益要求和愿望，使自己的利益偏好得到优先照顾的过程。政策过程是复杂的，受到一系列内在及外部因素的影响。“在过去的40年中，致力于发展政策科学的学者和分析家已经通过许多案例研究、比较研究、概念与理论批评，处理了与政策过程相关的一系列问题。在相当普遍的层面上，这些问题与下列因素有关：与政策行动主体的角色有关，他们所追求的利益、他们的思想对行动的影响；所执行的政策工具的性质；政府以前的经验对当前和未来行为的影响。”① 教育政策过程研究同样涉及一系列特定问题，包括行动主体、机构、制度以及政策所涉及的理念等。教育政策过程充满了利益冲突，各种主体之间，包括决策者之间的谈判和妥协，是教育政策过程的一个关键特色。

关于政策过程的研究，政策科学形成了两条基本的研究路径。其一是较早形成的阶段性分析框架，该框架将政策过程划分为议程设置、政策制定、政策执行、政策评价和政策终结等若干阶段。这是一条基于时间维度的纵向路径，为人们理解复杂的政策过程提供了一个简化的模型。其二重在聚焦政策过程中各类政策主体之间的横向互动关系。其中，政策网络框

① ［加］迈克尔·豪利特、M. 拉米什．公共政策研究：政策循环与政策子系统［M］．庞诗等译．北京：生活·读书·新知 三联书店，2006：19.

架是阶段性分析框架之后发展起来的关于政策过程的研究范式。这个框架的核心特征是将政策过程视为由政府、政治家、官僚、利益集团、社会组织、专业人士以及相应的组织机构等政策主体在不同层面展开合作与竞争的互动过程。“通常情况下，来自各利益集团、不同层级的政府的行政机构和立法机构、研究者和新闻媒体的众多行动者会参与政策过程的一个或多个方面。每一个行动者——不管是个人还是群体——他们潜意识的价值/利益、对情景的判断以及对政策的偏好都不同。”① 研究教育政策过程的基本关系，需要从过去传统的、表面的过程行为研究，转向研究政策过程中实质性变量的问题上来，充分挖掘出政策过程背后的诸多变量及其内在关系，聚焦教育政策过程涉及的诸多变量及其关系，能在某种程度上有利于分析和阐明既定的政策，并有助于进一步理解和建构适合我国具体政策过程的、本土化的、有充分解释力的政策过程理论。

借鉴政策过程关于政策源流与政策之窗理论，可以说明高校智库与政府机构、社会力量之间的关系。多元分析框架理论认为，政策议程设置是由于政府决策系统存在问题流、政治流和政策流，只有三股力量汇集到一起，政策之窗才被打开；高校智库作为一种中介，不同程度地参与到上述三种力量中，有时侧重问题解决，有时侧重力量平衡，更多地以知识和思想的供给方式，通过与政府机构、社会力量的互动而发挥其应有的作用。

三、“新公共服务”理念：宏观层面

新公共服务理念有助于扩大对管理咨询机构和高校智库所提供的专业知识的需求。智库提供思想洞见和专业知识，公共政策产出思想和知识的过程是与市场运行联系在一起的。本研究借鉴“新公共服务”的基本理念，揭示地方高校要树立智库意识，以服务理念为先导，强调面向地方政府需求和区域经济社会需求的“服务文化”，是地方高校智库建设的灵魂。

① 保罗·A. 萨巴蒂尔. 政策过程理论［M］. 彭宗超、钟开斌等译. 北京：生活·读书·新知三联书店，2006：3.

新公共服务理论是以美国著名公共行政学家罗伯特·B. 登哈特为代表的一批公共行政学者基于对新公共管理理论的反思，针对作为新公共管理理论之精髓的企业家政府理论缺陷的批判，而建立的一种新的公共行政理论。所谓“新公共服务”，指的是关于公共行政在以公民为中心的治理系统中所扮演的角色的一套理念。其基本观点主要包括：1. 政府的职能是服务，而不是“掌舵”。当今时代为社会领航的公共政策实际上是多重群体和多重利益集团之间一系列复杂的相互作用过程的结果，为社会和政治生活提供结构和方向的政策方案是许多不同意见和利益的混合物。其中，政府的角色在于从控制转变为议程安排，在公民积极参与的社会中协调各利益相关方，为了协商解决公共问题提供各种便利条件。2. 公共利益是目标而非副产品。在确立社会远景目标或发展方向的行为当中，须致力于建立集体的、共享的公共利益观念，广泛的公众对话和协商至关重要。公共利益产生于一种基于共同价值观的对话。3. 思想上具有战略性，行动上具有民主性。满足公共需要的政策和方案可以通过集体努力和协作过程得以实现。4. 重视人，而不只是重视生产率。公共组织及其所参与的网络能够以对所有人的尊重为基础通过合作和分享领导权的过程来运作，强调“通过人来进行管理”的重要性。关注的焦点转移到更高层次的相互尊重、彼此适应和相互支持的价值观念上。①

新公共服务理论是基于对新公共管理理论进行反思和批判而提出的，公共政策产出思想的推出过程是与市场运行联系在一起的。新公共服务理论本质上是对新公共管理理论的一种扬弃，而不是全盘否定。其积极意义在于提出和建立了一种更加关注民主价值和公共利益，更加适合于现代社会发展和公共管理实践需要的新理论。正如罗伯特·B. 登哈特所言：“在民主社会，当我们思考治理制度时，对民主价值观的关注是极为重要的。效率和生产力等价值观不应丧失，但应当被置于民主、社区和公共利益这

---

① ［美］珍妮特·V. 登哈特、罗伯特·B. 登哈特. 新公共服务［M］. 丁煌译. 北京：中国人民大学出版社，2010：译者前言. 5—7.

一更广泛的框架体系之中。……未来的公共服务将以公民对话协商和公共利益为基础，并与后两者充分结合。”[①] 政府对本国公共政策事务放松管控，更加注重横向的、跨边界的治理安排，这一政策环境有利于优化政府和高校的关系，有利于更好地发挥高校智库咨政建言、服务社会的知识价值。

第五节　思路方法与研究内容

一、思路方法

（一）基本思路

1. 从现状调查和国际比较的角度，分析我国地方高校智库建设体系存在的不足与缺陷，梳理和明确研究的基本目标和主要问题。

2. 在学习借鉴已有高校智库建设的基础上，提出符合我国高校实际的智库建设基本理念和原则，构建符合现代大学发展规律的、具有中国特色的新型地方高校智库发展理论。

3. 从体制机制上，为优化地方高校定位清晰、结构合理、服务形式多样的智库组织形式，提高自身智库成果的决策贡献率和社会影响力，提供可行的实践方案。

（二）研究方法

本课题在方法论自觉的基础上，通过文献资料研究、调查实证研究、国别比较研究，立足不同的研究视角，积极借鉴国内外智库建设的宝贵经验，积极回应当前我国高校智库建设的政策意义和价值，探讨高校综合改革背景下中国特色地方高校智库建设的理论基础和现实路径。

1. 文献资料法。搜集、整理和评述国内外关于知识生产模式、知识管理、知识与行动、“新公共服务”、地方高校、高校职能、高校智库、利益

① Robert B. Denhardt & Janet Vinzant Denhardt. The New Public Service, Serving Rather than Steering［J］. Public Administration Review, 2000. 60（6）: 549－559.

相关者等诸多相关领域的既有研究成果，全面研判并聚焦本研究的核心论题，在此基础上确立本书的逻辑起点。

2. 调查研究法。通过问卷调查、访谈、收集信息等手段，一是选取地方高校科研机构向高校智库成功转型、形成特色发展的浙江师范大学非洲研究院作为研究的典型个案，二是选择粤港澳大湾区区域性高校智库协同发展作为典型个案。前者在“十年磨一剑”专注“非洲学”学科建设和人才培养的基础上，借助国家“一带一路”倡议的“政策之窗”之开启，通过体制机制创新实现了由传统科研机构向现代型国家对非智库的转型升级，是地方高校智库特色化创新发展的一个典范。后者是在新时代推动形成我国全面开放新格局、建设粤港澳大湾区国家战略背景下，基于粤港澳大湾区区域性高校智库的调研，选取广东省珠江三角洲地区、香港特别行政区、澳门特别行政区共 11 所高校智库作为案例，进行区域性高校智库协同发展研究。通过对上述两个个案收集现实资料，分析研究，了解我国地方高校智库建设的现实经验，诊断地方高校智库发展的潜在优势与制约瓶颈问题。

3. 比较研究法。本书共选择了两种视角进行比较研究。一是重点选取高校智库发展起步较早、发展成熟的英国高校智库和美国高校智库进行分析比较，重点研究其高校智库的历史和表现类型、地方高校智库的组织要素和组织特征。二是通过分析以协调型市场经济的德国、自由市场经济的英国、混合型市场经济的丹麦为代表的三种不同政策咨询系统中智库的三个成果产出指标，重点比较了不同政策咨询系统中智库产出差异研究。通过上述比较研究，从微观和宏观层面，提炼国内外高校智库建设的特殊规律和普遍规律，为我国地方高校智库建设体系的制度安排提供有益的启示和借鉴。

二、研究内容

（一）研究对象

本书通过问卷调查研究，对全国 137 所地方高校智库建设进行了实证分析；通过对浙江师范大学非洲研究院的个案研究，解读了地方高校智库特色化创新发展的经验；通过对粤港澳大湾区区域性高校智库的调研，解读了区域性高校智库协同发展的必要性和可行性；通过对英国地方高校智库、美国地方高校智库，以及对以协调型市场经济的德国、自由市场经济的英国、混合型市场经济的丹麦为代表的三种不同政策咨询系统中智库的三个成果产出指标的比较研究，从不同视角解读高校智库建设的组织要素及其表现特征，如智库建设理念、智库功能定位、智库研究模式、智库人事建设、智库数据支撑、智库成果转化、智库外部环境等；通过规范性研究，分别解读地方高校智库建设中智库文化特质及价值定位这两种影响智库健康发展的深层次的瓶颈要素；通过研究和借鉴国外地方高校智库建设的国际经验，分析我国地方高校智库建设现状及存在的问题，阐述中国特色的地方高校新型智库体系构建的基本建议和高校智库建设体系改革方案。

（二）总体框架

1. 理论基础。本书以迈克尔·吉本斯等人提出的知识生产模式理论、政策过程理论、新公共服务理念为理论基础。分别从微观、中观和宏观层面三个视角解读地方高校智库建设所面临的现状和问题。这三个理论分别贯穿于本书各章的内容之中，其中以知识生产模式理论为本书的主要理论基础。该知识生产模式理论认为，20 世纪 80 年代中期以来，西方学术界正在发生一场革命性的学术转型，知识生产模式Ⅰ正在转向知识生产模式Ⅱ。模式Ⅰ是基于学科的，并且将所谓“基础”和“应用”明确区分开来，模式Ⅱ的知识生产是跨学科的，其特点是“基础”和“应用”之间、理论和实践之间不断交互。模式Ⅱ从对于研究取向的探索转移到了对于情境性的成果探索中，即知识的开发和利用要求参与到知识的生产之中。智库的本质是一个知识生产组织。地方高校智库建设和发展的理论基础呈现出知识生产模式Ⅱ的基本特点，即跨学科、实用化、以解决问题（有效对接地方政府决策需求和区域经济社会需求）为导向。

2. 诊断研究。基于地方高校立足服务区域经济社会发展的基本立场，本书进行了问卷调查研究和非洲研究院的个案研究，诊断地方高校智库在组织机构建设、研究团队建设、学科建设、智库平台建设、国际交流平台、智库服务面向、成果影响力等方面的实然表现。结合粤港澳大湾区高校智库协同发展研究，分析了高校智库协同发展的制约瓶颈：粤港澳三地未形成一体化的高层决策机制与政策咨询市场，三地高校之间尚未形成有效的协同机制，在组织建设、项目申报、数据共享、人员流动和成果转化等方面存在一定的壁垒。

3. 比较研究。本书对地方高校智库建设和发展进行了国别考察，重点选取几个具有代表性的、不同文化类型的国家作为参照。英国高校智库研究选取了宾夕法尼亚大学《全球智库报告》（2017）的英国高校智库排名榜中的四个案例进行了比较分析；美国高校智库研究选取了宾夕法尼亚大学“智库和公民社会项目”发布的《全球智库报告 2017》中影响力较大的四家美国高校智库为案例，分别从组织要素及其组织特征两个方面探讨英国和美国高校智库的建设现状。通过分析以协调型市场经济的德国、自由市场经济的英国、混合型市场经济的丹麦为代表的三种不同政策咨询系统中智库的三个成果产出指标，研判政策咨询系统的差异与智库产出之间的关系，发现智库的产出传播活动因不同的政策咨询系统而变化。这些比较研究结论对于我国新型高校智库建设有重要的启示价值。

4. 规范研究。本书从地方高校智库建设的文化特质及价值定位两个视角进行了规范研究。首先，地方高校智库应坚守智库建设的文化定位，坚持文化先行。新时代高等教育发展方式转型要求实现内涵式发展，重视地方高校智库文化培育研究，涵养新型高校智库文化生态，增强文化软实力，是高等教育内涵式发展的新要求。为此，高校智库文化的特质亟须凝练，文化特质在地方高校智库发展中的价值引领作用亟待发挥。其次，作为一种特殊类型的新型智库，地方高校智库的价值定位及可持续发展等问题，尚有待于进一步探索。从现实来看，地方高校智库在自身建设中尚存在一系列的困境与争议，诸多现实困境限制了其功能的有效发挥。如何调适这些冲突，促进其健康持续发展，亟须做出学理上的回应。总体研究框架如图 1－1 内容所示。

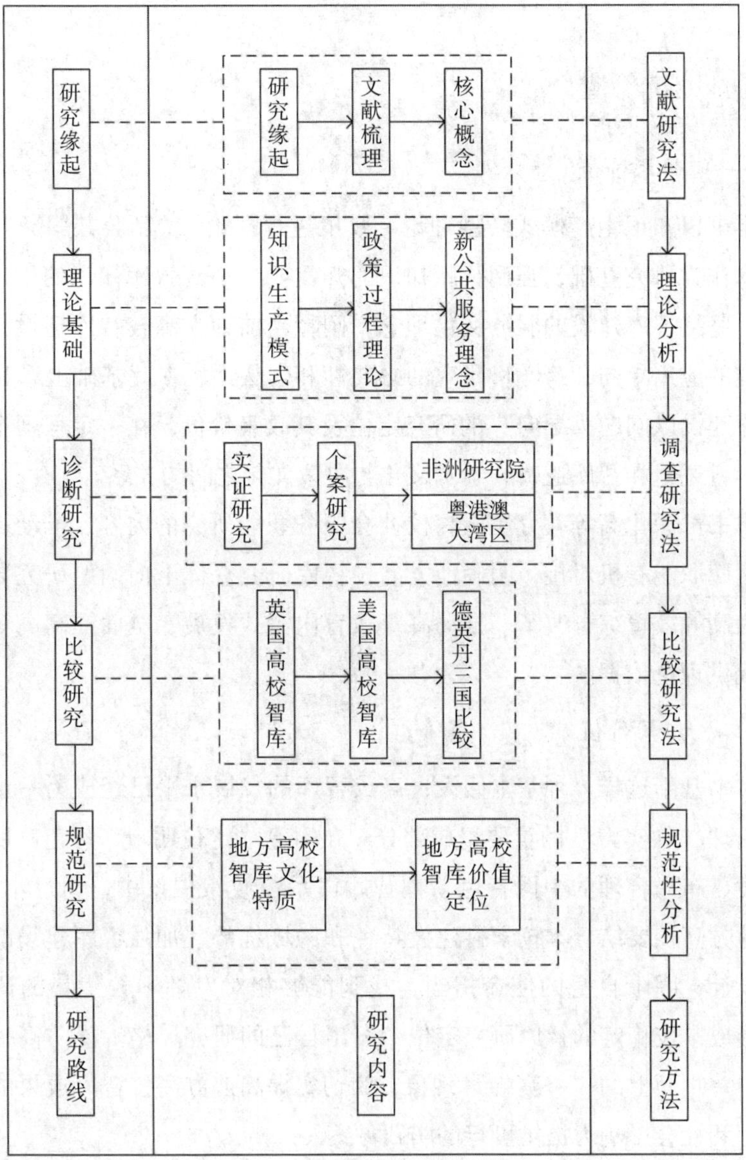

图 1－1　本书研究框架路线图

第六节　研究价值及创新之处

一、研究价值

（一）学术价值

本书以知识生产模式转型理论、政策过程理论、“新公共服务”的基本理念作为研究基础，强调智库知识的开发要参与到智库知识的生产情境之中，坚持智库建设的服务文化理念，阐释当前地方高校智库建设强调学术研究的应用导向和跨学科研究的必要性和合法性，在此基础上彰显“高校智库建设以问题为导向”的研究定位及其政策价值，在一定程度上试图阐明学科逻辑和智库逻辑、学术文化与决策文化之间的关系。

本书可深化高等教育领域高校社会服务职能研究的内容，推动高校职能与智库职能有机对接，明确地方高校智库研究总体上向问题研究导向转型，为高等教育综合改革、推动高等教育内涵式发展、全面提高高等教育质量提供理论依据。

（二）应用价值

本书基于这样一种基本假设：高校智库的发展水平已经成为一个国家教育治理“软实力”的重要组成部分。在构建“定位明晰、特色鲜明、规模适度、布局合理的中国特色新型智库体系”政策倡议中，通过本研究，倡导地方高校要结合本校学科建设特色和区域优势，加强智库建设的理性顶层设计，明晰自身的使命担当，找到能够相对发挥本校优势的研究领域，形成本校稳定的智库研究定位，突出自己的研究风格。谨防高校智库建设中一哄而上的“一窝蜂”现象，为切实提高地方高校智库成果的决策贡献率和社会影响力提供可行的实践方案。

本书的预期社会效益是，为地方政府支持地方高校智库建设提供决策参考，为地方高校优化自身智库建设提供改革建议。在助力推进“定位明晰、特色鲜明、规模适度、布局合理的中国特色新型智库体系”建设过程中，进一步深化高校研究基地及相关研究机构的管理方式和组织形式改革，充分发挥地方高校智库优势及特色，打造高校智库品牌，优化地方高校整合智库建设资源，发挥智库建设集成优势，推动跨校智库联盟建设，以更好地服务地方政府决策、区域经济社会发展，乃至服务国家和国际社会的发展，实质性地提高地方高校智库成果的决策贡献率和社会影响力。

二、创新之处

（一）研究方法创新

基于高校作为知识生产组织的特性和智库机构内在运行的逻辑，本书将高校智库建设评价体系限定为 4 个一级指标作为分析维度，对地方高校智库发展现状进行概念操作化，具体分为四种能力，即发展能力、思想能力、传播能力和影响能力。同时，在 4 个维度下又具体包括资源能力、运行能力、基础理论能力、应用政策能力、媒介手段、覆盖对象、传播技巧、决策影响力、社会影响力、国际影响力等 10 个二级指标，根据 10 个二级指标相应地设计出 60 个发展测量指标作为定量研究的问卷。本书以全国 137 所不同类型的高等学校为基本分析单元，通过对四个一级指标、10 个二级指标、60 个发展测量指标进行量化分析和数据处理，以力求全面、系统地对我国地方高校智库的发展现状进行分析与评价。

（二）研究结论创新

本书特别突出了规范研究，尤其强调地方高校智库建设的核心内容，即文化特质和价值定位研究。地方高校智库需要优化“定位清晰、结构合理、服务形式多样”的智库组织形式及运行机制，实质性地提高智库成果的决策贡献率和社会影响力，很重要的一点是要明晰高校智库的文化使命和价值体系。

首先，地方高校智库文化建设是高等教育内涵式发展的重要方面，这在客观上要求遵循高校智库文化培育的内在规律。然而，地方高校智库在实体化、制度化建设阶段，其独特的文化品性没有明显表征，究其原因，是地方高校智库文化的特质在高校智库发展中的价值引领作用尚未充分发挥。为此，本书明确提出地方高校智库文化的特质突出表现为反思性价值立场、前瞻性育人先行、学研式知识创新、交互式合作协同等价值取向；地方高校智库文化培育亟须在文化高度、文化深度、文化包容度和文化创新度等方面有所超越；坚守文化自觉，发挥好高校智库文化对于高等教育内涵式发展的引领价值，需要处理好地方高校智库建设中适应与超越之间的关系、内容与形式之间的关系、共性与个性之间的关系、本土化与国际化之间的关系。

其次，地方高校智库作为一种特殊类型的新型智库，其价值定位及可持续发展等问题，尚没有引起人们足够的重视。从现实来看，地方高校智库在自身建设中尚存在一系列范畴的困境与争议，诸多现实困境限制了其功能的有效发挥。如何调适这些冲突，促进其健康持续发展，亟须做出学理上的回应。为此，本书在地方高校智库的功能面向、知识链条、价值原则、职能方式、研究范式、建设路径六个方面进行了研究和探索。在探索中国特色新型高校智库建设道路的过程中，明晰地方高校智库发展的核心价值理念，澄清其价值导向，理顺其发展逻辑，无疑是当前学界首先需要厘清的基础性问题，更是助推地方高校智库可持续发展的力量之源。

第二章　现代高校智库建设的基本定位

第一节　现代智库建设的定位及特征

政策科学运动催生了现代智库。作为从事公共政策研究的知识生产组织，现代智库是随着20世纪40年代以来的政策科学运动建立并巩固起来的，这些组织机构致力于产生政策思想和知识，并将这些思想和知识应用于政策制定过程中。

一、现代智库建设的定位

目前，学术界对现代智库的定位尚未取得一致意见。这是因为，不同国情背景下智库的运作存在诸多差异，智库定位不同，其活动的性质、扮演的角色、追求的价值目标也是多元的。比如，肯特·韦弗（Kent Weaver）在20世纪80年代中后期将智库定位为："非政府、非营利性的研究机构，并且相对于政府以及诸如企业、利益集团和政党等社会利益团体而言，实际上具有组织自治的特点。"[①] 这一定位在20世纪90年代进一步得到确认。智库研究领域知名专家戴安娜·斯通（Diane Stone）将智库视为

① K. R. Weaver. The Changing World of Think－Tanks ［J］. Political Science and Politics, 22 (3), 1989, pp. 563－578.

“相对独立于政府、政党和压力集团，从事当下政策议题研究和分析的机构”。[①] 斯特拉·拉蒂（Stella Ladi）在《国际政治科学百科全书》中，将智库描述为“有别于政府机构的，致力于运用专业知识和网络活动为多元政策议题提供建议的研究机构”。[②] 安德鲁·里奇（Andrew Rich）强调智库的政治本质，“操作上，智库对有关公共政策的问题进行研究并传播思想。政治上，智库属于进取型研究机构，积极寻求公共可信度的最大化，尽可能地投身于政治，运用其专业知识和思想来影响政策制定。”[③] 安德鲁·里奇认为，智库的主要目的是在政策过程中产生影响，其产品是专业知识和思想，也主要依靠这些来获取支持并影响政策制定过程。基于上述视角，智库被界定为独立的、中立的、非营利的，以专业知识和思想观点产出为基础获得资助并影响政策过程的研究机构。

尽管对智库的定位各不相同，但是，学术界普遍认为，知识生产和思想传播是智库影响决策的先决条件和存在基础。比如，有学者认为，智库作为以知识为基础、政策为导向的组织机构，其首要定位是转变思想，并通过与政治家和政策制定者之间的报道、事件来进行工作。[④] 联合国开发计划署将智库定义为：智库是常态下从事有关公共政策事项的研究和宣传的组织，在现代民主国家，它们是知识和权力的沟通桥梁。[⑤] 即智库发挥沟通桥梁作用，连接着决策者、学术机构、政府和公众。这一定位指出，智库作为知识和权力的桥梁，在学界与政府之间扮演着中介角色。换言

---

① Diane Stone，Think Tanks，in：Neil J，Smelser and Paul B. Baltes（eds.），International Encyclopedia of the Social &Behavioral Sciences［M］. Oxford：Elsevier，15668－15671，2001.

② Ladi，Stella（2001），Think Tanks，in：Bertrand Ba－die，Dirk Berg－Schlosser and Leonardo Morlino（eds.），International Encyclopedia of Political Science［M］. Thousand Oaks：Sage，2608－2611.

③［美］安德鲁·里奇．智库、公共政策和专家治策的政治学［M］．潘羽辉等译．上海：上海社会科学院出版社，2010：6.

④ Case，T.，& Rowell，A.（2015）. A Quiet word：lobbying，crony capitalism and broken politics in Britain［M］. London：Vintage Books. 56.

⑤ UNDP（United Nations Development Programme，Thinking the Unthinkable，Bratislava：UNDP Regional Bureau for Europe and the Commonwealth of Independent States，2003，p. 6.

之，智库通常作为学者和决策团体之间的桥梁，它们将复杂晦涩的应用研究和基础科学知识转化为公众和社会管理者能够理解、获得和使用的信息。然而，值得一提的是，“将智库作为沟通桥梁的想法则假设（社会）科学和政策之间存在着明显的界限。”① 智库的一个共同目标是把公众参与的不同形式结合起来，提供高质量的研究和分析。智库为“桥梁”之隐喻，造就了一个不真实的本体论沟壑，它横亘于理论与实践之间，以及“象牙塔”与所谓的“真实世界”之间。该隐喻意味着某种特定的线性关系，即“智库被看作是单方向从事编辑或重塑知识活动的机构：从基础科学到应用科学，从问题到解决方案，从高深的理论家到开明的政策制定者”。② 这也意味着科学与政策之间有着明显的边界，发挥桥接功能的社会互动与交流，让“边界”的概念变得模糊，使我们可以超越那种强行在科研与政府之间做出泾渭分明的二元判分的观念来进行分析，从而更好地处理好专家和公共政策之间的复杂关系。

米德韦茨（Medvetz）认为，通过借鉴不同理论视角可以加深人们对于智库内涵的理解。第一个是精英理论的视角，它来源于赖特·米尔斯（C. Wright Mills）的研究，这个研究视角建议，智库定位不是应该秉持价值中立立场的研究和分析中心，而是作为策略性部署为执政阶级政治议程服务的手段。第二个是多元化视角，它见证了“政治公众像建造相互影响的兴趣小组一样”，他们中的每个都拥有资源、策略和目标，他们懂得智库不是像统治阶级权力的武器，而是一种在宽泛的社会群体中的组织形式，这种形式完成了塑造政治公众的工作。第三个是制度视角，该视角集中关注“智库所嵌入到的结构化的环境，规则和常规塑造了他们的行为，和他们承诺的组织化的布置和处理”。③ 米德韦茨认为，精英和多元论者对

① ［美］詹姆斯·麦甘、理查德·萨巴蒂尼．全球智库：政策网络与治理［M］．韩雪、王小文译．上海：上海交通大学出版社，2015：导言．

② 唐磊．当代智库的知识生产［M］．北京：中国社会科学出版社，2015：18.

③ Medvetz，T. Think tanks in America［M］．Chicago：University of Chicago Press. 2012：12－13.

于我们了解智库在现代理论和研究中的地位和作用至关重要。米德韦茨还认为，智库具有跨界性，是跨学术、媒体、政治和经济领域工作的混合跨界组织。智库作为跨界组织，是指智库在学术知识生产和学术，政治，媒体和市场或经济领域的工作方式，寻求合法性。① 智库依赖于与这些其他领域的实践逻辑的联系和框架，同时也试图将自己表现为自主（或智库的独立性）。智库善于通过与媒体、政治家和学术界的密切关系来获取他们的信息。

詹姆斯·麦甘和理查德·萨巴蒂尼指出，现代智库往往是世界各国政治经济发展和政策创新的先锋，针对国内外问题制定政策导向的研究、分析和建议，为各国政府、政府间组织和民间社会服务；吸引政策制定者、媒体和公众参与关键政策问题，智库是知识与政策团体的桥梁；帮助弥合政策制定者和公众之间的鸿沟，使决策者和公众能就公共政策问题做出明智的决定，主要目的是影响公众对公共政策的意见。智库帮助政府思考的真正意义并不仅仅是让他们成为由技术辅助的官僚，而是让他们更具探索精神、批判精神和独立精神。②

二、现代智库的特征

基于智库的定位各异，现代智库具有多元化特征。理解智库的组织要素可以使研究人员在研究智库时把更多元的对于某一既定政策进程的相关机构纳入研究视野。

（一）现代智库的多元化特征

经典的、实证主义的观点与后实证主义甚至后现代观念对智库特征的理解各不相同。经典学派的代表人物古德曼（Goodman）认为智库就是偏向“对具体问题进行研究，鼓励人们发现解决这些问题的办法并促进科学

① Medvetz, T. Murky power: “think tanks” as boundary organizations [J]. Research in the Sociology of Organizations, 2012, (34), 113-133.

② [美] 詹姆斯·麦甘、理查德·萨巴蒂尼. 全球智库：政策网络与治理 [M]. 韩雪、王小文译, 上海：上海交通大学出版社, 2015: 73.

家和知识分子在追求这些目标的过程中彼此互动”。换言之，智库是研究驱动的实体，其特征就是在应用知识生产活动的过程中实现其政策导向的价值。政策导向的智库“明确关注政府的政策，并且通常以改善这些政策或打造可行的替代品为其目的”。[①] 就知识在政治事务和公共政策当中所扮演的角色而言，后现代主义强调知识所固有的可质疑性，以特别的、可质疑的方式“构建”政策问题的重要性，并共享特定政策叙述的“话语联盟”。[②]“最要紧的是，在研究某一既定政策进程当中的智库活动时，必须把高校研究院所和管理咨询机构纳入研究范围。”[③] 智库作为促进知识生产和社会动员的决策咨询组织，是“学术与政治的交集”，而且他们的目标是通过产生相关的理论和范式帮助了解当前事件、承担其作为理论和实践之间的桥梁的责任，成为“思想与政治之间的联系”。事实上，在把研究转变为政策的过程中，智库并非简单的信息传达者。很多智库都参与提供了概念性语言、治理范式和实证例子，它们随即成为决策者所接受的各种假设。智库不是单独完成这些知识活动，通常是与新闻界、大学等机构中志同道合的思考者们结成联盟。借助其人脉网络和政策群体，智库有了“超边界”的性质，从而能够担当中间人的角色。换言之，“智库不是置身于知识和权力的漩涡中间，而是表现为知识和权力的某种联结。”[④] 简言之，知识和政策相互建构。知识和政策是彼此共生、相互依存的关系。

（二）现代智库的组织要素特征

现代智库的健康可持续发展，需要协同政府、商界、学界、媒体、经济界等外部要素，进行全方位的平台支撑。凯斯和罗威尔（Case，T.，& Rowell，A）表示，现代智库在对政府的影响方面从未如此重要。[⑤] 现代智

① Goodman，J. C.，2005，“What is a Think Tank?”［EB/OL］. http：//www. ncpa. org/pub/special/20051220 – sp. html.

② 唐磊. 当代智库的知识生产［M］. 北京：中国社会科学出版社，2015：63.

③ 唐磊. 当代智库的知识生产［M］. 北京：中国社会科学出版社，2015：28.

④ 唐磊. 当代智库的知识生产［M］. 北京：中国社会科学出版社，2015：21.

⑤ Case，T.，& Rowell，A. A Quiet word：lobbying，crony capitalism and broken politics in Britain［M］. London：Vintage Books. 2015：37.

库由不同领域的知识分子和专家组成，为政策制定提供专业知识和新的政策理念、辩证地分析现有政策并联结各利益相关方，通过他们的研究和倡议以试图启发公共政策的各种主题。虽然有些对自己的研究造成限制，但基本上大多数人仍努力创造和传播思想以引起政治行动的变化。

斯通（Stone）从大量讨论智库的文献中提炼出了五个要素特征：所有智库在组织和形式上都不依赖于任何公共或私人组织，这主要得益于它的非营利性组织形式（常常处于被捐赠的状态）；尽管智库在某种程度上依赖于一些赞助者，但是它们力图在制定研究和政策议程时不受外部干扰；其员工和出版物有很强的学术倾向和分析倾向；其研究产出同两方面接洽——政治官僚阶层和社会中关心政策变化的私人组织与非政府组织；其宣称自己的政策建议为公共利益做贡献（大众情怀和立场），而不仅仅是相应既得利益者（包括赞助它们的既得利益者）。①

俞可平立足于智库内部的要素构成，认为一个智库若要对社会进步产生重要影响，应具备思想、问题、责任、战略、人才、网络和特色七个要素。② 中国社会科学院学部委员李扬认为，现代智库固然最终仍要以影响政府决策为己任，并以其影响大小作为判断成功与否的标准，但是，在向决策机构阐述事实的过程中，在将自身知识和专业技能融入政策制定的过程中，他们都以保持研究的客观性为前提，其研究成果大多是可公共使用的。李扬认为，独立性、科学性、建设性、智力资本密集和影响力是现代智库的本质要求。③ 智库的本质并不在于非营利性和独立性，而在于提供高质量的思想产品。这种思想产品既包括为公共决策服务的政策、建议和分析报告，还包括对经济社会发展具有积极推动作用的公共知识。

---

① Stone, D. "Think Tanks across Nations: The New Network of Knowledge", NIRA Review 34 (4), 2000, pp. 34 – 39.

② 张希敏. 中国智库应具备七个要素［J］. 政府法制，2009（11）.

③ 李扬谈新型智库建设：不忘初心 远离浮华 扎扎实实求质量［EB/OL］. 2018 – 12 – 14. http://www.sohu.com/a/282039443_813978.

第二节　高校智库在现代智库分类中的定位

由于各个国家的智库特点及分类方法有所不同，高校智库在智库分类中的定位也不尽一致。

一、国外智库分类

就国外学者而言，目前影响力较大的美国智库研究专家詹姆斯·麦甘将智库分为五类：政策制定型智库、政党代言型智库、影子型智库、学者型智库及社会活动家型智库。① 其中，学者型智库被认定为智库界的骄子，所提出的建议或意见经常被采纳，并作为政策制定的基础。詹姆斯·麦甘还在文章中将智库分为以下几类：以利润为导向的智库，自主独立性智库，半独立性智库，大学附属的智库，政治党派附属的智库，准政府或政府附属的智库。② 澳大利亚智库学者哈特（Hart）等人基于智库的工作方式、目的，以及它们在澳大利亚政治中的相关性和影响力，建议对智囊团进行简单的分类，即"学术智库""政府智库""合同研究智库"和"政策倡导智库"。③ 威佛（Weaver）认为智库应分为三种类型：以研究为导向的机构；以接受合同（委托）研究为导向的机构；倡导型智库。④ 其中，高校智库属于以研究为导向的机构，如斯坦福大学胡佛研究院；兰德公司属于以接受合同（委托）研究为导向的机构；美国的传统基金会属于倡导型智库。对于智库分类分析来说，"权力距离"（power distance）⑤，即与决策权力的远近是一个比较独特的分析视角，以此可以界定三类不同的智库

---

① ［美］詹姆斯·麦甘．全球智库调查报告［J］．何乐编译．外交政策，2009（1）．

② 胡光宇．大学智库［M］．北京：清华大学出版社，2015：32.

③ Hart, P. , & Vromen, A.（2008）. A new era for think tanks in public policy? International trends, Australian realities［J］. The Australian Journal of Public Administration, 67（2）, p. . 135 – 148.

④ Kent R. Weaver, The Changing World of Think Tank［J］. Political Science and Politics1989, 22. pp. 563 – 578.

⑤ Hofstede G, Hofstede G J, Minkov M. Cultures and Organizations: Software of the Mind［M］. New York: Mc Graw – Hill, 2010. 70.

及其定位策略：权力距离最近的是“政府智库”，权力距离最远的是“社会智库”，处在中间的是高校智库。

二、国内智库分类

从我国有关智库政策的权威性规定来看智库分类标准，高校智库是中国特色新型智库体系的一个重要组成部分。2014 年 10 月中央全面深化改革领导小组第六次会议审议了《关于加强中国特色新型智库建设的意见》，提出要统筹推进“党政军智库、社科院智库、高校智库、民间智库”协调发展。这五种类型的智库，是中央层面对我国新型智库体系的基本分类，其中高校智库是中国特色新型智库体系的重要组成部分之一。

关于智库分类的具体划分，国内机构及其学者做出了许多尝试和努力。智库的分类因研究者的理论基础、研究视角和研究目标不同而类型各异。综合现有对智库进行的分类发现，国内学者多数根据组织形式对智库进行分类，倾向于将高校智库作为单独类型进行研究，在学界已是较为普遍的做法。如丁煌将智库分为官方咨询研究机构、半官方咨询研究机构、民间的咨询研究机构及大学的咨询机构四类。① 薛澜、朱旭峰从我国的智库现状出发，认为可将中国的思想库分为事业单位法人型思想库、企业型思想库、民办非企业单位法人型思想库、大学下属型思想库四类。② 黄忠敬根据隶属关系、经费来源和研究风格等因素，把智库分为政府性质的智库、公司性质的智库、社团性质的智库和大学的智库四种类型。③ 王莉丽根据资金来源和机构归属，将思想库分为官方思想库、大学思想库与民间思想库三大类。④ 马骏将智库分为学术型智库、契约研究型智库、倡导型智库、政党型智库四类。⑤ 国务院发展研究中心“智库研究”课题组根据

① 丁煌．美国的思想库及其在政府决策中的作用［J］．国际技术经济研究学报，1997（3）．
② 薛澜、朱旭峰．“中国思想库”：涵义、分类与研究展望［J］．科学学研究，2006（6）．
③ 黄忠敬．美国教育的“智库”及其影响力［J］．教育理论与实践，2009（5）．
④ 王莉丽．大学思想库建设的国际经验及其走向［J］．重庆社会科学，2012（8）．
⑤ 马骏．现代智库及其功能分析［J］．公共治理，2012（3）．

服务公共决策的远近，将智库分为四个层次：基础层、综合层、超前层和应急层。其中第一层基础层智库主要是指大学的研究机构（包括大学智库）及体制内的研究院所，这些机构离决策中心较远，将基础研究成果转化为学术成果，用作知识储备和智力储备，定位于启迪民智和夯实政策的知识基础的角色。综合层智库主要对基础研究成果进行综合分析和提炼加工，更接近决策中心，如中国社会科学院。超前层智库直接为公共政策的制定、出台提供决策咨询建议，其产品直接影响决策行为，如国务院发展研究中心。应急层智库以更直接的方式满足决策者眼前对急迫问题的应对建议，其研究本身就是工作安排，如政研室、研究室。

有研究者立足智库发展的两个关键因素，即资源和有效使用资源的制度空间，认为政府权力对这两个因素均有重大影响，并以政府权力为中心，将智库由近到远分别划分为官方智库、高校智库和社会智库，“这些不同的机构因其与权力中心距离的远近而享受着不同的资源和制度空间，形成明显的圈层结构，这是嵌于中国经济政治体制中的政策思想市场的特征。”① 研究指出，与权力中心有着不同政治距离的智库在信息可及性、生产独立性和知识信任度上有着不同的优势和劣势，从而使得政策思想产品也呈现多元化的特征，多元竞争机制的建立是政策思想市场真正形成的标志。研究特别指出，高校智库在信息可及性、政策知识生产的独立性及知识合法性程度上的具体特点。

首先，就信息可及性而言，信息在不同类型的智库之间差别极大，而信息恰恰是最关键的政策知识生产资源。高校智库与权力中心的距离稍远，通过政府委托课题能一定程度地掌握政策需求信息和政府数据，其信息可及性居中。

其次，就政策知识生产独立性而言，不同智库因其与权力中心的距离远近而享有不同程度的生产独立性。高校学者以其学术积淀能为自身争取到一定程度的研究自主性，高校也拥有一定的制度空间为校内智库机构提

① 杨沐、邓淑宜．“智库热”与政策思想市场［J］．智库理论与实践，2016（5）．

供财政、人事和科研制度上的便利。

最后，就知识合法性程度而言，相对于官方智库和社会智库，高校智库与权力中心的距离稍远，权力中心对高校智库的政治信任较官方智库略低，但凭借高校系统雄厚的学术积淀，高校智库生产的政策知识更强调的是科学性和战略性。

第三节　新型高校智库的优势定位及其影响力

一、新型高校智库的优势定位

高校成为中国特色新型智库建设的重要力量。与党政军智库、社科院智库、民间智库等其他类型智库相比较，中国特色新型高校智库建设具有不同于其他智库的先发优势。这是因为，“高校是一个相对复杂但又灵活的系统，体量也足够大，能容得下不同类型机构的并存与发展，可以在高校内部创造智库管理‘特区’，为新型智库成长创造更为适合的、有利的政策环境和制度环境。”[①] 推动高校智库建设和发展，就是要充分发挥高校学科齐全、人才密集和对外交流广泛的优势，推动高校智库服务能力整体提升。

（一）高校智库学科门类齐全，基础研究扎实

高校智库所依托的大学是一个学术团体，作为学术共同体和知识创造、知识传承的组织，其专业研究基础深厚、扎实，能够突出问题导向，围绕国家和社会发展面临的重大理论问题和现实政策问题，通过优化运行机制，有便利条件迅速整合横跨自然科学、工程技术和人文、社会科学多个学科领域，进行多学科或跨学科协同攻关，以服务于国家和社会建设。

（二）高校智库人才密集，智力资源丰富

智力资源是最宝贵的资源。高校智库，尤其是履行人才培养的高校智

① 徐青森．高校智库建设应处理好三个关系［J］．智库理论与实践，2017（1）．

库，人才荟萃，其研究团队主体身份是大学教师和专业研究人员。高校智库人员拥有独特的学科专业优势，大都秉持客观中立的立场，通过探求知识和真理，履行人才培养的职能，并在履行科学研究和人才培养职能过程中实现服务政府决策，推动社会发展。但同时，正如理查德·波斯纳（Richard Posner）所提醒的，学术压力迫使学者们变得高度专业化，这使他们很难在公共政策制定主题和模式中历练。①

（三）高校智库对外交流广泛，国际合作便利

高校智库在与国际智库交流合作过程中具有较为宽泛的国际视野，学术交流平台和沟通渠道便利，国际交流与合作机会频繁。通过建立广泛的国际学术网络，能够为开展战略研究和决策研究提供更加多元开放的智力支持。2017 年 6 月 23 日，中共中央、国务院印发了《关于加强和改进新形势下高校思想政治工作的意见》，强调高校肩负着人才培养、科学研究、社会服务、文化传承创新、国际交流合作的重要使命，并将国际交流合作视为新时期高校的“第五职能”。作为高校组织的重要组成部分，高校智库应该发挥好自身定位，积极参与国际合作交流项目，承担国际交流合作事务，助推高校实现国际交流合作的“第五职能”，成为大学“第五职能”的排头兵和先锋队。

我国高校作为高校智库所依存的母体组织，聚集了 80% 以上的社科力量、近半数的两院院士、60% 的“千人计划”入选者，以及规模庞大的学生队伍；党的十八大以来，高校承担各类哲学社会科学研究项目 134 万多项，出版著作约 11 万部，发表论文 131 万篇，提交各类咨政报告 4.3 万篇，高校哲学社会科学的整体实力和服务经济社会发展能力显著增强。②到目前为止，教育部在 66 所高校布局了 151 个人文社会科学重点研究基地，其中进行智库建设签约的 17 个，6 家高校智库成为首批国家高端智库

① ［美］安德鲁·里奇．智库、公共政策和专家治策的政治学［M］．潘羽辉等译．上海：上海社会科学院出版社，2010：190.

② 吹响高校社科界服务国家“集结号”——写在高校高端智库联盟成立之际［N］．中国教育报，2017－09－21.

试点单位。党的十八大以来，高校智库向中央报送专家咨政建议近700篇。[1]中国特色新型高校智库建设是一项重大而紧迫的任务，需要立足党和国家事业发展全局的战略高度。“深化教育领域综合改革迫切需要高等学校充分利用自身资源优势，建立新型国家教育政策智库，为持续推进教育改革发展提供有效的决策咨询服务。”[2]高校智库要影响决策，一方面，需要秉持知识生产、理论创新和智力供给的先发优势，面向服务实践，研究解决问题，回应解答问题，这是我国高校智库体制机制创新发展的动力源泉，更是应有的社会担当。另一方面，除了强调与知识生产模式跨学科导向、问题导向和应用导向密切相关的高校智库社会服务职能外，高校智库更要着眼于自己所依附的大学母体的基本职能，夯实社会服务的基础，强化全局意识，优化体制机制，有机整合高校智库在人才培养、科学研究、文化传承创新、国际交流合作等方面的职能，持续释放高校智库参与决策咨询的整体效能。

发挥高校智库的比较优势，需要凸显高校智库在知识贡献中的基础性地位。改革开放40多年的探索，中国形成的中国特色的发展道路不同于西方的社会制度下发展经济、改善民生的新路径。新时代深化中国经验研究，就是要求及时凸显中国对世界的知识贡献，为高校智库走向世界提供学理支持。

随着中国影响力的不断提升，国际社会对中国的关注度也在不断上升，整个世界都日益认识到了解中国的重要性和必要性。因此，总结中国经验、研究中国理论、讲好中国故事、传播中国声音，让更多的外国政党、政治人物、学者、公众，了解和理解中国道路、中国理论、中国制度、中国文化，是中国人文社科研究的历史使命和重要责任，其中占据80%人文社科研究力量的高校智库更是责无旁贷的基础性力量。为此，高校智库要增强主动意识，打造易于为国际社会所理解和接受的新概念、新

① http://www.moe.gov.cn/s78/A13/moe_773/201709/t20170921_314970.html.

② 吴康宁. 新型教育政策智库的基本特征［N］. 中国教育报，2013-08-22.

范畴、新表述，引导国际学术界展开研究和讨论，为传播中国声音提供学理支持。

二、新型高校智库的影响力

本书选择当前国内外关注智库发展影响力较大的年度智库报告，全面了解高校智库在智库体系中的影响力发展现状。一是基于全球智库指数（GGTTT）的报告，二是基于我国第三方“智库索引”和智库年度报告。其中，后者具体包括中国社科院中国社会科学评价研究院发布的《中国智库综合评价 AMI 研究报告》、南京大学中国智库研究与评价中心的《中国智库索引》（简称 CTTI）、上海社会科学院智库研究中心的《中国智库报告——影响力排名与政策建议》、四川省社会科学院发布的《中华智库影响力报告》、浙江工业大学全球智库研究中心的《中国大学智库发展报告(2017)》。

（一）基于全球智库指数（GGTTT）的报告

智库作为服务决策和社会发展的知识组织，在当前和未来生活中将扮演越来越重要的角色。首先，从国际形势来看，全球范围内的贸易争端、经济动荡、气候变化等跨国挑战，连同传统与非传统的全球问题都对国家和机构间更频繁有效的合作提出了更高的要求。在这个过程中，作为连接决策者和公民社会的特殊力量，智库在分析、发展和推广政策方案时扮演着重要角色。其次，第四次工业革命引发了人们对社交媒体、人工智能和大数据力量的关注。科技变化速度的显著增长，全球信息的相互依赖以及信息和政策流动强度和威力增加，这四大关键趋势将在接下来十年改变人类的生活和工作。

2019 年 1 月 31 日，由美国宾夕法尼亚大学“智库研究项目”（TTCSP）研究编写的《全球智库报告 2018》[①] 在纽约、华盛顿及北京等全球 100 多个城市发布。《全球智库报告 2018》分析认为，智库能够为在极端

① 2018 Global Go To Think Tank Index Report [EB/OL]. http://gotothinktank.com/.

和变化时期为改革公共政策和机构提供一系列战略和举措。尽管目前挑战众多，但这也正为智库带来通过发展创新政策方案来应对挑战的机遇。《全球智库报告 2018》建议，当今智库需要在管理技巧、战略沟通方案、募资战略和大数据分析方面不断推进。另外，智库需在更新商业模式和确保研究和产品的质量和严谨性之间找到平衡。只有通过创新商业模式，并始终确保研究的卓越性，才能使智库在今日的世界中幸存、胜出。

《全球智库报告 2018》根据全球智库综合排名、分布区域、研究领域和特殊成就四大类别，共列出了 51 个分项榜单。

从全球各大洲智库分布区域数量来看，2018 年，在报告中被统计的全球智库有 8162 家，其中欧洲智库有 2219 家（27.2%），北美占 1972 家（24.2%），亚洲的智库数量已增至 1829（22.4%），中美洲和南美洲则拥有 1023 家智库，占全球智库的 12.5%，增长缓慢。而非洲和中东的智库数量共为 1119（13.7%）。在过去 12 年中，美国和欧洲的智库建立率有所下降。与此同时，亚洲、拉丁美洲、非洲、中东和北非的智库数量和类型继续扩大。

根据宾州大学 2017 年全球智库研究的报告数字，全球有 6846 个智库，其中美国占了 1835 个，中国则有 435 家。而从 2018 年全球各国智库拥有的数量排名来看，如表 2－1 所示，美国共有 1871 家智库，是目前世界上拥有智库机构最多的国家。随着一系列推动智库发展的举措，印度智库数量超过中国，现有 509 家智库机构，居世界第二。2018 年中国拥有 507 家智库，位居世界第三。从全球范围来看，美国 75% 的智库设在大学，其他西方国家一大半的知名智库也在高校。全球智库报告显示，影响力排名世界前 25 名的大学智库，11 个来自美国顶尖的研究型大学，其余来自英国、加拿大、新加坡、澳大利亚、德国等发达国家。①

① 王珩．理顺高校智库建设的三对重要关系［N］．中国社会科学报，2016－04－21（02）．

表 2－1　2018 全球智库最多的国家排名（前 10 名）

序号	国家	数量（家）
1	美国	1871
2	印度	509
3	中国	507
4	英国	321
5	阿根廷	227
6	德国	218
7	俄罗斯	215
8	法国	203
9	日本	128
10	意大利	114

《全球智库报告 2018》（最具影响力《全球智库报告 2018》全球发布，中国智库上榜榜单分布更广，http：//www. sohu. com/a/292845333_170375）共列出 51 个分项表单，其中，中国智库共上榜 39 项，成绩斐然。

1. 中国智库进入全球顶级智库百强

在“2018 全球顶级智库百强榜单”中，共有 7 家中国智库再次进入全球顶级智库百强，他们分别是：中国现代国际关系研究院（CICIR）、中国社会科学院（CASS）、中国国际问题研究院（CIIS）、国务院发展研究中心（DRC）、北京大学国际战略研究院（IISS）、全球化智库（CCG）和上海国际问题研究院（SIIS）。其中，唯一的一家高校智库就是北京大学国际战略研究院。具体排名位次如表 2－2 所示。

表 2－2　2018 全球顶级智库百强榜单（上榜中国智库）

序号	智库名称	排名
1	中国现代国际关系研究院	30
2	中国社会科学院	39
3	中国国际问题研究院	51
4	国务院发展研究中心	60
5	北京大学国际战略研究院	81
6	全球化智库	94
7	上海国际问题研究院	96

2. 中国智库稳居亚洲大国智库90强榜单

在“2018亚洲大国（中国、印度、日本、韩国）智库90强榜单”中，有24家中国智库上榜。中国现代国际关系研究院（CICIR）和全球化智库（CCG）依然分列榜单中中国政府智库与中国社会智库首位。中国（海南）改革发展研究院（CIRD）作为该榜单的“新面孔”，位居第79位。总体来说，大学、政府附属或资助的智库仍然是亚洲地区智库的主导模式。其中大学智库包括北京大学国际战略研究院（IISS）和中国人民大学重阳金融研究院（RDCY）。

3. 中国高校智库入选“全球最佳高校智库95强”榜单

在“特殊成就”类别中，有6家中国高校智库上榜“2018全球最佳高校智库95强”，北京大学国际战略研究院（IISS）蝉联第一。具体排名位次如表2－3所示。

表2－3　2018全球最佳高校智库95强

序号	智库名称	排名
1	北京大学国际战略研究院	10
2	清华－卡内基全球政策中心	14
3	清华－布鲁金斯公共政策研究中心	15
4	中国人民大学重阳金融研究院	36
5	清华大学国情研究院	49
6	北京大学国家发展研究院	80

值得关注的是，在《全球智库报告2018》中，作为大学智库的典型代表，中国人民大学重阳金融研究院（RDCY）在研究领域榜单中表现突出，在各研究领域中分别位列“2018全球最佳国际经济政策智库”全球第67名、“2018全球杰出政策研究智库”全球第80名、“2018全球最佳外交政策及国际事务智库”全球第112名，且在运营管理和创新领域中初露锋芒，位列“2018全球经费少于500万美金的全球最佳运营智库”全球第35名。另外，清华大学当代国际关系研究院（IMIR）位列“2018全球最

佳创意或模式创新智库”全球第48名。[①]

除上述《全球智库报告2018》内容外，美国宾夕法尼亚大学在2016全球智库报告综合排名榜单175强中，有9家中国智库入选，其中两家为高校智库——北京大学国际战略研究院（第79名）和中国人民大学重阳金融研究院（第149名）。浙江师范大学非洲研究院在“全球最佳区域研究中心”榜单中位列第19名。[②]

根据鲁德曼和克拉克的研究，麦甘（James G. McGann）领导下的全球智库指数（GGTTT）报告在智库分类和衡量智库表现中是最综合、最先进，也是最权威的。鲁德曼和克拉克聚焦于2011年GGTTT排名前20名的智库，以脸书（Facebook）和推特（Twitter）的粉丝数量、网站流量排名、导入链接、Nexis热门和谷歌热门新闻等例子引用来衡量他们的影响力。换言之，一些指标如智库工作被报道、引用、下载、跟帖的频率，这些是由鲁德曼和克拉克报告的一些基本问题。鲁德曼和克拉克对智库的公众形象进行索引，他们的根本目的不是要得出一个综合的排名方法，其报告的重点是建立一个索引，最好获得公众关注、学术引文、媒体提及、网站流量，以及智库的社会网络的追随者。[③] 除此之外，按业务费用计算的每个智库的规模也被用来比较智库的大小。在这个方面，凭借每年费用、年龄、社交媒体粉丝、网络流量、导入链接、媒体报道和学术引文等因素，按字母顺序列出了18个美国智库。此外，为了提供每年费用、年龄、社交媒体粉丝、网络流量、导入链接、媒体报道和学术引文的数据，2011年被全球智库指数（GGTTT）排名的国际发展智库也按字母顺序列出。

---

① 为鼓励和促进全球智库在当前局势下不断地适应和创新，麦甘领衔TTCSP自2006年起每年发布一期《全球智库报告》，至今已连续发布十三年。报告已建立了一套客观公正的研究体系，其全球智库排名也因评选过程的广泛参与和过程设计的严谨与公正，成为当今国际上最具权威性的全球智库排名体系。发布会历年场面盛大，极具影响力，发布日更是被誉为“国际智库日”。

② James. G. McGann. 2016 Global Go To Think Tank Index Report［EB/OL］.［2017－02－21］. http://www.199it.com/archives/560932.html.

③ Roodman, D., and Clark, J.（2012）. Envelope, Please: Seeking a New Way to Rank Think Tanks, Centre for Global Development, 1－12.

全球智库指数（GGTTT）报告是在“智库研究项目”（TTCSP）框架内由麦甘指导完成的（2008—2015）。该报告采用由“智库研究项目”（TTCSP）制定的 18 项标准（http：//www. gotothinktank. com），通过 1500 多名学者、政策制定者和记者进行了国际调查，对 6500 多个智库进行了排名。智库就各自的地区、研究领域和特殊成就进行了不同的分类。报告列出了世界顶级智库，并提供了每个国家的智库数量作为数据的一部分。按地区列出智库非常重要；排名报告是根据不同地区生成的。各区域的定义和分类因智库的数量、对国家的经济贡献和重要性而各不相同。在这种背景下，在全球智库指数（GGTTT）报告中，北美、中美洲、南美洲、拉丁美洲、加勒比海地区、中东和北非、南非、撒哈拉以南非洲，西欧、中东欧、中亚、东南亚和太平洋地区的顶级智库被编入索引。[①]

智库涉及许多政策/研究领域，因此，在研究领域建立索引清单是非常必要的。在全球智库指数（GGTTT）报告中，智库按他们的政策/研究领域排名，索引报告涉及广泛应用的智库研究领域：国际发展、卫生政策、国内卫生政策、全球卫生政策、环境、安全和国际事务、国内经济政策、社会政策、科学技术、国防和国家安全、教育政策、能源政策、透明度和良好治理、外交政策和国际事务，等等。在研究指标领域中，美国和英国的智库占据了大多数。在最近的报告中，发展中国家的智库表现出了很大的进步，在指数中排名靠前。[②] 因此，像全球智库指数（GGTTT）这样的智库排名对鼓励欠发达国家和发展中国家的智库发挥了巨大作用。正因如此，这些智库也许更能更好地融入公共政策制定过程。此外，全球智库指数（GGTTT）是唯一一个努力覆盖除美国、英国和加拿大以外的其他国家的智库。

在全球智库指数（GGTTT）报告中，也有智库排名的特殊成就类别。

① McGann, J. G.（2008）. The Global Go – To Think Tanks Index Report, Think Tanks and Civil Societies Program Report, University of Pennsylvania.

② McGann, J. G.（2015）. The Global Go – To Think Tank Index Report, ThinkTanks and Civil Societies Program Report, University of Pennsylvania.

在这些类别中，根据不同的成就列表，存在广泛的索引。在这种情况下，使用“特殊成就”类别来对智库进行排名，如具有最具创新性的政策/想法提案的智库，最新智库，突出政策导向的公共政策研究计划，吸引公众的互联网最佳应用，媒体交流节目和研究的最佳利用，对公共政策或政策辩论的最大影响，最佳利润智库，最佳管理附属智库，涉及两个或多个智库的最佳机构协作，最佳管理智库，智库提出的最佳新想法或范例，智库制作的最佳政策研究报告，最佳智库会议，最佳智库网络，最佳政党智库，最佳大学附属智库，社交网络的最佳应用，智库监视，具有最佳对外关系/公共参与计划的智库，最充分利用互联网的智库和每年运作预算低于500万美元的智库，等等。① 在排名奖项类别方面，麦甘的指数报告覆盖完全不同的政策领域和地区；最接近的追随者是英国的《展望杂志》，大约有五个智库类别的“特殊成就”。

全球智库指数（GGTTT）报告每年度都对全球智库进行了全面报道，许多国家种类繁多的智库都被列入了索引中。因此，该报告已经越来越多地被学术界广泛引用，并以此用来研究相关智库课题。②

（二）基于我国第三方“智库索引”和智库年度报告

我国高校智库经历了由自发状态到自觉状态的发展过程。各高校在政策驱动下，充分借助2011协同创新中心、人文社科重点研究基地、社科专题数据库和实验室等载体，逐渐建设并完善各具特色的高校智库。截至2016年，我国高校有38个国家级2011协同创新中心，超过300个省级2011协同创新中心，有151个教育部人文社科重点研究基地，另外还有数量和种类繁多的社科专题数据库和实验室。这些载体直接为国家与地方经济建设和社会发展提供智力支持。③ 通过解读具体典型意义的第三方智库

---

① McGann, J. G.（2015）. The Global Go – To Think Tank Index Report, Think Tanks and Civil Societies Program Report, University of Pennsylvania.

② Hüseyin Özgür Res. Onur Kulaç. An analysis of the studies on think tanks success and ranking. European Scientific Journal . December 2015 /SPECIAL/ edition Vol. 2. 73 – 90.

③ 朱宏亮等．中国高校智库发展现状与未来策略思考［J］．高校教育管理，2016（3）．

索引和智库年度研究报告，可以从整体上重点了解高校智库排名及影响力发展状况。为此，本书选择目前国内影响力比较大且有一定权威性和科学性的第三方机构及其智库索引和智库年度研究报告，共包括：中国社科院中国社会科学评价研究院发布的《中国智库综合评价 AMI 研究报告（2017）》、南京大学和《光明日报》研发的《CTTI 来源智库索引》、上海社会科学院智库研究中心发布的《中国智库报告》、四川省社会科学院发布的《中华智库影响力报告》、浙江工业大学全球智库研究中心的《中国大学智库发展报告（2017）》。

1. 中国社会科学评价研究院发布的《中国智库综合评价 AMI 研究报告》

中国社会科学评价研究院于 2016 年启动了“中国智库综合评价 AMI 指标体系研究”项目，进一步深化对中国智库全面客观的综合评价。“中国智库综合评价 AMI 指标体系研究”以“中国人文社会科学评价 AMI 指标体系”为大纲，以“国家高端智库综合评价指标体系”为基础，遵循智库工作流程，从吸引力、管理力、影响力三方面对国内智库进行综合分析与评价，并完成了《中国智库综合评价 AMI 研究报告（2017）》。报告由总报告和分报告两部分组成，其中分报告就综合性智库、专业性智库、企业智库和社会智库四大类分别进行了评价研究。最终选出了 166 家智库进入“中国智库综合评价核心智库榜单”。其中，入选核心智库榜单的专业性智库中，一是高校智库 A 类（211 高校）序列，包括北京交通大学中国产业安全研究中心等 211 高校经济领域 16 家高校智库、北京大学国际战略研究院等 211 高校国际领域 14 家高校智库、北京大学国家治理协同创新中心等 211 高校社会政法领域 16 家高校智库入选，还包括北京大学文化产业研究院等 211 高校其他领域 14 家高校智库入选；二是高校智库 B 类（普通高校）序列，包括重庆工商大学长江上游经济研究中心等普通高校经济领域 5 家高校智库、广东外语外贸大学广东国际战略研究院等普通高校国际领域 4 家高校智库、广州大学台湾研究院等普通高校社会政法领域 2 家高校智库入选，还包括上海师范大学国际与比较教育研究院等普通高校其他领域2家高校智库入选；三是高校智库C类（高校合作类）序列，包括长江教育研究院等高校合作类智库6家高校智库入选。具体内容详见表2－4至表2－12所示的高校类型的具体分布情况。

表2－4　高校智库A类——211高校经济领域

智库名称
北京交通大学中国产业安全研究中心
北京师范大学中国收入分配研究院
复旦大学中国经济研究中心
贵州大学中国西部发展能力研究中心
华中师范大学中国农村智库发展平台
暨南大学经济与社会研究院
南开大学经济与社会发展研究院
清华大学中国与世界经济研究中心
上海交通大学中国发展研究院
武汉大学经济发展研究中心
西北大学中国西部经济发展研究中心
西南财经大学中国金融研究中心
厦门大学宏观经济研究中心
浙江大学中国农村发展研究院
中山大学高级金融研究院
中央财经大学中国互联网经济研究院

表2－5　高校智库A类——211高校国际领域

智库名称
北京大学国际战略研究院
北京外国语大学公共外交研究中心
对外经济贸易大学中国世界贸易组织研究院
复旦大学美国研究中心
广西大学中国－东盟研究院
兰州大学中亚研究所
宁夏大学中国阿拉伯国家研究院
清华大学国际关系研究院
上海财经大学上海国际金融中心研究院

续表

智库名称
上海外国语大学中东研究所
同济大学德国研究中心
武汉大学中国边界与海洋研究院
厦门大学东南亚研究中心
浙江大学非传统安全与和平发展研究中心

表 2－6　高校智库 A 类——211 高校社会政法领域

智库名称
北京大学国家治理协同创新中心
复旦发展研究院
华中科技大学国家治理研究院
暨南大学华侨华人研究院
兰州大学西北少数民族研究中心
清华大学现代管理研究中心
陕西师范大学中国西部边疆研究院
上海财经大学公共政策与治理研究院
上海大学基层治理创新研究中心
上海交通大学第三部门研究中心
苏州大学东吴智库
厦门大学台湾研究中心
云南大学边疆民族问题智库
中国传媒大学国家传播创新研究中心
中国政法大学法治政府研究院
中山大学国家治理研究院

表 2－7　高校智库 A 类——211 高校其他领域

智库名称
北京大学文化产业研究院
北京师范大学首都教育经济研究院
北京外国语大学中国外语与教育研究中心
东北师范大学中国农村教育发展研究院

续表

智库名称
华南理工大学公共政策研究院
清华大学国家文化产业研究中心
陕西师范大学西北国土资源研究中心
上海交通大学高等教育研究院
天津大学中国文化遗产保护国际研究中心
西南大学西南民族教育与心理研究中心
厦门大学教育研究院
云南大学云南生态文明建设发展智库
中国石油大学中国能源战略研究院
中央财经大学国防经济与管理研究院

表 2－8　高校智库 B 类——普通高校经济领域

智库名称
重庆工商大学长江上游经济研究中心
广东财经大学国民经济研究中心
南京财经大学现代服务业智库
上海对外经贸大学国际经贸治理与中国改革开放联合研究中心
中南民族大学湖北全面小康研究院

表 2－9　高校智库 B 类——普通高校国际领域

智库名称
广东外语外贸大学广东国际战略研究院
国际关系学院国际战略与安全研究中心
上海对外经贸大学国际经贸研究所
浙江师范大学非洲研究院

表 2－10　高校智库 B 类——普通高校社会政法领域

智库名称
广州大学台湾研究院
天津科技大学食品安全战略与管理研究中心

表 2－11　高校智库 B 类——普通高校其他领域

智库名称
上海师范大学国际与比较教育研究院
首都师范大学美育研究中心

表 2－12　高校智库 C 类——高校合作类智库

智库名称
长江教育研究院
清华－布鲁金斯公共政策研究中心
清华－卡内基全球政策中心
武汉大学国家文化发展研究院
浙江大学公共政策研究院
中国南海研究协同创新中心

资料来源：中国社会科学评价研究院发布《中国智库综合评价 AMI 研究报告（2017）》及核心智库榜单，2017－11－19. http：//www. sohu. com/a/205338002_699049.

2. 南京大学中国智库研究与评价中心的《中国智库索引》（简称 CTTI）

中国智库索引（简称 CTTI）是由南京大学、光明日报社联合研发的中国智库数据管理与搜索系统。《CTTI 来源智库目录》是我国第一份用英文向全球发布的全国性智库目录，这对世界了解中国智库，对中国智库走向世界将起到积极的促进作用。其中，2018 年 1 月南京大学中国智库研究与评价中心和光明日报智库研究与发布中心联合发布的《CTTI 来源智库全名单（2017—2018）》共收录智库数量 604 所，604 家 CTTI 来源智库分为九大类智库：党政部门智库（63 家，占 11%）、社科院智库（48 家，占 8%）、党校行政学院智库（49 家，占 8%）、高校智库（348 家，占 58%）（如浙江师范大学非洲研究院）、军队智库（6 家，占 1%）、科研院所智库（32 家，占 5%）、企业智库（7 家，占 1%）、社会智库（38 家，占 6%）、传媒智库（13 家，占 2%）。[1] 从绝对数量上来看，占比高达 58% 的高校智库是来源智库最主要的类型，在我国智库体系中占据了半壁江山。

从数量看，截至 2016 年底，《中国智库索引》（简称 CTTI）已收录来源智库 490 家，其中高校智库 255 家，占 52%。[2] 我国教育部公布的 2017 年正规大学名单，截至 2017 年 5 月 31 日，全国高等学校共计 2914 所，其中：普通高等学校 2631 所（含独立学院 265 所），成人高等学校 283 所。[3] 抛开成人高等学校，700 家高校智库占 2631 所普通高等学校的百分比约为 27%。

2018CTTI 来源智库增补名单。2018 年度 CTTI 增补智库共 105 家，其中党政部门智库 2 家、社科院智库 2 家、党校行政学院智库 4 家、高校智库 95 家、科研院所智库 2 家。2018CTTI 依据机构数据统计，高校智库共 441 家，占各类智库总量的 62%；党政部门智库 69 家，占 10%；社科院智库 51 家，占 7%；党校行政学院智库 48 家，占 7%；社会智库 36 家，占 5%；科研院所智库 34 家，占 5%；传媒智库 13 家，占 2%；企业智库 8 家，占 1%；军队智库 6 家，占 1%。

2018 年 5 月 19 日，由光明日报社和南京大学联合主办的 2017“中国智库索引”智库最佳实践案例（CTTI - BPA）发布暨智库评价系统研讨会在南京举行。从整体上看，申报 2017CTTI - BPA 最佳报告奖、最佳活动奖、最佳管理奖三大奖的智库类型均以高校智库为主，其他类型智库分布较为平均。作为中国特色新型智库建设体系的重要组成部分和典型代表，高校智库通过丰富多元的实践活动说明了中国特色新型智库的勃兴与活力。

《CTTI 高校智库百强榜名单》。由南京大学、光明日报社联合研发的

---

① 南京大学中国智库研究与评价中心 光明日报智库研究与发布中心 联合课题组．2017CTTI 来源智库增补情况介绍［N］．光明日报，2018 - 01 - 04（11）．

② 中国智库研究与评价中心．中国智库索引［EB/OL］．（2016 - 12 - 31）［2017 - 2 - 20］．https：//ctti. nju. edu. cn/CTTI/.

③ http：//www. moe. gov. cn/srcsite/A03/moe_ 634/201706/t20170614_ 306900. html.

中国智库数据管理与搜索系统（CTTI）发布了2018中国高校智库百强榜单。该榜单从智库产品（Product）、智库活动（Activity）、智库媒体影响（Impact）和智库专家主观评价（Expert）四个维度出发，对系统收录的441家中国高校智库进行了综合评价，将前一百位高校智库评定为“A区高校智库”形成“CTTI高校智库百强榜”，其中25家智库被评为“A+”，35家智库被评为“A”，其余40家智库被评为“A-”。其中，作为地方高校智库的典型，浙江师范大学非洲研究院入选高校智库百强榜单并名列第20位，被评定为“A+”智库单位。浙江师范大学推送的《我从非洲来》（大型公共外交纪录片六集）获智库最佳活动一等奖。

3. 上海社会科学院智库研究中心的《中国智库报告——影响力排名与政策建议》

上海社会科学院智库研究中心作为首创中国智库排名先河的智库评价机构，自2014年起连续五年发布《中国智库报告——影响力排名与政策建议》。其中，《2017年中国智库影响力评价与排名》围绕中国智库的决策影响力、学术影响力、社会影响力、国际影响力，以及智库的成长能力作为评价标准，设计客观评价指标体系；采取多轮主观评价方法，参考部分客观指标，就中国活跃智库的综合影响力、分项影响力、系统内部的影响力和专业影响力等方面进行打分和排名，归纳出中国最具影响力智库的主要特征。其中，关于高校智库排名（2017）情况如表2-13所示。

表2-13　高校智库系统影响力第1-10名

2017年排名	智库名称
1	北京大学国家发展研究院
2	中国人民大学国家发展与战略研究院
3	清华大学国情研究院
4	复旦大学中国研究院
5	武汉大学国际法研究所
6	中山大学粤港澳发展研究院
7	北京大学国际战略研究院
8	复旦大学复旦发展研究院
9	华南理工大学公共政策研究院
10	清华大学当代国际关系研究院

《2017 年中国智库影响力评价与排名》指出，2017 年的智库影响力排名呈现如下特点：

第一，从综合影响力排名看，国家党政军/科研院所智库、部委直属事业单位智库最具影响力，排名相对靠前。从入选综合影响力前 100 位的智库类型分布看，国家党政军/科研院所智库有 16 家、部委直属事业单位智库有 30 家、地方党政智库和地方社科院各 7 家、高校智库有 19 家、社会（企业）智库有 21 家。与去年相比，国家党政军/科研院所智库、部委直属事业单位智库进入综合影响力前 100 位的数量在增加，地方社科院进入综合影响力前 100 位的数量在减少，地方社科院空缺出来的位次被新进入的前两类智库所取代。同时，地方党政智库、高校智库，以及社会（企业）智库的数量与去年基本保持一致。此外，从入选综合影响力前 100 位的智库发展相对质量看，社会（企业）智库和地方党政智库的影响力有比较明显的提升，平均排名比去年有所前进。

表 2－14　入选综合影响力前 100 位的智库类型分布（2016—2017 年）

系统类别	数量		平均排名（数字越小说明影响力越大）	
	2017 年	2016 年	2017 年	2016 年
国家党政军/科研院所智库	16	10	29.1	8.6
部委直属事业单位智库	30	26	48.9	40.7
地方党政智库	7	9	68.3	72.4
地方社科院	7	14	83.4	78.4
高校智库	19	21	50.3	48.9
社会（企业）智库	21	20	52.4	56.7

注：地方党政智库含地方党校（行政学院）和地方政研智库。

第二，从分项影响力看，各类智库发挥的影响力各有侧重。比如，国家和地方党政军智库的影响力主要是决策影响力，科研院所和高校智库以学术影响力见长，社会（企业）智库则在社会影响力方面有着独特的优势，经常在国际上发声的智库其国际影响力也相对更高一些。尽管近年来社会（企业）智库和高校智库发展势头迅猛，但中国最具影响力的智库仍主要分布在国家党政军及各部委附属的研究部门和科研院所，智库体系的分布结构相对稳定，主要是围绕决策影响力发挥智库的咨政功能。这一结论也同样符合中国智库发展的圈层结构分布特征。

第三，从系统影响力排名看，部委直属事业单位智库、地方党校（行政学院）、地方政研智库、地方社科院的影响力排名比较稳定，而社会（企业）智库的影响力排名变化比较剧烈。简而言之，与体制内智库相比，体制外智库的竞争更为激烈。这也在一定程度上解释了社会（企业）智库发展质量提升的原因所在。

第四，从专业影响力排名看，经济发展与国际关系仍然是中国智库研究的两大重点领域，但随着新时代我国社会主要矛盾的逐步变化，一些新的研究领域正在兴起，比如社会、文化、教育、科技和生态等。一批新的专业型智库也正在崛起，比如在互联网时代应运而生的阿里研究院、腾讯研究院等，正在以不同于传统智库的方式，发挥着智库的专业影响力。

第五，从议题影响力排名看，体制内智库和体制外智库共同发声的社会环境正在形成。就“一带一路”倡议、供给侧结构性改革、全面小康与精准扶贫、金融创新与金融安全、区域协调发展等关系国计民生的重大议题而言，排名上榜的既有国家和地方的党政军智库、社科院智库，也有高校智库和社会（企业）智库，在这些重大议题上，各类智库都有独特的发声通道，共同发挥着在咨政建言、理论创新、舆论引导、社会服务、公共外交等多个维度上的重要作用。①

4. 四川省社会科学院发布的《中华智库影响力报告》

四川省社会科学院与中国科学院成都文献情报中心联合发布《中华智库影响力报告》，该报告自 2015 年起已经连续 4 年发布智库排行榜，由四川省社会科学院与中国科学院成都文献情报中心协同研发，也是目前西部地区首家以大数据为支撑的智库报告。其指标体系设有决策影响力、舆论影响力、社会影响力、专业影响力、国际影响力等五个一级指标，含政策

① 《2017 年中国智库影响力评价与排名》发布［EB/OL］.［2018 - 02 - 06］. http://www.pjzgzk.org.cn/c/2193.htm.

导向、传播平台、传播内容、传播效果、公众影响力、助推发展力、创新支撑力、思想启迪能力、知识编码能力、创意扩散能力、成果影响、国际声誉等12个二级、三级指标。该报告建有系统数据来源和质量保证机制，采取了“主题过滤”“关键词过滤”“时间过滤”三重过滤的方式和主客观数据相结合的评价模式，使用“机器抓取人工审核”“人工录入交叉审核”双重审核的手段，从科学网（Web of Science）、中国知网（CNKI）、维普、德温特（Derwent）、国家知识产权局、自然基金委、社会规划办、百度搜索、新浪微博数据、中央电视台等数据平台获取数据资源。其中，《中华智库影响力报告（2018）》专门对高校智库影响力进行了1-30位次的排名。其中，2017年影响力排名前10位的高校智库为：北京大学国家发展研究院、复旦大学发展研究院、中国人民大学重阳金融研究院、北京大学国际战略研究院、清华大学国际关系研究院、复旦大学美国研究中心、中国人民大学国家发展与战略研究院、清华-布鲁金斯公共政策研究中心、浙江师范大学非洲研究院、清华大学国情研究院。

5. 浙江工业大学全球智库研究中心的《中国大学智库发展报告（2017）》

2018年1月19日，由浙江工业大学主办，浙江工业大学全球智库研究中心承办的《中国大学智库发展报告（2017）》研究成果发布会在京召开，发布会颁布了“中国大学智库百强排行榜”。该排行榜是中国大学智库的第一个排行榜，是研究团队聚焦中国大学智库的建设和发展，对中国大学智库发展状况进行了全方位、多维度、系统化的跟踪和扫描，并基于大学智库评价的“三维（FAC）评价模型”（契合度、活跃度、贡献度）和评价指标体系，打造出更符合中国国情和大学特征的“中国标准”，为中国大学智库的建设和发展提供了新视角与新方法。

浙江工业大学全球智库研究中心遴选了近200家大学智库，经专题调研、数据收集、实力比较，契合度甄别、活跃度搜索、贡献度分析，以及分项重权的设置、指标数据的集成，最后形成中国大学智库的第一次百强排名。大学智库百强呈现出“三大方阵”或三个层次：

（1）国家高端智库。全国首批的25个国家高端智库中有6个大学智库，分别为中国人民大学国家发展与战略研究院、北京大学国家发展研究院、清华大学国情研究院、复旦大学中国研究院、中山大学粤港澳研究院、武汉大学国际法研究所。

（2）大学智库前30强。其中，清华大学5个、中国人民大学3个、北京大学3个、复旦大学2个、中山大学2个、浙江大学2个。

（3）中国大学智库百强。90%以上来自传统的985和211高校，大多数是目前"双一流大学"。主要聚焦在咨政建言、理论创新、舆论引导、社会服务、公共外交，关注经济社会发展的重大理论问题和政策问题占50%以上，公共外交领域占15%。

该研究报告指出，从组织形态上看，中国大学智库有"三大类型"，即旗舰型智库、均衡型智库、特色型智库三类。① 一是旗舰型智库，又称中国特色新型大学高端智库。不仅整体实力雄厚，社会影响广泛，政府高度器重，而且智库机构的专业化和实体化基础好，管理规范、经费充裕、机制灵活、人才济济、成果丰硕，成为服务国家重大战略、引领学科和理论发展的大学高端智库。二是均衡型智库，即在理论研究和咨政建言上均有优势，既是智库机构，又是学术机构，既是智库专家，又是教授学者，许多大学智库都处在过渡形态和转型状态，当政府、学校、社会高度重视和资助均衡型智库时，这类智库可向专业化和实体化的高端智库转变。同时，随着首席专家的代际更替，也有可能回归学术和理论研究。三是特色型智库。如公共外交中的国别研究、区域研究；科技创新和政策研究；农村发展问题和政策研究；国际法领域的研究；可持续发展问题和政策研究；政府管理和公共政策研究，等等。

在《中国大学智库发展报告（2017）》研究成果发布会上，浙江工业大学校长李小年表示，中国正进入新时代，面对国内社会主要矛盾深刻变化、国家治理体系和治理能力的现代化，需要中国智库责无旁贷地承担着

① 张彦武．中国大学智库发展报告（2017）发布［N］．中国青年报，2018－01－29.

以科学咨询支撑科学决策的时代责任。大学智库建设是中国特色新型智库建设的重要组成部分，是大学的学科优势、人才优势和成果优势转化为服务于政府科学决策、服务社会发展的客观要求。

第三章　地方高校智库建设的实证研究

——基于全国137所地方高校智库建设的实证分析

在西方社会，智库作为一个知识生产组织，从事应用性的跨学科研究，在提供政策咨询以及理论创新方面都发挥了巨大的作用。当前中国特色社会主义进入了新时代。新时代背景下，我国在一定程度上也正在迈入中国特色智库发展的时代，不同层次、不同类型的智库在中国如雨后春笋般一样出现。近年来，地方高校智库作为区域经济社会理论创新和知识更新的重要平台，其建设和发展不断走向成熟，对于提升地方高校所在区域的经济发展、文化软实力、公共政策的制定与优化都起到了重要的推动作用。然而，在不同的区域经济、社会、文化发展的浸润下，不同的地方高校智库的发展也具有不同的特点。为进一步发挥地方高校智库对于提升区域经济社会发展治理体系和治理能力现代化的作用，满足区域经济社会发展的现实需求，我们进行了问卷调查和无结构访谈，从而了解地方高校智库发展的现状，找到影响其发展的瓶颈和问题。

针对地方高校智库建设现状开展实证分析，具有重要的现实价值。因为，之前关于地方高校智库的研究大多停留在较为宏观的理论层次上，或者大多是基于质性研究，量化研究明显较少，部分结论大多是质性的、抽象的。本次研究进一步从量化研究的角度诠释该问题，并选取了有代表性的智库进行了实证研究，具有一定的现实意义。

首先，对智库发展现状和能力进行概念操作化，发展成可测量指标，结果更为直观和具体，并且可量化、可比较。其次，该研究一定程度上可弥补地方高校智库发展现状量化研究的不足，并与其他类型的高校智库的研究成果进行比较分析，减少量化研究中研究报告所呈现的“碎片化”、重复研究和研究空白。再次，该研究进一步阐释了区域高校智库发展研究领域的研究对象，提出从研究对象本身出发，突出研究客体的异质性。

第一节　地方高校智库发展现状：概念界定及研究工具

一、概念界定

总体来说，我国高校智库领域的研究处于发展的起步阶段，关于高校智库的文献虽然呈现出逐年递增的趋势，但总体数量仍不算多，且研究角度较为单一。主要集中于对高校智库的历史研究、个案研究和理论研究，缺乏对高校智库发展现状的实证研究。要分析地方高校智库的建设与发展现状，首先需要明确其概念。通过梳理和总结以往学者的研究成果和概念阐释，本书将“地方高校智库发展现状”这一概念进行描述性界定为：地方高校智库结合其地方背景和自身情况，综合运用各种资源，服务区域经济社会发展，输出有效、科学、规范的智库产品的能力与发展状况。

二、研究工具

目前，我国关于地方高校智库发展的评价体系和框架存在诸多问题，例如评价标准不够科学、评价内容不够全面、评价的反馈和应用程度较低等，这些问题阻碍了对高校智库发展现状的全面认识以及高校智库的进一步发展与完善。为建立科学的评价体系，本书采用了 4 个一级指标对地方智库发展现状进行概念操作化，将地方智库发展现状具体分为四种能力，即发展能力、思想能力、传播能力和影响能力。同时，在 4 个维度下又具体包括资源能力、运行能力、基础理论能力、应用政策能力、媒介手段、覆盖对象、传播技巧、决策影响力、社会影响力、国际影响力等10个二级指标和60个发展测量指标，即以四个一级指标作为分析维度，针对10个二级指标、60个发展测量指标进行量化分析和数据处理，以力求全面、系统地对我国地方高校智库的发展现状进行分析与评价。

本书主要工具量表的设计，参考了刘登、赵超阳等提出的“基于信息传播理论的智库本体模型”①，该模型按照信息传播理论和管理学中组织结构理论，将智库按照信源、信息、信道、信宿、效应来解构，抽象成一个信息传播系统，认为智库是一个生态组织形态，其研究实体、平台渠道、产品成果、作用对象构成一个互相影响和作用的有机系统。

基于高校作为知识生产组织的特性和智库机构内在运行的逻辑，本研究将高校智库建设评价体系限定为4个一级指标。一级指标包括4个维度：发展能力、思想能力、传播能力、影响能力。在这4个维度中，高校的发展能力，具体表现为基础资源和机构运行能力，是影响高校智库建设的先决条件；思想能力，具体表现为基础理论、政策应用能力，是影响高校智库发展质量的关键性要素；传播能力，即媒介手段、覆盖对象、传播技巧能力，是影响高校智库影响力的保障性要素；影响能力，即决策影响力、社会影响力和国际影响力，是评价高校智库产品效应的核心要素。

本书在完善二级指标体系基础上，根据10个二级指标相应地设计出60个发展测量指标作为定量研究的问卷，并于2017年4月24日至26日在福州大学举办的“2017高校新型智库建设与创新”学术研讨会发放问卷，收集获取了相关的评估信息。实际发放问卷300份，收回有效问卷137份，以全国137所不同类型的高等学校为基本分析单元，涵盖了我国东中西部地区24个省份的各类智库，数据具有一定的代表性。笔者根据各指标的权重进行了赋分，借助了SPSS23.0软件的统计工具，算出了本次调查对象在

① 刘登、赵超阳等．新型智库评估理论及评估框架体系研究［J］．智库理论与实践，2016（10）．

4 个维度上的得分以及最终的总分。对地方高校智库发展的 4 个维度和 60 个发展测量指标的分析结果如下表所示：

表 3－1　地方高校智库建设评价体系量表

维度划分	二级指标	发展测量指标建构	完全不符合	比较不符合	不确定	比较符合	完全符合
1. 发展能力	资源能力	1. 智库机构人员中全部是专职人员					
		2. 智库机构人员中有兼职人员					
		3. 研究团队中有领军型（首席）专家					
		4. 研究团队具有多学科背景					
		5. 研究团队中有一定的海外背景人员					
		6. 研究机构的资金筹措渠道多元					
		7. 从事研究的科研经费数量充足					
		8. 研究机构有专门的网站平台					
		9. 网站的内容更新比较及时					
		10. 开通了组织机构的微信公众号					
	运行能力	11. 有专门的组织管理机构					
		12. 研究机构有自己的章程					
		13. 研究机构有独立的行政人员					
		14. 交流合作常态化、制度化					
		15. 治理结构符合智库发展的规律					
		16. 研究问题具有前瞻意识					
		17. 研究领域体现出跨学科导向					
		18. 研究领域体现了明显的问题导向					
		19. 主攻方向突出特色，发挥优势					

续表

维度划分	二级指标	发展测量指标建构	完全不符合	比较不符合	不确定	比较符合	完全符合
2. 思想能力	基础理论能力	20. 研究团队的学术基础良好					
		21. 研究成果能够反哺教学和学科建设					
		22. 学术产出以论文、专著为主					
		23. 发表论文的数量呈上升趋势					
		24. 出版专著的质量越来越高					
		25. 课题立项数量呈上升趋势					
		26. 成果获奖数量呈上升趋势					
	应用政策能力	27. 咨政建言获得国家领导人批示					
		28. 咨政建言获得省部级领导人批示					
		29. 咨政建言获省部级以下领导人批示					
		30. 参与政府规划编制工作					
		31. 为政府部门做报告、讲座					
		32. 为政府、企业、单位开展教育培训					
		33. 为院校管理提供决策咨询					
		34. 定期向政府提供研究咨询报告					
		35. 定期向政府部门递交简报或资讯					
3. 传播能力	媒介手段	36. 定期举办学术会议					
		37. 定期举办专题论坛					
		38. 主办或承办相关专业期刊					
		39. 有专门的咨政报告数据库					
		40. 重视新媒体的网络传播作用					
	覆盖对象	41. 定期为政府部门发行政策简报					
		42. 面向区域行业、产业提供咨询指导					
		43. 面向社会公众提供公益性咨询服务					
	传播技巧	44. 及时通过电子传媒搭建交流平台					
		45. 邀请政府官员在智库担任政策顾问					
		46. 邀请政府官员参加研讨会议、讲座					
		47. 邀请卸任的政策制定者来智库供职					
		48. 调研考察是主要的工作方式					

续表

维度划分	二级指标	发展测量指标建构	完全不符合	比较不符合	不确定	比较符合	完全符合
4. 影响能力	决策影响力	49. 与政府职能部门业务互动频繁					
		50. 智库研究成果获政府领导批示					
		51. 经常接受来自政府的委托项目					
	社会影响力	52. 经常接受来自行业、产业的委托项目					
		53. 学界知名度较高					
		54. 网站访问量呈现上升趋势					
		55. 机构接受媒体采访报道次数频繁					
		56. 报纸网络文章发文数量呈上升趋势					
	国际影响力	57. 与国外高水平智库建立实质性合作关系					
		58. 机构举办国际论坛					
		59. 在国际学术期刊上发表论文					
		60. 机构人员参加国际会议					

通过表 3－1 可以看出，本研究的 4 个维度和 60 个发展测量指标几乎涵盖了我国当前地方高校智库运行和发展的各个方面，对其进行数据收集和分析，可以全面系统地获取高校智库发展的信息，为构建科学的评价体系奠定了基础，进而帮助我们从全局角度把握我国地方高校智库的发展现状。

第二节　地方高校智库发展运行状况的描述性分析

本节旨在描述受访地方高校智库发展的总体状况，主要依据搜集到的调查问卷和访谈资料，通过数据整合与分析，对地方高校智库的发展状况进行全景式扫描呈现，结合图表分析我国地方高校智库的发展能力、思想能力、传播能力和影响能力。在描述高校智库发展的总体状况之前，本书首先对被访者的基本信息和情况进行分析，以说明研究的全面性和有效性。

表 3－2　被访者的基本情况

变量	类别	频次	有效百分比（%）	总频次
所任职务	高校领导	9	6.9	131
	智库负责人	19	14.5	
	智库研究者	60	45.8	
	智库从业者	43	32.8	
所属学校类型	部属高校	36	26.7	135
	省属高校	79	58.5	
	高职院校	4	3.0	
	民办高校	5	3.7	
	其他	11	8.1	
所属学校层次	211 且 985	15	11.0	136
	211 非 985	33	24.3	
	非 211 省部共建	29	21.3	
	非 211 非省部共建	59	43.3	

根据表 3－2 的相关数据，我们可以了解到被访者的基本情况：

首先，从调查问卷被访者的职务来看，可以发现问卷的被访者主要来自高校智库的研究者和从业者，分别占总数的 45.8% 和 32.8%；其余则是智库负责人和高校领导，这说明本研究所选取的调研对象都是与高校智库发展息息相关的人员，保证了数据和资料的有效性，有助于全面、真实地了解地方高校智库发展的现状。

其次，从被访者所属学校的类型来看，本研究具有一定的广泛性和全面性，137 份调查问卷的学校涵盖我国高等教育的各个类型和层次，既有部属高校、省属高校，也有民办高校和高职学校。

最后，就所属的学校层次而言，既包含 985、211 等高水平大学，也有普通高校，这将有利于我们全面地了解我国各级各类高校智库发展的现状，更有针对性地分析不同高校智库发展的情况与问题，进而提出相应的发展建议。

表 3－3　被访者学校所含智库不同级别数量情况

变量	个数	频次	有效百分比（%）	总频次
所含国家级智库	0	35	53.8	65
	1	24	36.9	
	2	2	3.1	
	3	1	1.5	
	4	1	1.5	
	6	2	3.1	
所含省级智库	0－5	74	84.1	88
	6－10	11	12.5	
	>10	3	3.4	

表 3－4　被访者学校所含智库类型情况

变量	是/否	频次	有效百分比（%）	总计（个）
是否属于学术思想智库	是	50	36.8	136
	否	86	63.2	
是否属于战略型智库	是	70	51.5	136
	否	66	48.5	
是否属于策略型智库	是	73	53.7	136
	否	63	46.3	
是否属于政策研究性智库	是	42	30.9	136
	否	94	69.1	
是否属于应用型智库	是	52	38.2	136
	否	84	61.8	
是否属于专业型智库	是	47	34.6	136
	否	89	65.4	

由表 3－3、3－4 数据可知，从被访者学校的所含智库的数量和类型来看，这 137 所高校中，拥有国家级智库的高校数量较少，大部分高校拥有一个以上的省级智库，数量大多在 10 个以下，只有很少一部分高校拥有 10 个以上的省级智库。在这些高校的智库类型中，其中战略型智库和策略型智库的数量最多，政策研究型和专业型智库最少，其次较少的是拥有学术思想型和应用型智库的高校。这说明了目前我国高校较为重视战略型和

策略型智库的建设，针对政策研究和专业性较强的智库建设较少，一方面体现了我国高校智库建设总体水平还有待提高，另一方面，在智库发展方向和智库自身定位方面还需向多样性、研究性和应用性方面改善。这涉及高校智库如何处理好基础理论和应用对策之间的关系问题，作为省级智库的济南大学绿色研究院时任院长张伟教授认为，基础理论和应用对策是相辅相成的。

作为智库来说，高校智库不是社科院智库、党校智库、民间智库，它们可能不要求技术理论多好，但是一定要高效率。基础理论是高校智库的一个特色、一个优势。要处理好这个关系，就要争取既要能发高水平的学术论文，还要能写有接地气的研究报告，通俗一点讲就是要做到“顶天立地”。“顶天”就是能够在国内外有名的期刊上发好论文；“立地”就是能够写有可行性的、有可操作性的政策建议和政策报告。这两点对于高校智库而言缺一不可。如果你只做对策研究，没有一定的理论基础的话，那么这个应用研究的依据是什么？特别是当我们面临着新的领域、新的问题，没有理论研究的话，那么这个对策研究就缺乏合理性。我研究绿色金融，深有体会。绿色金融是一个新的研究领域，原来的理论解释不了。没有理论作为指导，这个对策就不具有可行性和科学性。事实上，包括我们写的政策建议里面，也会牵扯到一些理论，政策报告也会牵扯到。况且，现在的领导理论水平都很高，现在你给领导写一些理论，他们都很清楚。所以我认为这个可以统一起来，但是重点还是在应用对策研究，因为智库重点还是在这里。

——2019 年 5 月 20 日，济南大学绿色研究院时任院长张伟教授的访谈

表 3－5　被访者学校所含智库不同分类情况

变量	类别	频次	有效百分比（%）	总频次
服务层次	院校管理服务类	67	35.6	188
	省部级部门服务类	50	26.6	
	全国服务类	27	14.4	
	国际服务类	44	23.4	
智库机构建制	挂靠二级学院型智库	27	22.0	123
	学校直属平台型智库	64	52.0	
	校地联合型智库	19	15.4	
	高校与国家部委联合型智库	10	8.2	
	高校与民主党派联合型智库	3	2.4	
是否担任人才培养职能	担任研究生培养职能型智库	52	38.5	135
	无研究生培养职能型智库	83	61.5	
是否担负某项学科建设任务	担负学科建设职能型智库	74	56.9	130
	无担负学科建设职能型智库	56	43.1	
学科特点	综合类	37	29.6	125
	专业特色类	88	70.4	
被访者认为高校智库应发展的方向	综合类	34	25.4	134
	专业类	42	31.3	
	对策研究类	52	38.8	
	基础理论研究类	6	4.5	

根据表 3－5 的数据，我们可以在服务层次、智库机构建制、是否担任人才培养职能、是否担负某项学科建设任务、智库学科特点和被访者认为高校智库应发展的方向这几个方面进行分析。在服务层次方面，大多数智库属于面向院校内部管理和省部级部门服务类，也有一部分高校智库主要提供国际化服务，这与一些院校重视智库为自身及政府部门发展服务和国际化趋势有关。而真正面向全国服务的智库则较少，由此也表现出我国地方高校智库在服务面向方面的一个基本特点。从智库机构建制来看，学校直属平台型智库占高校智库数量的一半以上，高校与民主党派联合型智库的数量最少，有效百分比仅占 2.4%。在这些智库中，担任研究生培养职

能型智库的数量不到高校智库数量的一半，而担负某项学科建设职能型智库的数量则在一半以上。这说明，大多数的学校直属平台型智库是为某项学科建设服务的，并且在研究生培养职能上有所欠缺。绝大多数的智库都属于专业特色类，这说明了智库担负着明显的学科建设任务。当被访者回答“认为高校智库应发展的方向”时，可以看出大部分高校对于综合类智库建设的重视性不够高。被访者普遍不希望其高校智库向着基础理论研究方向发展，大都认为高校智库应该向着对策研究类发展，体现了智库研究人员对于智库全面性、实用性、综合性发展方向的基本定位和期待，这也从侧面体现出我国智库目前较为偏重基础理论研究类智库建设的现状。

对高校智库本体的认知，是开展智库评估的基础。本质意义上，智库是通过产生并传播知识和思想信息来影响特定对象的组织系统，应具备研究、传播、影响等功能。高校智库的本体不仅指内部静态研究组织结构，还包括智库功能实现所涉及的平台渠道、作用对象等构成的生态组织系统。按照信息传播理论，以结构观和过程观来认知，高校智库可以按照信源、信息、信道、信宿、效应来解构，抽象成一个信息传播系统。“信源”是产生决策咨询研究成果的智库组织基础；“信息”是智库决策咨询研究成果主体；“信道”是智库的传播渠道载体；“信宿”是咨询决策成果潜在的作用客体，如政策制定者、公众等；“效应”是智库信息产品对信宿的影响程度，是智库发挥作用的终极目的。针对基于信息传播理论的智库本体模型，逐层分析研究可发现并系统界定高校智库的多元价值体系，进而从发展能力、思想能力、传播能力和影响能力 4 个维度对我国地方高校智库发展现状进行评估。①

一、高校智库发展能力分析

高校智库的发展能力主要体现在高校的资源能力和运行能力之中，其

① 刘登、赵超阳等．新型智库评估理论及评估框架体系研究［J］．智库理论与实践，2016（10）．

中资源能力主要包括人才水平、资金能力、信息能力等；而运行能力则主要表现在高校的组织结构、领域与方向和运行机制等方面。

表 3－6　被访者学校智库机构人员专职/兼职情况

变量	符合程度	频次	有效百分比（%）	总频次
全部是专职人员的符合情况	完全不符合	28	22.8	123
	比较不符合	42	34.1	
	不确定	26	21.1	
	比较符合	21	17.1	
	完全符合	6	4.9	
专职人员数量	0－5	40	6.0	100
	6－10	27	8.0	
	11－15	4	1.0	
	16－20	8	1.0	
	>20	21	1.0	
人员中有兼职人员的符合情况	完全不符合	4	5.6	72
	比较不符合	5	6.9	
	不确定	5	6.9	
	比较符合	32	44.4	
	完全符合	26	36.1	
兼职人员数量	≤10	41	3.1	96
	11－20	25	13.5	
	21－100	25	1.0	
	>100	5	1.0	

（一）资源能力维度分析

1. 人才水平

通过数据分析可以看出，在机构人员构成方面，我国地方高校智库大多是专职人员与兼职人员共存，仅有 4.9% 的智库全部聘请专职人员，绝大多数高校的智库专职人员数量是 5 人以下，大于 20 人的高校较少；只有 5.6% 的智库不会聘请兼职人员，大部分高校的兼职人员数量在 10 人以下，兼职人员在 100 人以上的高校则少之又少。这说明大多数高校既没有聘请大量的专职人员，也没有过多依赖兼职人员，体现出了高校智库机构人员资源较少，尚需一大批专业人才的加入。而不同智库的人员数量和兼职人员的构成比例也存在着较大差别，这可能是由于高校智库的自身规模、发展理念以及资金支持等因素的影响。

高校具有建设高水平智库的天然优势，如人力资源集中、学科门类齐全、基础研究力量雄厚、对外学术交流和合作广泛深入。这些优势可以为智库开展政策研究、战略研究提供丰厚的学术底蕴，并为开展战略研究和政策研究提供广阔的国际视野和国际学术网络。

表3－7　被访者学校智库人员基本情况

变量	符合程度	频次	有效百分比（%）	总频次
学历水平	博士	90	69.8	129
	硕士	36	27.9	
	本科	2	1.6	
	本科以下	1	.8	
年龄分布	50岁以上	8	6.2	130
	40—50岁	88	67.7	
	30—40岁	33	25.4	
	30岁以下	1	.8	
优势学科领域分布	人文社科	72	55.0	131
	理工	26	19.8	
	农医	9	6.9	
	交叉学科	24	18.3	
人员职称结构	教授/研究员	59	45.4	130
	副教授/副研究员	63	48.5	
	讲师/助理研究员	8	6.2	

表3-8　被访者学校所含智库人才水平情况

变量	次数	完全不符合	比较不符合	不确定	比较符合	完全符合	总计
研究团队中有领军型（首席）专家	频次	12	17	27	32	32	120
	有效百分比(100%)	10.0	14.1	22.5	26.7	26.7	100
研究团队具有多学科背景	频次	4	12	24	56	27	123
	有效百分比(100%)	3.3	9.7	19.5	45.5	22.0	100
有一定的海外背景人员	频次	13	18	29	39	23	122
	有效百分比(100%)	10.7	14.8	23.8	31.9	18.8	100

由表3-7、3-8数据可知，97%的智库人员拥有硕士及以上学历，其中69.8%为博士学历，27.9%为硕士学历，充分反映了我国高校智库的科研能力和实力。智库人员大都在30-50岁之间，正处于职业上升期，是高校智库研究的中坚力量和潜力军。在学校智库人员职称比例中，教授和副教授级别共占90%左右，这进一步反映了高校智库人员的层次水平普遍较高。

各高校智库优势学科的侧重点各有不同，但超过一半的智库偏重于人文社科学科，其次为理工和农医学科，虽然存在各学科的交叉与融合趋势，但文理学科的发展仍有显著差距。关于优势学科整合与建设问题，国内知名非洲学研究学者、浙江师范大学非洲研究院的刘鸿武教授，在济南大学教育部国别和区域研究中心（非洲研究中心）高层论坛上特别强调，要聚焦非洲研究，整合好校内各个学科资源：

济南大学建立的非洲研究中心，与校内其他相关学院应该建立起紧密的合作关系。学校有十多个学院，每一个学院都有自己的研究领域，比如研究农业、水利、会计、金融等。现在需要推动这些学院在目前研究基础上，拓展研究视野，把研究的视角转向遥远的非洲。比如，你是研究经济的，可能是研究山东经济的，现在可以适当转一转，研究山东和非洲的经济。如果你是研究教育的，可以适当研究一下非洲的教育，中非教育合作，是一个非常重要的领域。诸如此类，这样就可以延伸大学的价值链，从而让济南大学的非洲研究中心成为一个未来学科创新的增长点。通过非洲研究中心，把全校的十几个学院连接起来，打通各个学院的界限。大家都聚焦于非洲的某一个方面的研究，最终形成一个跨学科、跨领域、服务国家战略的新的思想智库，一个研究平台。

——2018 年 1 月 5 日，刘鸿武院长在济南大学教育部国别和区域研究中心高层论坛上的讲话

济南大学绿色研究院张伟教授认为：

非洲学原来一直是个冷门，冷门有冷门的好处，冷门竞争的人少。现在刚好是国家要打开非洲这个市场，持续关注非洲发展问题，有些材料可能直接上报中央，并得到中央决策层面领导的关注，可以接国家的项目，中央就会直接委托他们去做，然后他的材料直接报到中央领导那里，可以得到批示。非洲研究院能够坚持若干年，形成自己的研究特色和学科特色，在全国就有影响力了。因为在全国研究的人少，即使一个冷门学科，但是国家有这样的需求，另外国务院发展研究中心、社科院缺少这样一个比较成规模的专业研究团队，这种资源就更显得稀缺了。

相比较而言，济南大学绿色研究中心的绿色经济现在是个显学，过去大家不重视，现在重视的人越来越多了，现在都转行关注这个领域，要得到中央领导批示，现在难度比较大。所以说特色是比较重要的。非洲学是一个特色非常鲜明的学科，但是也有问题，特别鲜明了，往往和地方对接不住。聊城大学高校智库做太平洋岛国研究，太平洋岛国，山东省没有多少需求，与地方需求对接不大，但是中央有需求，我们开会时候省里要求每个月需要有两篇调研报告报上去，这个要求对地方智库就有些挑战了。

像非洲研究院主要直接对接中央需求和国家需求，重大项目比较容易拿到，因为做的人少，竞争对手少。现在国家强调和非洲国家建立起良好的合作沟通关系，重视这个领域的研究。研究非洲，国家课题就容易中

标，其他人前期如果没有非洲研究的基础，国家课题就不容易中，所以说特色有它的好处。

——2019 年 5 月 20 日济南大学绿色研究院张伟教授的访谈

智库研究团队中具有领军型专家的高校数量较多，能够为高校智库的发展提供引领和带动作用；并且半数以上的高校其智库研究团队人员具有多学科背景，拥有海外背景人员的高校数量也达到50%以上。一方面，可以为我国智库研究提供多学科视角和学科知识，有利于科研创新；另一方面，也有助于促进国际交流，吸收国外优秀科研成果，为我国的智库发展提供借鉴作用。以上数据综合体现了我国高校智库的研究团队人员水平普遍较高，智库未来发展前景值得期待。

2. 资金能力

表 3－9 被访者学校智库资金能力情况

变量	符合程度	频次	有效百分比（%）	总频次
资金筹措渠道多元	完全不符合	9	7.3	123
	比较不符合	28	22.8	
	不确定	31	25.2	
	比较符合	37	30.1	
	完全符合	18	14.6	
经费第一来源	财政拨款	98	75.4	130
	企业赞助	2	1.5	
	课题经费	28	21.5	
	社会公益性组织捐赠 NPO 捐赠	1	.8	
	其他	1	.8	
经费第二来源	财政拨款	7	6.9	102
	企业赞助	12	11.8	
	课题经费	81	79.4	
	社会公益性组织捐赠	1	1.0	
	其他	1	1.0	

续表

变量	符合程度	频次	有效百分比（%）	总频次
从事研究的科研经费数量充足	完全不符合	10	8.2	122
	比较不符合	32	26.2	
	不确定	39	32.0	
	比较符合	26	21.3	
	完全符合	15	12.3	
目前每年可支配经费的数额	<50	32	1.2	81
	50－100	30	17.3	
	>100	19	6.2	

资金支持是智库建设和发展的保障，构建多元化的资金筹措渠道，提供充足的课题研发经费，是高校智库发展的要求和需要。根据表3－9数据可知，仅有不足一半的高校表示资金筹措渠道多元，仍有一部分高校认为高校资金筹措渠道并不多元，这也是一些高校认为科研经费数量不充足的原因之一。当前高校智库建设经费主要来自政府财政拨款，占经费来源总数的75.4%，其次则是课题经费，而来自企业和社会赞助的经费所占比例都较小。这反映出高校智库的建设与政府政策密切相关，经费来源渠道还需进一步拓展。若想改善这种发展状况，既需要社会提供支持，也需要智库自身注重研究，为高校和社会提供更优质的服务，从而引起国家和社会的重视。关于地方高校智库的经费支持问题，济南大学绿色研究院张伟教授认为，高校智库的关键问题需要练好内功，通过引进智库优秀人才，产生更多、更接地气的智库成果，如政策建议和领导批示，获得来自政府经费资助，与优质的智库成果产出产生良性互动效应：

我们研究院有专门经费用于智库的学术交流和智库成果的奖励，现在我们智库经费主要是省里通过智库拨的。智库必须满足省内考核，省内考核高校智库的基本标准就是领导批示、应用，这是主要的。另外，《人民日报》《光明日报》刊发文章我们也奖励。领导批示非常重要，现在能够写政策建议的人太少。现在看来虽然有奖励，但是作用不大，为什么呢？

有些老师写文章可以，但让他写政策建议和领导批示，他写不了。因为政策建议的写法和论文写作路子不一样，他缺少撰写政策建议的经验。所以说下一步还是引进人才。像咱这平台如果有三五个笔杆子，工作就好办多了。我们每年都出一批研究报告，需要得到领导批示。领导不一定每天都能批示，你只要报得多，领导总能批一些，所以我们的压力就小了。但是目前情况是现在大家写不了，你年度考核不通过，一个考核周期结束，一旦考核不通过，牌子摘了，就没经费支持了。咱有这方面制度，但是制度规定只是一个方面，还得靠引进人才等配合。

——2019 年 5 月 20 日，济南大学绿色研究院张伟教授的访谈

另外，认为从事研究的科研经费数量充足的高校不到一半，并且大部分高校每年可支配的经费数额都在 100 万以下。这说明了高校智库的科研经费数量基本充足，但受访者普遍希望获得更多的资金支持，以开展智库建设。

作为省级智库平台经费，学校现在基本上不给了，原来给过启动经费，是一种扶持性的，鼓励你先把平台成立起来。后来平台经费靠省里，省委宣传部每年拨几十万块钱，维持基本的运营。按说基本运营一年十万八万足够了。他一年给几十万，剩下的钱干什么？花不掉。因为专项经费有明确的要求，比如不能用于劳务费，不能用于学生的报酬，不能用于补贴等其他开支等，能用的很少了，基本上支持平台老师外出进行开会和学术交流。

——2019 年 5 月 20 日，济南大学绿色研究院张伟教授的访谈

除此之外，高校对于智库成果的认定，在经费、编制、场地等方面提供支持，也是高校智库得以迅速发展的重要原因。

3. 信息能力

表 3－10　被访者学校智库信息能力情况

变量	次数	完全不符合	比较不符合	不确定	比较符合	完全符合	总计
研究机构有专门的网站平台	频次	10	26	26	32	29	123
	有效百分比（100%）	8.1	21.1	21.2	26.0	23.6	100
网站的内容更新比较及时	频次	16	23	37	28	19	123
	有效百分比（100%）	13.0	18.7	30.1	22.8	15.4	100
开通组织机构的微信公众号	频次	26	21	35	18	21	121
	有效百分比（100%）	21.5	17.3	28.9	14.9	17.4	100

网络宣传是智库建设和发展的重要途径和方式，在重视智库本身的建设之外，还应当重视智库研究成果的交流和宣传。在智库的网络平台建设和宣传方面，超过半数的高校智库拥有专门的网站平台，由表 3－10 的数据可知，在网站的内容更新方面，只有不到 40% 的高校表示网站内容更新及时，这说明大部分研究机构的网站缺乏专门的网站维护、管理人员，对于高校智库自身及其思想成果的传播都没有形成完整畅通的运行机制，人员缺乏成熟的智库产品传播运作经验。信息更新不及时会影响到信息的传递和推广，并且信息讲究及时性，长时间的信息停滞不利于研究机构之间科研成果的分享和交流，从而有可能会影响到研究的发展，并且研究机构有专门的网站平台的高校数量也较少，这说明在网站建设方面仍有较大的改进空间。调查发现仅有 39 所高校智库拥有自己的微信公众号，在利用微博、微信公众号等网络宣传途径方面不够完善。因此，高校应当学会建立自己的数据库，建立属于自己的网站，跟随新兴媒体传播形式，并使之和传统媒体有机结合，在融媒体时代占领先机，以促进成果有效地交流和共享。

信息能力是高校智库资源能力的体现，而资源能力如何则影响到智库的发展能力，只有真正重视信息能力建设之后，才能进一步提高高校智库的资源能力，为智库发展提供更大的潜力。因此，高校应该在信息能力建设方面加强重视，拓展信息交流渠道、利用互联网收集、分析、有效利用信息，为高校智库建设提供有利条件。除此之外，我国高校智库也应当重视提升人才水平，提高资金能力，建立一些吸引优秀人才的政策，留住人才，同时多渠道筹集经费，为智库的运行和扩大影响奠定基础。

（二）运行能力维度分析

表 3－11　被访者学校所含智库运行能力情况

变量	次数	完全不符合	比较不符合	不确定	比较符合	完全符合	总计
有专门的组织管理机构	频次	4	13	23	44	37	121
	有效百分比	3.3	10.7	19.0	36.4	30.6	100
研究机构有自己的章程	频次	8	12	36	40	25	121
	有效百分比	6.6	9.9	29.8	33.1	20.6	100
研究机构有独立的行政人员	频次	7	24	22	41	28	122
	有效百分比	5.7	19.7	18.0	33.6	23.0	100
交流合作常态化、制度化	频次	4	21	32	40	26	123
	有效百分比	3.3	17.1	26.0	32.5	21.1	100
治理结构符合智库发展的规律	频次	4	16	53	31	17	121
	有效百分比	3.3	13.2	43.8	25.7	14.0	100
研究问题具有前瞻意识	频次	5	8	29	56	23	121
	有效百分比	4.1	6.6	24.0	46.3	19.0	100
研究领域体现出跨学科导向	频次	6	15	27	51	23	122
	有效百分比	4.9	12.3	22.1	41.8	18.9	100
研究领域体现了明显的问题导向	频次	5	7	26	57	26	121
	有效百分比	4.1	5.8	21.5	47.1	21.5	100
主攻方向突出特色，发挥优势	频次	6	10	21	53	28	118
	有效百分比	5.1	8.5	17.8	44.9	23.7	100

表 3-12　被访者学校智库的主要人事机制情况

变量	频次	有效百分比（%）
专职科研岗位制	56	20.1
博士后和访问学者制	52	18.8
驻院（校）专家制	58	20.8
非全时人员工作制	57	20.5
辅助人员人事代理制	55	19.8

表 3-13　被访者学校智库的相关政策配套支持情况

变量	频次	有效百分比（%）
研究生招生	40	14.2
专项经费投入	77	27.4
项目支持	55	19.6
人员评聘单列	56	20
其他	53	18.8

在高校智库的运行能力方面，从高校智库先行的运行机制来看，在高校内部，智库缺乏体制机制保障，大部分高校并未将智库单位作为独立部门来运作，高校内的智库或承担智库职能的机构一般挂靠在二级行政单位下，甚至有的与二级行政单位合署办公，智库角色难以凸显。

根据表 3-11 数据可知，半数以上的高校“有专门的组织管理机构、研究机构有自己的章程和独立的行政人员”，并能做到“交流合作常态化、制度化”。关于高校智库的内部管理制度问题，如智库考勤管理制度：

智库平台比较灵活一些，尽可能在办公室里，当然也有特殊情况，因为老师们做研究，可能经常出去调研，你非要把他困到办公室里也不行。但是，一般来说能够随叫随到，有什么事叫你应该马上就能来，比如报材料，学校开会，或者省里开会，咱们最近会比较多，必须经常保持联系。有些制度像文件归档，像省里、学校的一些文件，省社科联还有一些文件，咱们都归档，包括年终总结，还有平台有些材料需要归档，归档对智库来说很重要。另外上面要求咱们建数据库，我们正在委派专人进行筹备。数据库需要长期建设。

——2019 年 5 月 20 日，济南大学绿色研究院张伟教授的访谈

又比如，关于高校智库的信息公开制度优化问题：

平台虽然人少，但是有些信息必须得公开，像报奖，省里报奖，你不能说你自己报了，其他人都不知道不行，当然学校要通知，我们还要提醒老师。有办公室的老师，要发短信打电话给他们，问询准备报不准备报，然后如果报就注意时间节点问题，提醒什么时间结束，专门打电话提醒。另外评先进，像去年推一些评一些，比如智库高端人才，还有金融高端人才，这些都是在咱们平台先开会推荐，看看谁符合条件。虽然可能只有你一个人符合条件，其他人都不符合条件，但是他们知道了，他们也不高兴，就是把这些文件打印出来开会时候让他们传阅，你看是否符合条件，如果符合条件，你愿意报，你填表信息公开。信息公开可以减少很多误会，消除很多隔膜，所以我们尽量将信息情况公开化。他们想报，就及时给他们提供一些信息，提供一些服务，比如评省社科奖，程序是什么？流程是什么？你选择的成果如何？像我们研究院的某老师，他发 SSCI 多，他刚开始不打算报，我们就说 SSCI 原来评奖的时候往年他获过一等奖，也有二等奖，这个英文也有获过奖的，并且现在英文获奖的量越来越多，就是咱们社科奖。(原来没有优势)，现在越来越多，所以说我们就动员他报，然后他就填表，需要什么信息帮助，我们都给他提供支持。包括教育部的奖，我们也都动员他。还有申报课题，申报国家社科、国家自然基金的老师，申报国家社科重点项目请专家提意见。某老师的自然基金虽然没有批下来，但是该做的工作咱们都做了。信息公开事宜还有好多，像学术委员会推选都是公开的，我们三个全是学术委员会委员，也从校外聘了一些专家成立了学术委员会，怎么开会都有这方面制度。

——2019 年 5 月 20 日，济南大学绿色研究院张伟教授的访谈

虽然有半数的高校有自己的研究机构及运行章程，在涉及治理结构是否符合智库发展的规律方面，有 43.8% 的被访者表示“不确定”，这说明这些被访者对于自身智库的建设也处于摸索和初探阶段，对于高校智库的

发展规律认识不清晰，一方面体现了智库人员总体水平仍有提升空间，另一方面也表现出目前我国对于高校智库发展规律理论与实践研究的不足，这也可以成为将来高校智库的研究发展方向。在研究的领域和问题方面，均有50%以上的被访者认为自身高校智库研究领域体现出“跨学科导向、明显的问题导向、具有前瞻意识”，并且能够主攻方向突出特色，发挥优势。由此可见，高校智库的研究领域值得肯定，能充分利用好研究人员的多学科背景，进行跨学科研究，方向明确、特色突出。

在智库的主要人事机制方面，由表3－12数据可知，“驻院（校）专家制”的高校数量最多，比例达到31.1%；其次是“非全时人员工作制、辅助人员人事代理制、博士后和访问学者制”，这三者所占比例高达80%以上，而“专职科研岗位制”仅占11.9%。这体现出了高校智库的人员大多属于兼职性质，真正的专职人员数量较少，人员流动性较强，不利于研究的长期性和深入性。同时还可能导致智库研究人员和管理人员缺乏管理运作经验，不利于智库的发展。通过分析表3－13的数据，被访者学校智库的相关政策配套支持较多的主要是“研究生招生、项目支持、人员评聘单列”政策，这表明高校智库的配套政策和制度支持较多，但是，来自学校和二级学院的配套政策和制度需要进一步理顺和完善。比如，关于高校智库人才培养问题，非洲研究院刘鸿武院长以自己培养的和丹博士为典范，主张要注重非洲本土学者的培养。

在济南大学要注重招收非洲留学生。如果现在已经有的，那么这一批留学生可以作为我们研究的一个很好的基础。同时可以考虑明后两年聘请在中国拿到博士学位的、对汉语有很好的掌握的、来自非洲国家的科研人员。因为他们来自非洲，又在中国拿到学位，通过他们来研究非洲，是一个非常好的中非合作沟通的桥梁。

——2018年1月5日，刘鸿武院长在济南大学教育部国别和区域研究中心高层论坛上的讲话

又比如，关于智库和学校、学院在用人机制和人才培养方面相应的制度协调与优化问题：

智库和学校有些关系需要理顺，存在一些问题。主要是学校对智库的支持力度还不够，像我们平台进人问题，平台推荐合适的人选，也觉得他符合学校校聘岗位的档次，结果我们报到学校之后给刷下两档。我去年推荐的有一个博士符合校聘 A2 岗，结果被聘为青年龙山，下了两级，这个非常优秀的博士就不来了，很可惜，平台看中的优秀人才进不来。与其他学校相比，学校资金支持力度不够，待遇还不够具有吸引力。

其他方面学校还正在改善，像教学方面，教务处降低了平台的课时量，考核标准要求咱们平台老师一年至少上一门本科生课即可。平台的主要定位是科研和为社会服务。

我觉得当前主要问题是处理好智库和二级学院的关系。因为平台人少，所以说研究生必须得在学院招，因为你建学科是在一块建的，有的时候觉得不公平，为什么不公平？申报硕士点拿下博士点，平台尽全力、出成果，拿下来了。现在平台和其他老师一样，一个老师带一个研究生，学院不考虑承担什么重大项目、重点项目。按说平台的老师应该一个人带两个研究生，学院老师一个人带一个，因为智库平台主要是科研平台，需要着力进行科学研究，但是学院没有把平台当作是它的一个很重要的部分。在研究生招生时往往先让学院的老师选，选好之后才让平台选，这个做法不好，因为平台出的成果最后还是为学院服务的，最后都归到申报博士点。作为学院来说，在分配研究生指标时，应把最好的研究生分配给研究基础较好的平台，这样他有条件能做出最好的成果，最终还是一起为学院服务。另外，研究生院给智库平台的研究生指标少，研究生院也没有把智库平台作为很重要的一个学术组织机构来看待。

智库平台相对从学院独立出来，初衷是一种发展的创新，就是通过平台来引进人才，围绕加强学科建设和社会服务，把学术和服务做得更好一点。但是现在如果制度不配套，平台的优势就不会充分发挥出来。所以，学校要真想把平台工作做好，首先应该创新用人制度和人才培养制度，进一步理顺平台和学院的关系，大刀阔斧地加大对平台的支持力度。

——2019 年 5 月 20 日，济南大学绿色研究院张伟教授的访谈总而言之，我国高校智库在运行能力方面，在人员配置、运行机制和章程方面，仍有较大的提升空间。高校应根据自身实际情况完善、优化内部管理制度，政府部门也应进一步完善相应的政策建设，为高校智库发展提供政策支持，使智库研究成果真正为国家与社会服务。

二、高校智库思想能力分析

高校智库的思想能力包括基础理论能力和应用政策能力，表现为智库的对策水平和学术水平等，可以通过智库科研人员发表的论文数量和质量、政策研究对策建议、专报等数量和质量等思想成果的产出来进行评估和衡量。在基础理论能力方面，研究成果是检验高校智库建设成效的重要标准，研究各高校智库成果传播形式，有助于完善我国高校智库成果推广机制，提升高校智库的政策影响力和社会认可度。对高校智库成果的评价不仅仅是为了考核成果的价值与学术质量，同时也是对高校科研人员工作的认可和一项业绩考核指标。对高校智库成果获得的评价给予足够的重视，使其与工作绩效考核和职称评定有效结合，认可科研人员智库业绩，与各种奖酬制度挂钩，可以有效地激发高校智库人员工作的内生动力和从业热情，从而进一步推动高校智库向更健康、更可持续的方向发展。

（一）基础理论能力维度分析

表3－14　被访者学校所含智库基础理论能力情况

变量	次数	完全不符合	比较不符合	不确定	比较符合	完全符合	总计
研究团队的学术基础良好	频次	6	4	30	55	27	122
	有效百分比	4.9	3.3	24.6	45.1	22.1	100
研究成果能够反哺教学和学科建设	频次	6	8	40	51	18	123
	有效百分比	4.9	6.5	32.5	41.5	14.6	100

续表

变量	次数	完全不符合	比较不符合	不确定	比较符合	完全符合	总计
学术产出以论文、专著为主	频次	5	10	29	60	18	122
	有效百分比	4.1	8.2	23.8	49.2	14.7	100
发表论文的数量呈上升趋势	频次	4	11	41	55	11	122
	有效百分比	3.3	9.0	33.6	45.1	9.0	100
出版专著的质量越来越高	频次	4	11	53	43	10	121
	有效百分比	3.3	9.1	43.8	35.5	8.3	100
课题立项数量呈上升趋势	频次	4	7	33	64	15	123
	有效百分比	3.3	5.7	26.8	52	12.2	100
成果获奖数量呈上升趋势	频次	5	7	45	51	13	121
	有效百分比	4.1	5.8	37.2	42.2	10.7	100

表3－15　被访者学校课题立项情况

变量	符合程度	频次	有效百分比(%)	总计	
国家级项目	立项情况	是	44	89.8	49
		否	5	10.2	
	立项数量	<10	12	44.4	27
		<50	7	26	
		≥50	8	29.6	
省部级项目	立项情况	是	41	93.2	44
		否	3	6.8	
	立项数量	≤50	10	33.3	30
		≤100	6	20	
		>100	14	46.7	
地厅级项目	立项情况	是	41	62.1	66
		否	25	37.9	
	立项数量	0－100	9	50	18
		100－500	7	38.9	
		>100	2	11.1	

表 3－16　被访者学校获得研究成果情况

变量		符合程度	频次	有效百分比（%）	总频次
国家级成果	获得情况	是	19	59.4	32
		否	13	40.6	
	获得数量	0	3	15.8	19
		1－5	9	47.5	
		5－10	6	31.7	
		>10	1	5%	
省部级成果	获得情况	是	37	86.0	43
		否	6	14.0	
	获得数量	0－10	10	43.5	23
		11－30	6	26.1	
		>30	7	30.4	
地厅级成果	获得情况	是	30	88.2	34
		否	4	11.8	
	获得数量	0－50	12	48	25
		51－200	11	44	
		>200	2	8	
研究成果呈现方式		论文	79	63.2	125
		专著	74	36.8	

表 3－14 相关数据具体展现了我国高校智库基础理论能力的现状，通过分析数据可以发现，55% 以上的被访者认为所在高校的智库“研究团队的学术基础良好、研究成果能够反哺教学和学科建设”，并且“学术产出以论文、专著为主”，以论文或专著为形式的成果数量相当。这说明我国高校智库的研究团队有着良好的学术基础，研究成果的学术价值也得到肯定，在另一层面也为研究人员的业绩评估提供了依据。近年来，发表论文的数量逐渐增加，课题立项的数量也逐年上升。但是，值得注意的是，仍有许多受访者对其学校智库学术成果的质量存在疑虑，对成果的获奖情况也不够满意。

就具体的课题立项情况看，表 3－15 的数据反映了大部分高校都有地厅级及其以上的课题立项，但在立项数量上，数量与项目级别成反比，国家级课题立项数量最少，仅有44个高校拥有国家级立项，立项数量大都在50个以下；拥有省部级立项的高校有41所，立项数量大都在100个以下，大于100个的高校仅有14所；拥有地厅级项目的高校有41所，立项数量大都在500个以下。在44个拥有国家级立项的高校中，获得成果的高校有16所，但这些高校所获得的成果数量大多在10个以下，占所拥有的国家级立项数量的五分之一；有37所高校获得省部级成果，获得数量大多在30个以下，仅有7所高校获得10个以上的省部级研究成果；获得地厅级成果的高校有30所，获得数量大都在200个以下，有23所高校。值得注意的是，获得地厅级成果数量在200个以上的高校仅有2所。由此可见，立项数量和立项成果数量是成正比的，但是成果产出率随着立项级别的提高而在减少。

由表3-16可知，在41所拥有省部级项目的高校中，有37所高校获得了省部级成果；在41所拥有地厅级项目的高校中，仅有30所高校获得了地厅级研究成果。立项数量和成果数量很大程度上与高校智库的人才水平、研究水平、资金能力、政策支持等方面相关，这从反面表现出高校智库提高自身研究水平的重要性。

（二）应用政策能力维度分析

高校智库的应用政策能力推动着校企合作、校政合作、校校合作，发挥着智库领域中成果转化的作用。如果说高校智库开展政策研究是前提条件，那么为其他组织提供咨询则是研究成果的最终归宿，是高校智库发挥智库实际功能的主要路径之一。高校智库的影响力如何，取决于政策研究成果的质量和决策咨询的效果。设立高校智库最主要的目的就是基于政策研究提供决策咨询，如果说政策研究是高校智库的生命力，那么决策咨询就是生命力的显现形式。

表 3－17　被访者学校项目成果获得领导人批示情况

变量		符合程度	频次	有效百分比（%）	总频次
国家级领导人肯定性批示	批示情况	是	25	71.4	35
		否	10	28.6	
	批示数量	0	3	17.6	17
		1	2	11.8	
		2	8	47.1	
		3	2	11.8	
		4	1	5.9	
		6	1	5.9	
省部级领导人肯定性批示	批示情况	是	35	89.7	39
		否	4	10.3	
	批示数量	0－5	14	63.7	22
		6－10	3	13.7	
		>10	5	22.6	
地厅级领导人肯定性批示	批示情况	是	32	91.4	35
		否	3	8.6	
	批示数量	0－5	9	47.4	19
		6－10	2	10.5	
		>10	8	42.1	

表 3－18　被访者学校所含智库应用政策能力情况

变量	次数	完全不符合	比较不符合	不确定	比较符合	完全符合	总频次
咨政建言获得国家领导人批示	频次	35	21	25	22	16	119
	有效百分比	29.4	17.6	21.0	18.6	13.4	100
咨政建言获得省部级领导人批示	频次	19	12	24	38	30	123
	有效百分比	15.4	9.8	19.5	30.9	24.4	100
咨政建言获省部级以下领导人批示	频次	8	9	32	43	30	122
	有效百分比	6.6	7.4	26.2	35.2	24.6	100

续表

变量	次数	完全不符合	比较不符合	不确定	比较符合	完全符合	总频次
参与政府规划编制工作	频次	6	8	35	50	24	123
	有效百分比	4.9	6.5	28.5	40.7	19.5	100
为政府部门做报告、讲座	频次	7	4	32	55	25	123
	有效百分比	5.7	3.3	26.0	44.7	20.3	100
为政府、企业、单位开展教育培训	频次	10	12	26	56	19	123
	有效百分比	8.1	9.8	21.1	45.6	15.4	100
为院校管理提供决策咨询	频次	9	11	31	57	14	122
	有效百分比	7.4	9.0	25.4	46.7	11.5	100
定期向政府提供研究咨询报告	频次	6	12	34	51	19	122
	有效百分比	4.9	9.8	27.9	41.8	15.6	100

表 3－19　被访者学校智库成果呈现形式情况

变量	是/否	频次	有效百分比(%)	总计(个)
调研咨询报告	是	86	68.8	125
	否	39	31.2	
资讯成果汇编	是	59	60.8	145
	否	86	39.2	
智库专刊	是	55	44	125
	否	70	56	
其他	是	50	40	125
	否	75	60	
成果要报	是	92	23.2	125
	否	33	76.8	

续表

变量	是/否	频次	有效百分比(%)	总计(个)
成果转化和报送机制第一选择形式	通过学校专门报送通道上报	85	68.5	124
	定期调研咨询报告	33	26.6	
	借助网络自媒体平台发布	3	2.4	
	各高校智库横向交流	2	1.6	
	其他	1	.8	
成果转化和报送机制第二选择形式	通过学校专门报送通道上报	7	7.3	96
	定期调研咨询报告	52	54.2	
	借助网络自媒体平台发布	27	28.1	
	各高校智库横向交流	8	8.3	
	其他	2	2.1	

通过分析表3－17的数据可知，被访者所在的学校中，有25所学校的项目成果获得国家级领导人肯定性批示，批示的项目成果数量大都是2个或3个；获得省部级领导人肯定性批示的有35所，批示项目数量有所增加，但批示数量大都小于5个；获得地厅级领导人肯定性批示的有32所高校，批示数量基本在10个以下。由此可见，较少的成果能够得到中央领导的批示，或是被省部级以上机关所借鉴，说明高等院校研究成果转化率低，转换为有效决策的能力还有较大发展空间。究其原因，是高校学者理论和学术研究色彩浓厚，但实际应用不足，导致决策的操作性和参考价值下降。因此，急需提高高校智库的应用政策能力，促进研究成果的转化，当前，高校智库尚需要构建并优化一整套人才激励以及成果转化的有效机制。

表3－18反映了智库在应用政策能力方面的情况，“咨政建言获得国家领导人批示”的高校仅占31.9%，咨政建言获得省部级及其以下领导人批示的高校分别占55.3%和59.8%，体现出我国高校智库尽管研究成果丰富，数量庞大，然而在这些成果中，仅有少数被各部委以及各级人民政府所参考，最终形成相关的咨询报告以及政策建议。也反映出高校智库的咨政建言，有一定的参考价值，也有一定的进步空间。经研究发现，均有超过50%的高

校能够“参与政府规划编制工作”“为政府部门做报告、讲座”“为政府、企业、单位开展教育培训”和“定期向政府提供研究咨询报告”，并为“院校管理提供决策咨询”。其中关于地方高校智库与企业跨界合作问题，刘鸿武教授针对济南大学高校智库发展现状，特别指出：

山东在非洲的投资企业在全国大概是仅次于四川、广东、浙江，估计至少有三百家山东企业分布在非洲的十几个国家里。但是，山东的高校没有一所大学是研究山东在非洲的几百家企业，这是一个很大的缺陷。如果我们有很好的一个专业，我们这些在非洲的几百家企业一定会愿意合作。所以，济南大学非洲研究中心可以考虑和山东这些企业签订人才培养的合作计划，定点培养，在读书期间，比如开设东非的小语种，三四年级的时候就去山东在非洲的企业去实习，毕业以后到他的公司去任职，久而久之，就成为一个山东企业走向非洲的一个高端招牌。……义乌非常有影响力，在非洲，义乌就是中国梦的象征。现在，我们在义乌培养很多非洲的学生，他们的梦想是什么？毕业的时候开着小轿车出去，就是优秀的学生，就是进来创业。现在，线下、线上的淘宝，到非洲去做跨境电商，和非洲经贸结合起来。所以，现在办学，已经和经贸紧密结合起来，非洲研究院经常和这样的企业合作，开设这样高端的论坛。

——2018年1月5日，刘鸿武院长在济南大学教育部国别和区域研究中心高层论坛上的讲话

由表3-19数据可知，项目成果大都以“调研咨询报告”和“成果要报”为呈现形式，并且在“成果转化和报送机制选择形式”的问题上，首先选择的分别是“通过学校专门报送通道上报”和“定期调研咨询报告”。

关于研究成果报送，绿色研究院大体上有两个渠道：

一个是通过内参类型，比如绿色研究院，上面都定期要求咱们报，研究院就把材料报上去，领导有可能批示，但不是每一次报送都能批示。另一个是通过提建议直接寄过去，寄过去也有回信的，也有不回信的。像我们跟天津市发改委、天津商委有一个建议，给天津市政府提建议，就是京津冀合作的建议。我们寄给天津市政府之后，政府转给商委，商委觉得我们这个建议

很好，那么他就回信了，回复说我们吸收了你的一些建议。还有贵州的，我给他提了一个建议，贵州省委书记批示了，省委书记批示的也是通过寄信的方式寄过去的，是针对生态文明建设的。

——2019 年 5 月 20 日，济南大学绿色研究院张伟教授的访谈

这说明了高校智库重视为政府提供咨询服务，积极配合政府开展一些培训和报告活动，项目成果符合政府政策发展要求，在政府工作中发挥了一定的作用。同时基于智库自身定位，也注重为高校提供一定的决策咨询，真正发挥智库该有的作用。由此可见，高校智库能够发挥一定的应用政策能力，在政府与高校的政策制定、完善、修改方面发挥积极作用。

三、高校智库传播能力分析

高校是社会的导向标，尤其是在当前高校社会职能日益得到重视的今天，更加需要高校充分发挥文化引领、舆论引导功能。大学与多数公众之间的关系特别微妙，因为大学的作用不仅在于服务社会，而且也对其提出建设批评。它不仅创造和传播知识，而且也保持独立并质疑现有的价值判断。高校正是基于研究之上，在服务与批判之中发挥对社会的引导作用。而高校智库可以视为高校的微型版本，专注于对政策开展研究，尤其是对时下社会热点进行讨论，并最终致力于以决策咨询的方式来引导舆论，为社会服务。我国地方高校智库在完善自身体制的同时，也应该加强研究成果的传播和影响力的推广，形成真正适合自身发展的传播途径，打造自身品牌出版物，针对不同的研究领域与研究主题，建立不同的传播平台，有效提高研究成果与成果受众的联系。

高校智库的传播能力主要表现为媒介手段、覆盖对象和传播技巧。其中媒介手段包括纸质、电子等渠道；交流平台，例如新兴媒体、传统媒体、论坛，以及旋转门通道等。覆盖对象也就是信宿，是指对国内的政府决策部门、行业领域、公众、国际等群体进行精准、有效的覆盖。传播技巧则是智库与政府等对象的公共关系能力、方式和技巧等。

(一)媒介手段维度分析

表3-20　被访者学校所含智库作为媒介手段的情况

变量	次数	完全不符合	比较不符合	不确定	比较符合	完全符合
定期举办学术会议	频次	6	8	26	55	28
	有效百分比	4.9	6.5	21.1	44.7	22.8
定期举办专题论坛	频次	6	9	28	51	28
	有效百分比	4.9	7.4	23.0	41.8	23.0
主办或承办相关专业期刊	频次	15	28	29	31	19
	有效百分比	12.3	23.0	23.8	25.4	15.6
有专门的咨政报告数据库	频次	13	22	39	33	15
	有效百分比	10.7	18.0	32.0	27.0	12.3
重视新媒体的网络传播作用	频次	7	14	33	49	19
	有效百分比	5.7	11.5	27	40.2	15.6

在媒介传播手段方面，通过对表3-20数据的分析，可以发现，我国大部分高校智库可以定期向政府部门递交简报或资讯，定期举办学术会议和专题论坛，重视新媒体的网络传播作用，在线上线下都较为重视研究成果的传播，这些都是作为媒介传播手段的良好体现。但在建设专门的咨政报告数据库以及主办或承办相关专业期刊方面则较为薄弱，这可能是因为：建设专门的咨政报告数据库，需要有专业的数据管理和分析人员，承担办理期刊的任务也同样对人员数量及素质要求较高，加上上文提到过的高校智库人员专职与兼职并存，人员流动性强，这是智库作为媒介传播手段不足之处的体现。

关于高校智库数据库建设问题，浙江师范大学非洲研究院刘鸿武院长在济南大学非洲研究中心论坛上指出，可以通过启动山东省目前对非合作的基本的数据库的调研，作为山东高校智库对非合作工作的切入点：

首先要搞清楚目前山东省在非洲特别是在法语国家的投资规模、领域、重点，以及山东企业在非洲投资的长处、优势和面临的问题是什么。在此基础上可以考虑尽快成立山东在非总商会。济南大学非洲研究中心可以作为一家学术机构向省政府提出建议，比如在春节的时候，很多在非侨商回到济南的时候，把总商会成立起来，也可以把重点国别的商会成立起来，一起召开非洲商会的座谈会，听听这些山东在非企业家在非洲面临的问题是什么，思考我们这个学术机构应该做些什么工作，比如人才培养，课题调研等。在此基础上可以提交一个关于推动山东省对非合作的政策咨询报告，这个报告可以作为智库服务地方政府的一个很好的平台。

——2018 年 1 月 5 日，刘鸿武院长在济南大学教育部国别和区域研究中心高层论坛上的讲话

关于高校智库成果的平台传播和推广，济南大学绿色研究院张伟教授认为：

除了绿色研究院平台之外，我们还和省金融学会成立了一个绿色金融专业委员会。专业委员会正好和我们的绿色投资比较吻合。这也是我们一个平台，省金融学会是专业委员会，他们选举我担任学会的主任委员，这样就有很多工作可以通过学会平台来进行，是智库的一个学术平台，一些成果可以在山东省推广应用。

——2019 年 5 月 20 日，济南大学绿色研究院张伟教授的访谈

关于高校智库与媒体之间的关系问题，张伟教授结合自己的从业经历，较为客观地认为：

高校智库和媒体关系，我比较熟悉，因为绿色研究院经常接受一些媒体采访，像山东电视台、济南电视台，还有《大众日报》等媒体，我以前经常接受采访，但是接受采访太多了以后，它容易占用咱的时间。怎么处理好这个关系，我认为，如果媒体采访的话，应该有选择的。一是尽可能推荐其他人。我会把年轻老师推出去，过去人少的时候，媒体只是采访我一个人，现在如果青年教师有时间，根据各自的研究专长，有针对性地让他们每个人都分担一点采访任务，这样同样可以起到提升智库平台、宣传智库平台、扩大智库影响力的作用。二是和我们课题有关的，可以接受采访。我举两个例子，一个是最近《财经》杂志采访我，我就接受了，为什么采访？《财经》杂志说最近发改委牵头，联合几个部委要出台一个统筹

自然资源产权制度的这样一个指导意见。因为我的国家社会科学基金重大项目“我国自然资源资本化及对应市场建设研究”和这个事情是有关系的。他们从网上查到我刚好做这方面研究，也发表了许多相关论文，并且了解到我承担的这个重大项目是和这方面密切关联，所以就采访我，我就把这个事当成一个大事，不但能够回答他的采访，而且能够宣传咱的这个重大项目。《财经》杂志是影响比较大的媒体，是一个新闻类杂志，新闻传媒，这个杂志在国内外影响比较大，通过面对面接触，宣传咱这个课题，我觉得还是很有价值的。这样既宣传了智库，也宣传了咱们的研究成果，因此我就接受采访。再一个，在去年年底，《环境保护》杂志向我约稿，让我写一篇绿色金融方面的文章，我就同意了，我也是考虑了很长一段。说实在的，因为这个杂志不是C刊，它是个C刊扩展版，其实对咱来说没多大用处。没什么用，后来为什么接受？因为考虑到它是环保部的机关刊物，是环保部的刊物。如果在这上面发文章的话，也可能环保部领导会看到，文章中提到的一些政策建议，他也有可能会采纳。再一个，就是在环保部它的发行量比较大，对于提高咱们绿色研究院智库平台的知名度，还是有帮助的。所以，后来我也是同意了。

——2019年5月20日，济南大学绿色研究院张伟教授的访谈

（二）覆盖对象维度分析

表3－21　被访者学校所含智库传播能力的覆盖对象情况

变量	次数	完全不符合	比较不符合	不确定	比较符合	完全符合	总计
定期为政府部门发行政策简报	频次	7	19	41	42	13	122
	有效百分比	5.7	15.6	33.6	34.4	10.7	100
面向区域行业、产业提供咨询指导	频次	7	10	36	53	17	123
	有效百分比	5.7	8.1	29.3	43.1	13.8	100

续表

变量	次数	完全不符合	比较不符合	不确定	比较符合	完全符合	总计
面向社会公众提供公益性咨询服务	频次	9	15	44	43	11	122
	有效百分比	7.4	12.3	36.1	35.2	9.0	100

在覆盖对象方面，政府、地区行业、产业以及社会公众是高校智库的主要传播对象。调研发现，如表 3－21 数据显示，半数左右的高校智库可以定期面向区域行业、产业发展提供咨询指导；但对于政府和社会方面，少于半数的高校智库能够定期为政府部门发行政策简报，面向社会公众提供公益性咨询服务。高校智库在为政府发行简报和提供咨询指导的同时，也在传播自身的专业知识和研究成果，发挥着明显的传播作用。通过数据分析可以看出，高校智库的传播覆盖对象较广，既包含政府，也包含社会大众；既为产业服务，也提供公益性质的服务。但高校智库为政府和社会大众提供的服务相比为产业、行业所提供的服务较少，因此智库可以进一步丰富公益性质的活动，让大众更好地了解和体会到智库的学术作用和实践价值。比如，关于高校智库跨界服务领域问题，绿色研究院张伟教授认为：

绿色金融培育激发山东经济新动能，服务领域不仅仅局限于行业企业，也包括金融业，像山东省金融行业，我们通过人民银行，通过地方金融监督管理局这些部门，服务于山东省的绿色金融。我们服务的对象比较多，比较广，不仅是工业企业节能减排绿色发展，金融领域主要是绿色信贷、绿色证券。

——2019 年 5 月 20 日，济南大学绿色研究院张伟教授的访谈

（三）传播技巧维度分析

表 3－22　被访者学校所含智库传播能力的传播技巧情况

变量	次数	完全不符合	比较不符合	不确定	比较符合	完全符合	总计
及时通过电子传媒搭建交流平台	频次	7	18	36	42	17	120
	有效百分比	5.8	15.0	30.0	35.0	14.2	100
邀请政府官员在智库担任政策顾问	频次	6	11	31	50	23	121
	有效百分比	5.0	9.1	25.6	41.3	19.0	100
邀请政府官员参加研讨会议、讲座	频次	4	7	30	52	29	122
	有效百分比	3.3	5.7	24.6	42.6	23.8	100
邀请卸任的政策制定者来智库供职	频次	6	12	46	38	18	120
	有效百分比	5.0	10.0	38.3	31.7	15.0	100
调研考察是主要的工作方式	频次	4	8	32	58	19	121
	有效百分比	3.3	6.6	26.5	47.9	15.7	100

表 3－23　被访者学校所含智库信息化平台情况

变量	是/否	频次	有效百分比(%)	总频次
是否拥有数据库信息化平台	是	62	52.1	119
	否	57	47.9	
是否拥有资料库信息化平台	是	61	51.7	118
	否	57	48.3	
是否拥有案例库信息化平台	是	71	60.2	118
	否	47	39.8	

表 3－24　被访者学校所含智库绩效评价机制情况

变量	是/否	频次	有效百分比(%)	总频次
是否有采用论文和成果导向评价机制	是	63	51.6	122
	否	59	48.4	
是否采用贡献和质量导向机制	是	70	57.4	122
	否	52	42.6	
是否采用成果分类评价导向机制	是	53	43.4	122
	否	69	56.6	

根据表 3－22 的数据，在传播技巧方面，有 60% 以上的高校表示会“邀请政府官员在智库担任政策顾问”和“邀请政府官员参加研讨会议、讲座”，认为“调研考察是主要的工作方式”；有 40% 以上的高校会“及时通过电子传媒搭建交流平台”和“邀请卸任的政策制定者来智库供职”。经数据分析可知，高校会借助政府官员的力量来进行成果宣传，在线下咨询政府官员的同时，也会注重线上的交流推广，提高智库的影响力。其中，关于高校智库的工作方式问题，武汉大学人文社会科学资深教授冯天瑜先生在光明日报社、武汉大学合办的“2018 珞珈智库论坛”主旨演讲中强调，学术要对国家对人民负责，要做调查研究的智库，不做唯上唯书的“愚库”。在他看来：

一是要做长时段的、系统性的研究调查；二是要做到精细与专业的结合，积累大量丰富的材料，对这些材料做系统、深入的研究。调查研究最忌两大“敌人”：一是过于强烈的主观诉求，往往淹没社会调查的客观性；二是唯上、唯书而不唯实，从揣摩领导层心意出发或从现成结论出发去收集材料，导致调查走入歧途。只有务实求真才是调查研究的生路，也方为智库前行的正道。①

关于非洲研究的基本方法论问题，非洲研究院刘鸿武院长认为：

① 冯天瑜：做调查研究的智库，不做唯上唯书的“愚库”［EB/OL］. http://ric.whu.edu.cn/info/1012/2468.htm.

一切有学术抱负、文化自觉的中国研究者，跨出封闭的书斋，超越西方的框架，甩开本本主义的束缚，融入今日中非发展合作的实践中去，不唯洋，不唯上，不唯书，只唯实。这便是当代中国学术演进的总体趋势与基本方向。只有通过扎实具体的非洲田野调查与个案项目考察，只有深入到非洲民间的实际生活体验，只有始终坚持独立自主、实事求是的严谨学风，才能重新认识自我、认识非洲，认识中非关系，并最终从中提炼出中国非洲学的知识体系、理论体系、话语体系。①

由表3－23的数据可以看出，均有半数的高校拥有数据库、资料库、案例库信息化平台，这为信息传播提供了便利的条件。其中，“拥有案例库信息化平台”的学校占到总数的60.2%，在这三种信息化平台的类型中比例最大，这说明大部分高校都注重案例研究。关于地方高校智库的智库平台建设问题，浙江师范大学非洲研究院刘鸿武院长认为：

校内智库科研平台力量需要整合、协同和优化。高校智库建设需要平台和抓手，平台和抓手要具备几个条件，教育部的国别区域研究中心三年一考核，学校要尽快做几个事情出来。一个是网页网站要出来，也不要全面做，先做几个非洲法语国家的，也就是法语版的，这是面向非洲国家的。学术网站也可以做起来，可以参照非洲研究院的，五种语言，但是你们可考虑先做法语版的就可以。重点是若干年后法语国家的资料，最基本的数据库逐渐能在这个网站上查询得到。一定是双语的，中文和法语。二是可以编一个非洲法语国家现状通讯，刚开始也只挑选几个重点国家，比如刚果（布）、喀麦隆。有一批老师就盯着这几个国家的政府网站，联合国的、非经委的消息，随时编译出来。比如每个星期推一期非洲法语国家的最新的动态简报。三是可以创办我们自己的一个刊物，刚开始可以以书代刊，我建议可以先出半年刊吧，把栏目设置好，把编委会搭建起来，刚开始可以先做点编译工作。在编译的基础上可以再做研究。另外就是尽快开发一个微信公众号，公众号传播速度是非常快的。

① 刘鸿武．非洲研究的“中国学派”：如何可能［J］．西亚非洲，2016（5）．

——2018 年 1 月 5 日，刘鸿武院长在济南大学教育部国别和区域研究中心高层论坛上的讲话

在学校智库绩效评价机制方面，表 3－24 的数据反映出有 50% 的高校会采用“论文和成果导向评价机制”和“贡献和质量导向机制”，43.4% 的高校会采用“成果分类评价导向机制”。这些不同的导向机制会促进智库研究人员积极开展研究，促进研究成果的多样化；会引导高校积极开展公益活动，为政府及社会服务。因此智库的绩效评价机制也是传播技巧的体现，该导向机制像一个指挥棒，通过调动智库的不同力量，达到较好的传播效果。但如何构建起一整套人才激励以及成果转化的有效机制，尚有很多的工作要做。

关于地方高校智库的考核评价机制，刘鸿武院长认为，要优化智库评价机制，激发科研人员参与智库建设的内生动力。

学校的考核、奖惩要针对高校智库出台特殊的倾斜政策。因为做非洲研究是很困难的，绝大多数的老师从他研究的其他领域要转过来研究非洲，他的成本比较高。如果学校没有特别政策，他是不会转向的，他或许有愿望但风险很大，那么学校科研处、社科处、财务处、教务处要联合出台一个把非洲研究作为特色的特殊倾斜政策，只要在非洲领域出了成果，要比同等情况下的其他的领域给予更高的支持。这样其他老师也愿意转过来做非洲研究。济南大学现在有三百多年轻的博士，这几年济南大学进了很多博士，这些老师进来后绝大多数是没有研究方向的，他们也在学术徘徊当中，引导这批博士转到学校重点发展的领域上来，和国家发展战略结合。通过设置课题，给予奖励，还有通过派到非洲国家联合培养的方式，若干年以后就有一批老师转向这个方向来。从而形成一个专兼职结合、校内校外结合、核心团队和边缘团队相结合的一个平台，最终能够得到更好的发展。

——2018 年 1 月 5 日，刘鸿武院长在济南大学教育部国别和区域研究中心高层论坛上的讲话

关于地方高校智库的考核评价机制，济南大学绿色研究院张伟教授

认为：

像我们有体会，学校四年一考核，但是四年一考核每年分阶段的任务，你得完成，你不可能最后一年出很多文章。所以你每年都得出文章，像我们三个每年能一个人发表一篇 C 刊也不容易了，他们主要是在 SSCI，一年发一篇 SSCI。我们一年一共大概四五篇文章，一个平台来说，四五篇文章和学校的考核还是有差距的。因为学校的考核不光是你的论文，还考核你论文获奖。我们每年这四五篇文章，不一定能保证有一项能获二等奖以上。再一个还要申请项目课题。我和赵老师是龙山学者，我们每一个任期都得申请一项国家重大或者重点课题，如果你前期没有论文支撑，申请国家课题很难。所以我觉得现在人少，连日常的这种应对都难，因为现在学校对平台要求严了。每年年度总结时，我们负责人都去述职汇报，你要是每年两三篇文章，你没法述职是吧？所以我们现在压力比较大。

作为省级智库的绿色研究中心每年都考核，2016 年省里批示的，现在学校对咱们四年考核一次不要紧，省里每年都考核，因为绿色研究中心是省批的智库。考核很严，委托聘请中国智库研究中心，第三方过来考核的。除了提交材料，还要访谈，非常严肃。所以说省里提的要求是只要有一年通不过，马上就交牌，所以我们压力比较大。

——2019 年 5 月 20 日，济南大学绿色研究院张伟院长的访谈

四、高校智库影响能力分析

高校智库的影响力主要指决策影响力、社会影响力和国际影响力，即决策层采纳建议程度、社会大众认同程度和国际行业领域认同程度。

（一）决策影响力维度分析

对我国高校智库影响力评价指标占比数据进行分析后可以发现，对于我国高校智库影响力来说，最核心的影响因素是决策影响力，占据整个高校智库影响力评价的最大比例的权重，接近二分之一。

表3－25　被访者学校所含智库决策影响力情况

变量	次数	完全不符合	比较不符合	不确定	比较符合	完全符合	总计
与政府职能部门业务互动频繁	频次	4	8	41	50	19	122
	有效百分比	3.3	6.5	33.6	41.0	15.6	100
智库研究成果获政府领导批示	频次	3	9	38	49	23	122
	有效百分比	2.5	7.4	31.1	40.1	18.9	100
经常接受来自政府的委托项目	频次	4	9	42	49	17	121
	有效百分比	3.3	7.4	34.7	40.5	14.1	100

（二）社会影响力维度分析

表3－26　被访者学校所含智库社会影响力情况

变量	次数	完全不符合	比较不符合	不确定	比较符合	完全符合	总频次
经常接受来自行业、产业的委托项目	频次	7	13	45	43	11	119
	有效百分比	5.9	10.9	37.9	36.1	9.2	100
学界知名度较高	频次	8	22	41	37	13	121
	有效百分比	6.6	18.2	33.9	30.6	10.7	100
网站访问量呈现上升趋势	频次	9	22	46	35	10	122
	有效百分比	7.4	18	37.7	28.7	8.2	100
机构接受媒体采访报道次数频繁	频次	7	22	42	38	13	122
	有效百分比	5.7	18.0	34.4	31.2	10.7	100
报纸网络文章发文数量呈上升趋势	频次	7	14	48	40	13	122
	有效百分比	5.7	11.5	39.3	32.8	10.7	100

（三）国际影响力维度分析

表 3－27 被访者学校所含智库国际影响力情况

变量	次数	完全不符合	比较不符合	不确定	比较符合	完全符合	总计
与国外高水平智库建立实质性合作关系	频次	23	30	42	19	7	121
	有效百分比	19.0	24.8	34.7	15.7	5.8	100
机构举办国际论坛	频次	21	27	32	26	14	120
	有效百分比	17.5	22.5	26.7	21.6	11.7	100
在国际学术期刊上发表论文	频次	13	28	36	29	15	121
	有效百分比	10.7	23.1	29.8	24.0	12.4	100
机构人员参加国际会议	频次	8	21	35	36	21	121
	有效百分比	6.6	17.4	28.8	29.8	17.4	100

表 3－25、3－26 和 3－27，反映了我国高校智库的影响力状况。首先，从决策影响力来看，我国高校智库与政府职能部门的互动较为频繁，经常接受来自政府的委托项目，由前面分析可知，一些智库的研究成果都会获得不同级别的政府领导批示。其次，在社会影响力方面，有超过 40% 的被访者表示，其智库经常接受来自行业、产业的委托项目，学界知名度较高，机构接受媒体采访报道次数较多，报纸网络文章发文数量呈上升趋势；但超过半数受访者认为其高校智库在学界的知名度还不够高，智库网站的访问量和报纸网络文章的发文量都不够理想。最后，在国际影响力方面，高校智库的表现不尽人意。例如与国外高水平智库建立实质性合作关系的高校数量仅有 26 所，“机构举办国际论坛”和“在国际学术期刊上发表论文”的高校，所占比例仅在 30% 左右。机构人员参加国际会议的情况也不理想，国际影响力较低。

综上可知，我国高校智库在影响力方面还很欠缺，尤其是在社会影响力和国际影响力方面都较小。下一步可以在继续深入研究的同时，宣传研究成果，选派机构人员出国交流，参加国际学术会议、论坛，加强研究合作，借鉴外国有益经验，提升我国高校的智库影响力。

表3－28　被访者所在高校智库机构职能定位情况

变量	频次（首选）	频次（次选）	频次（尾选）
教学、科研结合	47	10	7
人才培养与智库建设结合	14	29	12
基础研究和应用研究结合	16	15	12
为院校管理提供决策咨询	8	5	7
为各级政府决策部门提供决策咨询	35	32	22
面向区域产业发展提供咨询指导	2	19	20
为政府、企业、单位开展相关业务培训	2	3	16
积极参与国际合作交流	0	1	7
总计	124	114	103

根据表3－28数据可知，在被访者中，有47人认为高校智库机构职能首要的角色是“教学、科研结合”，其次是“为各级政府决策部门提供决策咨询”，再次是“面向区域产业发展提供咨询指导”；也有一部分被访者表示高校智库机构的职能定位是“人才培养与智库建设结合”和“基础研究和应用研究结合”；只有少数人认为高校智库是为院校管理提供咨询和为政府、企业、单位开展相关业务培训，以及积极参与国际合作交流的机构。这种现状与高校智库所发挥的职能有关，目前高校智库最主要的任务就是进行科研和为政府及区域产业提供咨询指导，这获得了一部分被访者的认可，而在国际交流合作等方面还有所欠缺。为此，高校智库应该进一步完善在人才培养、理论与实际相结合、为院校提供咨询服务等方面的职能，丰富智库发展形式，结合院校特色合理定位职能角色，促进智库发展。在谈到地方高校智库定位问题时，非洲研究院刘鸿武院长特别强调，高校智库建设应该与学校特色专业相结合。

地方高校智库研究中心建设好，最重要的一点是在服务国家、服务地方之外推动大学自身的发展。济南大学领导支持非洲研究中心，肯定是有他的想法的，这个中心在未来几年可以强有力地推动济南大学的学科建设人才培养，它对学校的意义就非常大。要做到这点就要与学校的特色专业紧密结合起来。比如我们可以盘点一下，济南大学在理工科有哪几个专业是特别优秀的，哪些专业在今天对中非合作可以发挥很大作用，比如说水资源、环境、生态。非洲研究院去年已经成立中非水资源研究中心，和国际水资源研究中心有非常好的关系。非洲是一个水资源既丰富又短缺的一个大陆。水资源的治理开发至关重要。现在中国在非洲的基础设施项目很多，有大量的都是跟水资源有关的，修大坝，灌溉工程等，这些就是我们学校很好的学科。山东济南大学的环境水资源学科，通过这个中心去争取国家部委和中国的大型相关企业在非洲方面的智库单位，他的相关人员培养单位。这样做以后，就可以有力地推动济南大学的环境水资源学科发展。盘点其他学科，通过这样的方式形成一个专兼结合的平台，中心有十来个专职人员，但是可以把全校的各个专业的老师聚合到这个平台上来，通过项目的方式，比如学校设立一个中国对非的水资源研究课题，那么原来的老师和中心的老师结合在一起，就可以做这个课题了。地方大学要走特色化道路，通过基地建设，最终凝练成一个既立足于本土，又结合我们现有的学科特色的，同时又服务于国家发展战略的一个新的特色方向。那么济南大学就有一个可持续发展的空间了。

——2018年1月5日，刘鸿武院长在济南大学教育部国别和区域研究中心高层论坛上的讲话

表3-29　被访者所在高校智库发展面临的主要问题

变量	频次（首选）	频次（次选）	频次（尾选）
领军人才和创新团队匮乏	80	8	9
学校重视程度不够	8	16	2
问题意识不强	3	16	10
资金来源不足	6	28	10
成果转化机制不健全	6	11	23
评估机制单一	4	3	7
学科整合力度不充分	7	16	17
教师参与的积极性不高	4	14	14
智库机构定位不清晰	1	5	11
不能充分满足国家和区域经济社会发展的需求	2	1	5
总计	121	118	108

在了解分析了智库不同的发展能力、思想能力和传播能力之后，也应该分析一下当前高校智库发展所面临的主要问题，发现问题、解决问题，促进高校智库的完善。由表 3－29 的数据可知，我国地方高校智库的发展存在着诸多问题，最重要的是领军人才和创新团队的缺乏，其次是资金来源不足以及成果转化机制不健全。这也制约了高校智库影响力的提升与发挥，因此必须加强领军人物和专家的引入，重视跨学科人才的培养以及旋转门机制的发挥，利用各类人才丰富的学术背景为智库的科学决策、政策咨询以及功能发挥起到明显的助推作用。与此同时，通过与政府部门之间建立旋转门机制，可以为教育智库储备大量的人才资源，有利于政策的顺利实施。高校智库需要立足于国际思维，全面把握国际形势。为了及时了解国内与国际上的研究状况，我国地方高校智库应当积极与国外先进高校智库合作，举办国内和国际的智库交流会、学术研讨会，积极研究国际热点问题，参与国际对话，增加国际国内交流互动；引进优秀的翻译人才，积极建立与高校智库研究相关的国际数据库，发展高水平的外文网站和平台，及时将高校智库的科研成果、学术活动等智库动态以多种外文的形式进行发表与宣传，增强我国高校智库在国际上的知名度以及影响力，促使我国出现一批拥有国际视野和国际学术网络的高水平国际智库，加强我国智库在全球范围内的品牌建设。

高校智库应该在明确自身职能定位的基础上，加强学科整合力度，充分发挥不同学科背景人员的学科优势，开展跨学科研究；建立完善科学的科研成果评价体系，调动教师参与的积极性；要建立成果转化机制，为政府政策提供咨询服务，充分满足国家和区域经济社会发展的需求。比如，关于高校智库的定位问题，非洲研究院刘鸿武院长结合非洲研究院发展的经验，联系当前我国政府“一带一路”倡议，认为中非合作人文交流是高校智库工作的一个重点，主张做好非洲研究最重要的一点就是培养一种非洲的情感。

“一带一路”倡议，民心相通是很重要的，在民心相同方面，国家是寄予高校很高的期待的。山东省是中华文化、孔子文化的发源地，一定要利用好这一宝贵的人文资源，济南大学和山东的人文社会科学研究，孔子肯定是走在全国前列的。所以可以考虑做一个课题即中国儒学的，特别是针对山东孔子儒学在非洲思想文化传播的现状以及面临的问题和未来趋势，也可以做一个调研，在调研的基础上结合济南大学的人文社科对山东文化、齐鲁文化儒学的研究，怎么把在非洲的近四十所孔子学院和二十来个课堂利用起来。最后再提出一个课题，山东地方文化走出去，特别是走向非洲的战略和对策研究。现在大家都强调地方文化也要走出去。这样就可以把孔子学院，课堂和高校学科建设结合起来，也可以推动外语学院的文学和语言研究的国际化进程。

可以考虑一下升级我们在刚果布的孔子学院，孔子学院就是我们对象国的海外研究基地。派遣我们一部分老师去刚果布孔子学院做志愿者、院长，或者作为专职教师带着课题去又教汉语又从事自己的想做的这个研究。这样我们在非洲就有一个可以立足的点了。所以孔子学院我们要改造它的功能，拓展它的职责。然后我们把刚果布作为一个很好的培养人才的平台，整合在一起。

——2018 年 1 月 5 日，刘鸿武院长在济南大学教育部国别和区域研究中心高层论坛上的讲话

在中非关系大发展、非洲和中国互为战略机遇的新时代，以及“一带一路”倡议下，中非合作中对中国发展知识、发展理论的需求越来越凸显。中国的发展道路和发展经验，包含着丰富的知识创造与积累，日益受到世界各国尤其是非洲国家的关注，中非发展合作也已经成为全球发展合作的典范。中国需要知识和思想的自主性成长与战略引领，需要重新确认身份、角色，努力贡献全球治理与发展的中国智慧。高校智库在国家合作战略中的定位和作用，立足教育的开放发展与国家未来的发展战略相结合。高校智库立足非洲研究，应该围绕中非双方面临的重大问题，扎根中国和非洲大地，充分发挥双方的区位优势，加深协同创新，提供中非治国之良策。贡献思想与智慧，是中非双方共同的使命，通过中非联合研究推进中国非洲学的非洲化进程。

关于高校智库的定位问题，绿色研究院张伟教授结合绿色研究院定位于中国绿色发展问题研究平台这一事实，特别指出：

绿色研究院之所以定位于“中国绿色发展问题”研究平台，我是这样考虑，就是说咱们地方高校智库刚开始给自己定位时，地方需求的天时地利可能更方便一些，但不能把咱们的档次仅仅局限于地方，起点必须要高，定位要高，要以问题需求为导向，一要服务于国家需求，也服务于地方需求。你只有定位高，目标高，你才能有大的发展。我觉得定位需要兼顾，就是服务于国家与地方需求，既要服务于地方需求，也要服务于国家需求。

——2019 年 5 月 20 日，济南大学绿色研究院张伟教授的访谈

与高校智库定位至关重要的一个问题，就是关于地方高校智库的深层次文化定位问题，张伟教授主张：

应该考虑智库文化建设问题，智库文化不是先把智库机构建起来，把架子搭起来，把制度建立起来之后，最后才考虑到一些深层次的文化建设问题。智库文化应该明确体现在高校智库建设过程中，并逐步得到提炼和展示，指导着智库的发展。像咱们中国绿色发展问题研究平台，是一种什么文化？一是我们的定位高，突出强调“中国绿色发展问题”研究平台。再一个我们是开放的，因为光靠我们现有的情况，还达不到高质量、可持续地服务于国家需求，我们要开放的文化、协同合作的文化，树立开放的文化和其他单位合作，然后这样就能满足国家需求。像我们过去和环保部、环境规划院、人民银行这些单位合作，一起进行研究，并提出一些政策建议，被环保部、人民银行采纳，满足了国家需求、行业需求。我们在合作研究过程中，体现的就是开放式的合作，和环保部规划院同行合作，和其他学校的同行合作，共同进行研究。所以说智库开放文化还是非常重要的。智库定位如果开始就定得很低，智库文化就很难说是开放型的。

——2019 年 5 月 20 日，济南大学绿色研究院张伟教授的访谈

基于高校智库这一学术组织机构本身知识生产的特性，高校智库研究应该服务当前决策咨询的同时，更要发挥好前瞻性定位问题，发挥好不同

于其他类型智库的理论研究的比较优势，为此，张伟教授主张：

最近我又提出一个新的观点，就是生态产业，我觉得应该将生态产业划为第四产业，它的基础是什么？就是习近平总书记提的“绿水青山就是金山银山”，它是生态产业。生态产品怎么实现，它的价值转化如何实现？怎么形成产业？绿水青山怎么形成产业？变金山银山中间，它需要有产业的一个支撑，这个问题需要研究。生态产业作为第四产业，恐怕还没有人提问题，过去都是三次产业划分吗？现在我认为这个生态产业应该是个大产业，高校智库要充分发挥好本身的前瞻性功能，需要进行理论研究，发挥好理论引导功能。

——2019 年 5 月 20 日，济南大学绿色研究院张伟教授的访谈

关于针对调动地方高校智库人员，特别是青年教师从业积极性以及与之密切相关的智库评价激励机制问题，张伟教授指出：

原来我们向学校建议过，针对年轻教师职业发展的需要，在职称晋升方面，智库成果与科研论文的比对认可制度需要进一步健全和完善。比如说中央领导批示，特别是政治局常委的批示，毕竟次数不多，是很少很少，他们是第一档，就可以把它和《中国社会科学》同等对待。然后是政治局委员一级的批示，其分量可以和《经济研究》《管理世界》《教育研究》等最权威的杂志同等对待，相当于那种 C 刊的前 10% 这种待遇，这个应该合理。省委书记、省长的批示，可以相当于 C 刊里面的后 60%，如果能够健全这种评价制度，并纳入学校整体的评价体系，就容易调动大家参与智库建设工作的积极性和主动性。

——2019 年 5 月 20 日，济南大学绿色研究院张伟教授的访谈

负责智库管理工作的中国人民大学副校长刘元春，以中国人民大学国家发展与战略研究院创新激励机制为例，认为中国特色新型高校智库建设，需要创新一个能够让大家愿意咨政的内部激励体系。

第一个改革是我们将智库成果纳入科研考评体系里，承认智库研究是我们大学科研活动的重要有机组成部分。第二个很重要的是建立成果购买制，我们能够按照不同的类型，购买学者跟国家提出的短平快的政策建议

和战略性的建议。第三个是通过建立基金制，解决我们传统财政资金在资助智库研究中的一些局限性问题。比如我们把一些社会捐赠，通过委托理财，把其中的基金收益拿来运转我们的智库，使智库的基金有了永续化的基础，同时也保证了资金在公共外交、人员费用和劳务费用上的灵活运用。①

分析制约高校智库发展面临的瓶颈问题，特别需要重视人才问题、待遇问题、评价机制优化问题，并提出相应的建议，能够促进高校智库在资源能力、运行能力、传播能力和影响能力方面的提高，提升我国高校智库的整体水平，以更好地为社会和国家服务。

第三节　地方高校智库总体发展现状的特征阐释

高校智库作为中国特色新型智库体系的重要组成部分，建设高校智库对于实现中国特色新型智库体系的完善和发展具有重要意义。进入新时代，我国高校智库的建设和发展取得了一定的成就，高校在人才培养、学科建设、科学研究及对外文化交流四个方面具有独特优势，依托高校建设智库具备良好的基础：一是健全的人才培养体系为高校智库建设提供优秀的人力资源；二是齐全的学科门类有助于高校智库开展跨学科之间的交流；三是良好的科研环境便于高校智库进行项目研究；四是畅通的对外沟通渠道扩大了高校智库科研成果的传播，有效地提高了高校智库的政策影响力和社会知名度。相对于党政军智库、社科院智库以及社会智库等其他性质、类型的智库，高校智库独特的比较优势逐渐显现出来。

近年来，我国高校智库建设也取得了较快的发展。从规模上看，《全球智库报告 2017》显示，我国依然是世界第二智库大国，拥有智库数量达到 512 家。在全球顶级智库百强榜单中，有 7 家中国智库上榜。其中，作为高校智库的北京大学国际战略研究院进入全球百强。从决策贡献度上

① 刘元春．高端智库要建起“顶天立地”生产体系［EB/OL］．https：//pl. ifeng. com/zhengduimian/special/zdm20/？from = groupmessage&isappinstalled = 0#2964ebdd - dafb - 466e - 939e - 9ae5b459753c.

看，上海社会科学院智库研究中心发布的《2017中国智库报告》中，聚焦“新时代与中国特色新型智库”主题，结合中国智库发展现状和发展特点，在国际通行标准的基础上，以中国智库的“4+1”评价标准（决策影响力、学术影响力、社会影响力、国际影响力，以及智库的成长能力），设计客观评价指标体系，综合分析中国智库发展的新特点和新趋势。《2018CTTI高校智库及“高校智库百强榜”报告》指出：“截至2018年11月20日，中国智库索引（CTTI）共收录706家来源智库，其中高校智库441家，占比达62%。目前，CTTI系统共收录了来自高校智库的7110篇内参、17646份报告、4978篇报纸文章、6220本图书和45130篇论文，分别占CTTI系统内各成果总量的74%、81%、52%、80%、85%。高校智库已经成为智库内容生产的主力军，这也是中国智库建设的一大特色。”①

从资源整合来看，《中国特色新型高校智库建设推进计划》中提出，要创新体制机制，整合优质资源，打造高校智库品牌，带动高校社会服务能力的整体提升。各高校积极响应，协调发展，高校智库建设逐渐形成了中国特色化的发展模式，具有中国特色。主要体现在：一是依托高校学科优势，建立特色学科研究中心；二是充分挖掘地方特色，形成区域性较强的高校智库研究课题；三是依靠教育部人文社会科学重点研究基地与“2011协同创新中心”，打造高端智库。比如，依托东南大学马克思主义学院、法学院、经济管理学院、建筑学院等学院以及江苏省中国特色社会主义理论体系研究中心建立的中国特色社会主义发展研究院；中南大学建立的地方治理研究院、中国村落文化研究中心、中国文化法研究中心、知识产权研究院、金属资源研究院、两型社会与生态文明协同创新中心。

在我国，高校智库建设得到了党和国家的高度重视，政府、社会以及高校为高校智库建设营造了良好的发展环境，我国高校智库建设也取得了初步发展，为国家治理能力的提升、社会舆论的引导以及高校社会服务能

① 南京大学中国智库研究与评价中心、光明日报智库研究与发布中心联合课题组. 2018CTTI高校智库及“高校智库百强榜”报告［N］. 光明日报，2019-01-07（16）.

力的提高创造了条件。各高校无不积极响应政府号召，大力加强高校智库建设，高校智库建设也取得了较快的进步。但是，我国现有高校智库体系与国家基本要求相比，还存在不小差距。对现阶段我国高校智库建设现状进行准确分析，明确高校智库建设存在的问题与原因，才能更好地把握高校智库建设的总体布局和未来走向。

一、高校智库总体发展现状处于中游水平

我国高校智库起步较晚，在最初发展阶段，相比重点高校，普通高校在区域位置、学科门类、经费支持以及研究资源等方面处于弱势，智库多在我国的985、211重点高校出现，高校智库数量较少且影响力远远低于官方智库和党政军智库，大部分高校也尚未意识到建设高校智库对于促进政府科学民主决策和提高治国理政能力的重要作用。我国高校智库的前身大多是高校的研究中心和研究院，后转型为高校智库，承继了高校的行政管理体系，行政人员、党务人员和人事部门人员在高校智库人才队伍中占据较多席位；人员结构上，高校智库研究团队通常由不同学科背景的研究人员组成，很难实现多学科跨领域之间的沟通，这种单一的人员组成导致智库研究成果的应用性降低，而国内外经济社会发展面临的诸多问题要求高校智库研究具有跨学科性，亟须实现不同领域间的融合和协同。智库型人才不同于传统学术型人才，智库人才的素质结构应包括三方面：（1）智能：智库人才的学科背景、研究方法、能力及见解；（2）阅历：智库人才的工作经验、信息渠道及国际视野；（3）社会影响力：智库人才的文章发表、媒体曝光度及岗位。具备这三种素质的智库人才队伍有助于智库提升团队综合研究能力和专项研究能力。当前，在国内社会环境下尚未形成完整的思想市场，高校与政府之间的沟通渠道较为单一，导致高校难以把握政府政策制定的具体要求，政府对高校所提供的政策意见采纳度较低，这种供需双方存在的信息不对称引发的直接后果就是高校智库研究成果难以真正落地，研究报告往往无法满足社会现实需要，难以为政府部门提出具有实践价值的政策建议。

从调研情况来看，实体化、综合性、有影响力的高校智库并不多，高校智库的政策研究水平和咨政能力有待提升。一部分高校智库实际上只是普通的学术研究中心，并没有专职的智库研究人员。而兼职的智库人员平时并不做政策研究，而是忙于教学和各类项目。据某高校智库人员透露，只有当政府或学校要求完成一项政策报告时，才会组织相关教师进行突击写作；由于时间仓促，而且其所在学校并不将政策报告作为职称评定的内容，因此教师们对这类报告的写作毫无兴趣，只能应付了之。还有一些高校智库根本不写政策报告，平时也没有相关的智库活动，其存在的意义仅仅在于获取相关部门的经费补助。这类高校智库如果回归原来的学术研究中心也没有太大的问题，令人担忧的是它们往往打着智库的名号抢占资源，不仅不能提供高质量的决策咨询，反而搅乱了整个学术生态。

如表 3 – 30 地方高校智库得分的描述统计数据显示，在被访的 137 个地方高校智库中，得分最小的为 4 分，得分最大的 19.65 分（满分为 20 分），总体样本平均得分是 13.6571 分，可以看出地方高校智库发展现状水平处于中游左右水平。关于我国高校智库的发展能力、思想能力、传播能力和影响能力这 4 个维度的得分，最小值均为 1 分，最高值达到了 5 分（每个维度最高得分为 5 分）。得分平均值在思想能力方面最高，而在影响能力方面最低。在标准差方面，思想能力得分最小，影响能力得分最高。可见，高校智库基础理论能力和应用政策能力尚可，二者的平均值相差较小，但标准差得分在应用政策方面明显高于基础能力得分，说明高校智库之间在应用政策方面还具有一定的差距。在影响力上，得分从高到低依次为决策影响力、社会影响力、国际影响力。其中，国际影响力的标准差达到了 0.97，不同高校之间差距较大，也由此反映出高校智库在提升自身影响力的同时，应着重改善社会影响力和国际影响力。

在发展能力和传播能力方面，我们通过数据分析也可以得出一定的结论。就发展能力而言，高校在运行能力得分方面明显高于资源能力得分，运行能力虽然总体得分较高，但是高校之间差距较大，标准差达到了 0.82。并且高校资源能力得分的最大值不足 5 分，还需进一步改善现状，提升自身人才水平、资金能力和信息能力。由数据可以分析出，高校在传播技巧方面得分较高，其次是覆盖对象和媒介手段。这说明高校较为注重传播技巧，在传播的媒介手段方面还需进一步拓展，在传播技巧方面高校之间普遍表现较好，因为高校之间在传播技巧的标准差上得分较低，差距较小。

表 3-30 地方高校智库得分的描述统计

	个案数	最小值	最大值	平均值	标准差
资源能力得分	137	1.00	4.90	3.2576	.72718
运行能力得分	137	1.00	5.00	3.6046	.82253
基础能力得分	137	1.00	5.00	3.5582	.67259
应用政策得分	137	1.00	5.00	3.4556	.77211
媒介手段得分	137	1.00	5.00	3.4283	.82894
覆盖对象得分	137	1.00	5.00	3.3538	.82937
传播技巧得分	137	1.00	5.00	3.5653	.75158
决策影响力得分	137	1.00	5.00	3.5971	.79375
社会影响力得分	137	1.00	5.00	3.2380	.81339
国际影响力得分	137	1.00	5.00	2.9749	.97057
发展能力得分	137	1.00	4.95	3.4311	.73245
思想能力得分	137	1.00	5.00	3.5069	.64220
传播能力得分	137	1.00	5.00	3.4491	.70977
影响能力得分	137	1.00	5.00	3.2700	.76682
智库现状总得分	137	4.00	19.65	13.6571	2.58760
智库现状平均总得分	137	1.00	4.91	3.4143	.64690
有效个案数（成列）	137				

二、地方高校智库在不同维度发展现状呈现不均衡

我国对高校智库的定位可以借鉴《中国特色新型高校智库建设推进计划》中的相关基本规定，根据该计划，高等院校智库应当在五个层面发挥重要职能：一是战略研究；二是政策建言；三是人才培养；四是舆论引导；五是公共外交。首先，结合高校智库的调研情况来看，在高校智库建设呼声日益高涨的背景下，各个高校智库也在陆续出台系列建设文件和建

设计划，部分综合性高校自恃学科基础多、基础雄厚纷纷要建立智库。但数量上的大踏步迈进，未能掩盖我国高校智库发展不均衡的问题。正如有研究指出："在2004—2008年间，占全国高校总数不到5%的'985高校'，却能在相关智库提交政策咨询报告中拿走三成左右的份额。……智库在区域间发展不均衡。经济发达的东部地区，其高校智库建设水平也位居全国前列。以2014年各省市自治区高等学校人文、社会科学研究与发展成果数据来看：数量上，东部高校智库递交的咨询报告占全国总数的57%，而被相关部门采纳的咨询报告占全国采纳数的65.4%。在排名提交咨询报告总数前十的省份中，东部高校智库占到了六成。质量上，东部高校智库咨询报告的平均采纳率达55.4%，高出中部、西部20%左右。采纳率低于10%的四个省份亦全部来自中西部地区。这些中西部地区，其高校智库建设由于受制于平台层次，其人才储备与吸纳和活动资源都不足，难以追逐发达地区的建设步伐。"①

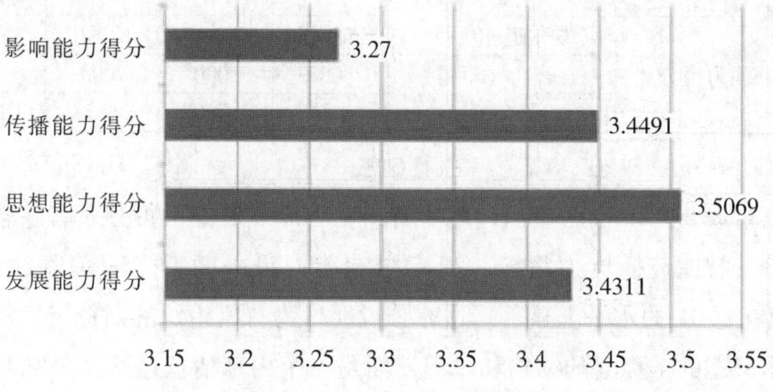

图3－1　地方高校智库在不同维度发展现状得分

根据上述图3－1数据分析，地方高校智库在不同维度发展现状呈现不均衡，思想能力得分最高，影响能力得分最低。在"思想能力"这一维度上，平均得分为3.5069；在"传播能力"上，均值为3.4491；在"发展能力"方面，均值为3.4311；在"影响能力"上，均值为3.27。这也说

① 金姗姗．智库评价：新型高校智库建设的有效工具［J］．教育发展研究，2016（11）．

明我国地方高校智库过于重视思想能力，例如论文、专著等成果的数量，忽视智库的影响能力和发展能力建设。

三、地方智库发展不同维度之间高度相关

表 3 – 31　地方智库发展不同维度之间的相关性

		发展能力得分	思想能力得分	传播能力得分	影响能力得分
发展能力得分	皮尔逊相关性	1	.745**	.787**	.761**
	显著性（双尾）		.000	.000	.000
	个案数	137	137	137	137
思想能力得分	皮尔逊相关性	.745**	1	.744**	.725**
	显著性（双尾）	.000		.000	.000
	个案数	137	137	137	137
传播能力得分	皮尔逊相关性	.787**	.744**	1	.817**
	显著性（双尾）	.000	.000		.000
	个案数	137	137	137	137
影响能力得分	皮尔逊相关性	.761**	.725**	.817**	1
	显著性（双尾）	.000	.000	.000	
	个案数	137	137	137	137

**. 在 0.01 级别（双尾），相关性显著。

通过表 3 – 31 数据显示，可以看出，智库发展能力得分、智库思想能力得分、智库传播能力得分、智库影响能力得分四者之间关联性很强，SIG 值在 0.01 的水平上显著。这充分说明作为有机组织的高校智库，并不是一个静态的、孤立的结构和过程，而是一个内部治理过程与外部政策环境多种因素相互影响、相互制约、相互作用的生态系统，在智库发展过程中要注重协调发展，不能有短板，互相作用，内部建设和外部宣传都很重要，都决定着智库的发展方向和价值作用。要警惕智库发展过程中的“木桶效应”和“短板劣势”。

作为高校智库，资源能力方面，重视人员构成、学科背景、经费筹措、平台运营；在运行能力方面，重视机构建制、问题导向、研究特色、制度建设；在基础理论方面，发挥好高校作为知识生产和知识创新组织的

先发优势，夯实决策咨询服务、服务社会实践的学术基础；在政策应用能力方面，坚持问题导向，发挥多学科协同交叉优势，积极参与咨政建言，发挥好思想库作用，为院校管理、政府、企业开展不同层面的知识供给服务，满足不同利益相关方的知识需求。在媒介手段方面，积极创新学术会议和专题论坛的传播方式，优化新媒体背景下专业杂志、数据库建设和网络传播途径；扩大覆盖对象，畅通与政府部门沟通的平台和通道，面向行业、产业及时提供咨询指导，面向社会公众提供公益性咨询服务；关注传播技巧，整合各种智力资源，创新适合高校智库发展的“旋转门”制度，提升决策咨询的内在品质。在决策影响力方面，坚持理论和实际相结合，对接好高校与政府职能部门、社会组织、行业企业的沟通平台和渠道，研究成果及时、准确地服务于决策需求和来自社会的委托；在社会影响力方面，通过报刊文章、网站、媒体报道等各种平台，扩大高校智库在学界和社会上的知名度；在国际影响力方面，坚持请进来和走出去的基本思路，开拓高校智库建设的域外视野，与国外高水平智库建立专业的实质性合作关系，创新开放理念，增强合作意识，主动承办国际论坛，在国际学术期刊发表研究成果，全方位地进行包容性借鉴，不断提升高校智库在国际层面智库行业领域的认同能力。

第四节　不同类型的高校智库发展现状的均值比较分析

一、总体得分描述

智库发展现状得分情况与各省份经济发展水平呈正相关。智库现状总得分如表 3－32 数据所示

表 3－32　被访者所在学校所属省（直辖市、自治区）的得分情况

您所在学校所属省（直辖市、自治区）	平均得分	个案数	标准差
未填写省份的学校	13.4998	5	.95286
海南	9.7063	1	.
安徽	14.4826	5	2.03293

续表

您所在学校所属省（直辖市、自治区）	平均得分	个案数	标准差
北京	15. 0662	11	2. 63960
福建	13. 4625	18	2. 00844
甘肃	15. 8440	2	. 54955
广东	14. 0881	11	2. 65765
广西	12. 9489	2	1. 32604
湖南	11. 9009	1	.
河北	13. 2202	8	3. 34303
河南	12. 5533	4	. 90962
黑龙江	12. 3278	1	.
湖北	12. 3766	6	4. 34228
吉林	17. 5135	1	.
江苏	15. 2727	6	1. 96388
江西	14. 1138	5	1. 26664
山东	13. 2336	23	2. 29829
山西	13. 8104	1	.
陕西	11. 5131	4	5. 12513
上海	9. 0629	4	. 59493
四川	14. 2523	5	. 65058
天津	14. 6366	1	.
西藏	13. 3271	1	.
云南	13. 6303	1	.
浙江	15. 3274	10	2. 01149
总计	13. 6571	137	2. 58760

由于社会公益捐赠不能减免税赋，也没有其他的利好条件，总体而言，社会资本虽然愿意到高校设立智库，但是积极性并不高；同时由于基金会制度不健全，高校智库也很难获得相关基金的稳定资助。在这种情况下，多数高校智库的运行经费都来源于政府。通过表 3 – 32 被访者所在学校所属省（直辖市、自治区）的得分情况，可以发现，在经济发达的东部地区，其高校智库建设水平较高于全国其他地区，说明高校智库的发展离不开地方财政和经济的支持。但值得注意的是吉林省和甘肃省高校智库得

分明显高于其他省份和地区，但这两个省份的经济发展水平并没有明显的优势，这也许受地方政府的其他政策支持以及此智库的自身发展理念等因素的影响。

二、分项指标得分

表3－33　被访者所在学校类型得分情况

您的学校类型	平均值	个案数	标准差
部属高校	14.1167	36	3.21739
省属高校	13.6271	79	2.21226
高职院校	13.2545	4	.80370
民办高校	13.4788	5	2.55386
其他	12.3262	11	2.82519
总计	13.6351	135	2.56235

根据表3－33被访者所在学校类型得分数据，我们可以看出，各高校智库的发展情况与学校的办学实力明显相关，甚至与一些主流的大学排名呈现正相关。可以看到，在如今高校分层次管理和分类管理的大背景之下，高校的排名和综合实力直接表现为地方高校所拥有的各种资源的差异性，比如硬件方面（人才引进政策、专业数量等）的差异直接影响高校的软件（人才培养、博士点、学位点申报等），学校智库在服务区域经济社会发展方面的能力也会有巨大的差异。

除了部属院校外，其余高校、省属高校、高职院校以及民办高校智库发展现状各具特色。

由于明显的地域因素特征和学校行业类型、性质的差异，高校智库发展现状和服务能力存在一定差异，服务能力各具特色。

山东理工大学就是一个典型的案例。山东理工大学坐落在历史悠久的齐文化发祥地——山东省淄博市，是山东省重点建设的以理工学科为主的多科综合性大学，驻淄博市高校中综合实力较强的地方本科高校仅有山东理工大学一家，因此，“独生子女现象”使山东理工大学获得了淄博市当地的更大支持、更多的资源，在区域经济社会发展中起到了更大的作用，而更多的社会合作机会同时促进了该校相关智库服务地方能力不断增强。比如理工大学里面对于纺织印染相关技术的智库科研成果转化率很高，这也契合当地的经济发展特色。

而济南大学则完全不同，因地处高校相对密集的山东省省会济南市，既有山东大学、山东师范大学等资历较老、底蕴深厚的高校，有山东建筑大学、山东财经大学、山东交通学院、山东工艺美术学院专业性较强的高校，更有一些实工实训条件强、产学研转化较好的高职类院校，因此济南大学一些智库科研成果的转化以及目标范围定位就不仅仅只是局限于济南市，而且是立足济南，辐射山东，面向全国。学校在做好服务济南区域经济发展的同时，与山东省内近30个区县建立了全面或科技合作关系，签署了一系列与省内外地级市、区县以及国内大型企业的全面战略合作协议。学校与济南市签订了服务对接工作协议，制定并大力实施《服务济南工作计划》，与德州、潍坊、莱芜、聊城、山西黎城等十余个地市的百余家政府部门和大型企业签订了全面战略或科技合作协议，与中国建材集团、中国中材集团、冀东发展集团、阳光华沃控股集团、江西省樟树市新型建材有限公司等企业建立了稳定的合作关系，比如济南大学建立的新型材料智库以及氟涂料发展研究机构、政法学院山东立法研究基地、济南大学设计战略与原型创新战略研究所。为社会服务工作的有序开展奠定了良好的基础，有力地助推了地方经济社会发展。

为什么高职院校也异军突起？高职院校有订单式培养班级，专业设置以及智库设立都是围绕区域经济以及地方热门优势行业和企业设置，针对性很强。

民办高校大多有一个背后的投资机构来作为支撑，比如大型企业，像山东现代学院背后的现代集团，山东万杰医学院背后的集团，齐鲁理工学院背后的企业，这在一定程度上决定了他们的智库的成果转化率较高，而且他们也更容易获得集团的横向课题经费资助。

表 3－34　被访者所在学校类型得分情况（根据办学层次）

您的学校属于	平均值	个案数	标准差
211 且 985	15.3892	15	3.37015
211 非 985	13.3294	33	2.42684
非 211 省部共建	13.4512	29	2.28413
非 211 非省部共建	13.5011	59	2.51149
总计	13.6570	136	2.59717

通过表 3－34 得分数据可以看出，高校智库的得分与高校的办学层次、学术能力和综合实力密切相关。211 且 985 的院校智库得分明显高于其他三类院校。相较于普通高校，211、985 高校有着雄厚的实力基础，较高的政治和社会地位就意味着有较多的话语权和政策倾斜，师资力量和学科水平提升得也非常迅速；再加上相关部门的资金支持和优惠政策，“985、211”高校始终处在发展的快车道上，一般大学很难赶超。有数据显示，985 高校和 211 高校学生中有超过三分之二的人参加过科研竞赛及科研项目，其中两成以上的大学生有过三次及以上经历；浓厚的学习和科研氛围，以及高水平的人才也为其高校智库提供了得天独厚的优势条件。根据 2018 年 12 月 22 日发布的，我国首个智库垂直搜索引擎和数据管理平台——中国智库索引 CTTI，目前共收录机构 706 家、专家 11992 位、活动 17878 场、成果 115421 项。它确定了 4 个一级指标，即 M（治理结构）、R（智库资源）、P（智库成果）、A（智库活动），以及 19 个二级指标。经过严格的推荐专家评审，基于智库客观数据，MRPA 测评结果具备较高的权威性参考价值。2018 年 CTTI 高校智库百强榜，北大、清华等 211、985 高校的多家智库机构的知名智库，都名列其中。相比而言，普通院校智库的发展较慢，得分也较低。

表 3-35 被访者所在学校类型得分情况（根据智库机构建制）

据智库机构建制，您所在高校智库的类型	平均值	个案数	标准差
挂靠二级学院型智库	13.3162	27	3.08021
学校直属平台型智库	13.8098	64	2.54717
校地联合型智库	13.1104	19	2.11909
高校与国家部委联合型智库	15.7321	10	1.35368
高校与民主党派联合型智库	12.1594	3	3.01395
总计	13.7094	123	2.60937

智库的挂靠单位很关键，和部委合作的智库得分为 15.7321，明显高于学校直属平台型智库，挂靠直属平台的高于挂靠二级学院的，高校与民主党派联合型智库较低。从内部多元主义的理论来看，这与政府的支持和智库的参政议政职能密切相关。高校智库因为与政府存在密切的关联，能够获得更多的发展资源。我国政府对重点高校智库进行培育，给予稳定的经费支持，这是推动高校智库发展、提升其咨政能力的主要做法。2015 年 11 月 9 日，中央全面深化改革领导小组第十八次会议审议通过《国家高端智库建设试点工作方案》，正式启动国家高端智库建设。国家高端智库建设由中宣部牵头，全国哲学社会科学规划领导小组负责宏观指导和组织实施。2015 年 12 月 1 日，国家高端智库建设试点工作启动会在北京举行，遴选出首批国家高端智库建设试点单位，包括部分的高校智库。入选的高校智库要么是长期在国家发展重大战略中发挥咨政建言作用的智库，要么是适应中国特色新型智库建设需要、整合校内优质资源而建成的跨学科新型智库。对于这些高端智库，中央财政设立了专项支持经费，从国家社会科学基金中单独列支，并且制定了符合智库发展规律和运行特点、有别于一般科研项目经费管理和使用的高端智库专项经费管理办法，以更灵活的经费制度保障高端智库的有效运转，充分体现了高校与国家部委联系型智库的强大资金实力。而高校与民主党派联系型智库则不具备政治和经济层面的优势，因此得分最低。

校内直属科研平台制度的初衷是一种制度创新，是一种基于发展的制度创新，旨在围绕加强学科建设，通过平台来引进人才，加强学术方面的研究。从学校层面来看，挂靠直属平台的智库更需要来自学校相应的制度配套，政策支持应该持续跟进，否则，其智库优势难以发挥。

——2019 年 5 月 20 日，济南大学绿色研究院张伟教授的访谈

表 3－36　被访者所在学校类型得分情况（根据智库是否担任人才培养职能）

根据智库是否担任人才培养职能，您所在高校智库的类型	平均值	个案数	标准差
担任研究生培养职能型智库	14.2204	52	2.23935
无研究生培养职能型智库	13.2393	82	2.75626

根据表 3－36 得分数据，可以看出研究生招生和培养工作对于高校智库发展的重要影响。高校智库是人才聚集的场所，也被称为“人才库”，这类人才是“能够为决策提供专业咨询服务，为决策科学化、民主化做出独特贡献的人才，对象包括研究人员和辅助人员在内。培养学生尤其是更高水平的研究生是高校的责任，依托于高校母体的优势，结合本身的使命和定位，通过为学生提供平台、学位项目、研讨会议、培养政策兴趣等，既培养了下一代的智库人才，又完成了相关的政策研究。研究生比本科生拥有更高的学术素养，科研能力和水平也明显高于本科阶段。因此高校的研究生培养工作，使其智库和当地社会皆获益颇丰，对于高校智库而言，再生产机制的出现，促进了智库领域的扩张，提升了它在大学中的自治权和自我认证能力；对于社会而言，智库人才高度的政策敏感性和解决政策问题的能力，极大地促进了社会的发展，可以说，高校智库培养出的高层次人才俨然成为社会发展的强大动力。

高校智库建设必须利用研究生这种资源培养人才，因为学科建设离不开培养人才。我们现在下一步还要申请应用经济学博士点，上一次没批是因为博士点要求带头人多，现有商学院的力量还不够。明年申报如果学校大力支持的话，应该是有希望的。我们现在带的是应用经济学专业的硕士生，硕士生我们还是加强培养。我带的每一届硕士生基本上都能发 C 刊，

发 SSCI 的也有。研究生现在发 CSSCI 也很难，那么下一步可能就多了，现在我们才闯开这个路，这样的话就是不断提升研究生培养质量。像我带的研究生，最近几年有拿国家奖学金的，还有评上优秀硕士论文了。有学生考上上海财经大学的博士生。

学科作为智库的有力支撑，学科和人才培养紧密结合起来，这是一起去做的，并对接一些地方的经济社会建设新动能和绿色经济新动能。

——2019 年 5 月 20 日，济南大学绿色研究院张伟教授的访谈

表 3－37　被访者所在学校类型得分情况（根据智库是否担负某项学科建设任务）

根据智库是否担负某项学科建设任务，您所在高校智库的类型	平均值	个案数	标准差
担负学科建设职能型智库	13.7481	74	2.67618
无担负学科建设职能型智库	13.4732	56	2.54500
总计	13.6297	130	2.61401

表 3－38　被访者所在学校类型得分情况（根据学科特点）

根据学科特点，您具体工作的智库类型	平均值	个案数	标准差
综合类智库	14.5139	37	2.60314
专业特色类智库	13.3513	88	2.58677
总计	13.6955	125	2.63553

表 3－37 和 3－38 得分数据显示，担任学科建设任务的高校智库得分高于不担任学科建设任务的智库，综合类智库高于专业特色类智库，这说明学科建设任务和学科融合有利于高校智库的发展。高校以教学为核心职能，而教学则是以学科来组织的。当前的高校智库主要是依托所在高校的强势学科发展起来的，这种情况具有一定的合理性；然而政策研究的复杂性往往很难由单一学科独立完成，而需要多学科的协同合作。从这个意义上讲，实体化、跨学科的综合性智库是高校建设智库的一个重要方向。而现有的学科体制日益僵化，跨学科或交叉学科的合作并不容易达成。跨学

科合作之所以难以达成，是因为其背后涉及资源分配的利益。现有的科研经费、学术评价都是围绕学科进行的，甚至政府对智库的认定也是依据学科。据了解，我国的高校智库基本上是按学科大类来建设智库，一个学科认定一个智库，因此无法形成竞争市场，政府在寻求决策咨询时没有选择的余地。因此，促进高校学科建设，加快各学科的交流和融合是下一步我国高校智库发展的重点。

在谈到智库建设与学科建设的关系时，济南大学绿色发展研究院张伟教授认为：

高校智库要充分发挥好学科交叉的专业优势。我原来教金融课，研究金融，后来读环境管理，金融与环境二者交叉，就形成了目前的绿色金融，是一个长期积累的过程。

济南大学作为地方综合性大学，绿色发展研究院是学校校级科研平台，龙山绿色经济研究中心是省级重点培育智库。学校把这两个平台整合在一起，其目的是便于更好地发挥好、整合好绿色发展研究院和龙山绿色经济研究中心的作用。高校智库平台最终还是围绕学科建设，因为它是高校的智库，不是社会智库，它有一个很重要的目标是服务学科建设，这是和地方智库的一个区别。

咱们这个平台是怎么服务学科建设呢？因为绿色经济现在是经济学的一个重要的、发展的前沿领域。我们研究绿色经济问题，就可以和我们的学科建设结合起来，和应用经济学一级学科建设结合起来。我们在智库发展过程中，密切结合应用经济学一级学科，赋予应用经济学一级学科的博士点建设、硕士点建设，还有相关专业建设，这几个方面都是学科建设的重要内容。应用经济学的博士点、硕士点中一个重要的方向就是绿色经济，它是四个方向的一个重要的方向，就目前来看还是领头的。

绿色经济是经济学学科建设的一个重要的方向，我们要围绕着研究方向，要出高水平成果。学科建设，一是要有人，再一个还要有成果，要有成果支撑，没成果支撑，学科建设怎么能够体现出来？学科建设的进步怎么能够体现出来？我们最近几年在绿色经济领域出了一些成果，成果是在过去很长时间的研究基础上积累起来的，像我研究绿色经济，有一二十年的研究历史了。我读博士就是专攻这一领域，我们团队在一二十年的过程中，也有了很多积累，最近几年在原有研究基础上进行了提高和提炼，出了一些研究成果，出了四本专著，有的是国家社科基金项目，有的是国家软科学项目，这几本书我们也是下了很大功夫的。同时我们也发表了一批论文，像SSCI检索的论文，和国内发表的高水平论文。去年我们有文章被《新华文摘》和《中国社会科学文摘》同时转载。这样一些成果是智库发展的基础，你得有课题支撑，因为我们高校智库和社会智库不一样。

——2019年5月20日，济南大学绿色研究院张伟教授的访谈

表3－39　被访者所在学校类型得分情况（根据所在学校智库机构的优势学科领域）

所在学校智库机构的优势学科领域	平均值	个案数	标准差
人文社科	13.9035	72	2.53722
理工	13.7762	26	2.54021
农医	12.2968	9	2.46614
交叉学科	13.3561	24	2.50720
总计	13.6676	131	2.53463

表3－39得分数据显示，人文社科智库得分高于理工类，交叉学科的得分明显高于单一学科智库，值得思考。地方本科院校智库发展正在面临“知识生产方式”的转型。不管是工科地方院校还是文科见长的地方院校，学校建立的智库在服务地方政府决策及地方经济社会发展方面，都面临着“知识生产方式”的转型，其中最为关键的是服务定位及服务方式的变革和转型。相对而言，地方高校工科院校服务地方的定位及方式较为多元，空间也较大。比如山东理工大学、中国海洋大学、青岛科技大学等学校结合自身实际，依托学校工科专业优势开展了形式多样的社会服务活动，这与实际情况比较吻合，工科类专业的产学研转化能力更强，因此服务社会的能力更强，理工科专业和企业接触的较多，横向课题也较多。对于文科见长的学校而言，文科类高校更应该把服务地方的定位聚焦于利用自己的

学科和专业优势来解决当地的社会实际问题。从知识生产转型的视角来看，按照英国学者迈克尔·吉本斯等人的观点，20 世纪 80 年代中期以来，西方学术界正在发生一场革命性的学术转型，知识生产模式Ⅰ正在转向知识生产模式Ⅱ。模式Ⅰ是基于学科的，并且将所谓“基础”和“应用”明确区分开来，模式Ⅱ的知识生产是跨学科的，其特点是“基础”和“应用”之间、理论和实践之间不断交互。模式Ⅱ从对于研究取向的探索转移到了对于情境性的成果探索中，即知识的开发和利用要求参与到知识的生产之中。

新时代背景下，我国正在推进经济发展新旧动能的转换，当前处于社会转型时期，经济社会发展进入了新常态，无论是国家层面还是地方层面，如何发挥地方高校的智库优势，是人们日益关注的一个现实政策议题。

高校智库的本质是一个知识生产组织，高校智库建设和发展的理论基础呈现出知识生产模式Ⅱ的基本特点，即跨学科、实用化、以解决问题为导向，有效对接国家发展和地方政府决策需求和区域经济社会需求。其中，山东省文科类高校如何充分利用自身的人才优势、学科建设特色和区域优势，将局限在某一学科认知情境中的研究，适时转化为在一个更广阔的、跨学科的、应用情境中的研究，处理好学科逻辑和智库逻辑之间的关系，主动提高面向国家和地方政府区域经济社会服务的意识和能力，实质性地提升自身智库功能的发挥，助力形成“定位明晰、特色鲜明、规模适度、布局合理的中国特色新型智库体系”，值得进一步研究和探索。

在谈到地方高校智库成果有效提高面向政府和地方区域经济社会服务的意识和能力、实质性地提升自身智库功能的发挥时，绿色发展研究院张伟教授认为：

从去年开始推进绿色金融，在山东省范围内推绿色金融，举行了几次活动，我们都去演讲，为山东省发展绿色金融打下基础。省级领导批示应用，这也是学科建设的一个重要方面。因为申报博士点硕士点，都提到和社会发展和经济发展是怎么融合的，填表的时候都有这样的要求，刚好我们绿色经济这一块研究成果就给填上。我们有些成果得到领导批示，像刘家义书记的几次批示，还有龚正省长，还有我们有一个材料是五位省领导同时批示，省长、常务副省长，还有省委宣传部部长，五个省领导同时批示，批示也在省发改委、人民银行，在省自然资源厅和海洋局相应地得到了应用。我们的研究成果在什么部门得到应用，我们提的什么建议，得到什么应用，这些成果建议都是我们在研究基础上提出来的，都是围绕绿色经济这一块。

比如，政策研究报告《推进海域使用权资本化，为经略海洋注入新动能》于2019年2月28日得到了中共山东省委书记刘家义的肯定性批示，省自然资源厅、海洋局得到了应用。烟台海洋产权交易中心的总经理最近几天要来和我们交流，要听取我们的一些建议，关于海洋海域使用权、流转，怎么发展的问题，与绿色经济研究院提出的海洋使用权资本化、海洋注入新动能，有一些相同之处，因为绿色经济本身就是一个新的动能。

——2019年5月20日，济南大学绿色研究院张伟教授的访谈

表3－40　被访者所在学校类型得分情况（根据高校智库应向哪一类发展）

您认为高校智库应向哪一类发展	平均值	个案数	标准差
综合类	13.7915	34	2.24360
专业类	13.5698	42	2.05971
对策研究类	13.4783	52	3.26900
基础理论研究类	14.3314	6	1.02384
总计	13.6247	134	2.59479

表3－40主要表现了被访者认为高校智库应向哪一类发展的情况，有52人认为应该向“对策研究类”发展，其次是“专业类”和“综合类”，认为基础理论研究类的人数较少，由此可以分析出目前高校智库大都注重基础理论研究，而在对策研究及综合类、专业类方面有待改善和进步。在如何处理好基础理论研究和应用对策研究之间的关系问题上，正如非洲研究院刘鸿武教授所认为的，发挥好高校智库发展的优势，要立足当下，做

好应用对策研究，更要面向未来，认清国家乃至全球发展的外部环境，注重发挥好理论研究的基础优势。

中国发展到今天，有一个巨大的转化。如果说，过去一百年，中国的发展是围绕中国自身的发展这样的一种追求。未来的三十年，中国需要和世界的发展结合起来，是一种结伴式发展。并且，中国的发展未来一定要和世界上那些亚非拉国家的发展结合在一起，是彼此对接的，这样，未来中国后三十年的发展才是可持续的。同时，世界才会认为中国的发展是世界的机会，和世界有关系，所以我们现在提出一个概念，中国的发展和世界的发展要结合起来。2018 年，中非峰会在北京召开，今年中非峰会的主题，就是中国的两个一百年和非洲的 2063 对接。

——2018 年 1 月 5 日，刘鸿武院长在济南大学教育部国别和区域研究中心高层论坛上的讲话

表 3－41　被访者所在学校智库专职人员数量

智库专职人员数量大约为多少人	平均值	个案数	标准差
0	13.7551	6	2.22597
1	11.1830	2	4.52043
2	12.9666	9	1.90408
3	13.6489	7	2.72665
4	14.1081	5	.83733
5	12.7629	11	1.88139
6	12.5440	8	3.28845
7	17.4245	2	.65222
8	13.9404	5	1.54692
9	11.2889	2	.29196
10	14.9857	10	2.43664
12	12.3715	1	.
13	15.0794	1	.
15	15.7116	2	3.50797
17	13.7905	1	.
18	15.9556	1	.
19	12.6295	1	.

续表

智库专职人员数量大约为多少人	平均值	个案数	标准差
20	14.7789	5	3.28727
22	15.5095	1	.
24	13.6693	1	.
25	14.5893	2	3.59214
26	16.2803	1	.
30	14.8396	4	.99372
35	18.4295	1	.
40	13.6444	1	.
50	12.3877	2	1.73136
60	13.7168	1	.
70	12.6714	1	.
100	14.8436	2	.51089
160	15.1699	1	.
200	13.6693	1	.
260	15.9501	1	.
300	13.8992	1	.
总计	13.8616	100	2.33655

表3-41显示了被访者所在学校智库专职人员数量分布情况，反映出我国高校智库专职人员数量与智库发展现状的关系。总体来看，当前我国高校智库的研究人员几乎都是兼职，全职人员数量较少，这使得智库发展缺乏长远的规划，而且严重依附于既有的学科评价体系，不利于智库功能的发挥。然而，即使给高校智库独立的编制，也不容易招到全职的研究人员。例如，某高校智库虽然有不少个科研编制，但到目前为止只用掉了一个；去年入职的两个博士都选择到学院去，而不愿意做全职的智库研究人员。究其原因，一是智库成果的评价标准很不健全，适合智库人员的职称评价体系很不成熟，如果全职做政策研究，其成果显然不适应当前的学术评价体系；二是高校智库没有相对自主的人事权，需要按照学校的统一标准招人，而学校的统一标准往往是依据学科建设的需要制定的，具有较强的学术要求，而这与智库所需要的人才并不一定吻合。当然并不是专职研

究人员越多，高校智库就越好，寻找符合自身条件与情况的专兼职人员比例是促进高校智库发展的有效途径。

在地方高校这种智库建设当中，关于如何发挥好人才队伍建设与专兼职智库团队建设问题，张伟教授认为：

现在我们绿色经济方向的团队力量是理想的。我们这个团队都是围绕应用经济学一级学科建设去做。当然这个团队除了我们专职人员之外，主要还依靠我们商学院经济系的、金融系相关的学术力量，我们把学术力量整合一块。现在整合正在进行中，整合还没有达到预期目的。我们的目标是，经过整合几年之后，能够以我们的专职人员为主体，以兼职人员为补充，兼职人员就是我们二级学院的人员，学院的人员还要承担大量的教学工作，他们可以起到一些补充作用；但是这个补充也并不是说他们出不了高水平成果，商学院老师水平也很高，但是水平高的老师目前还是少一些，因为他的主要工作其中有一个还是教学，他们是智库的必要补充。

——2019 年 5 月 20 日，济南大学绿色研究院张伟教授的访谈

关于校外力量的引进和整合问题，张伟教授认为：

我们专职人员的主体，需要我们在提高现有专职人员素质基础上，加大人才引进力度，引进人才是非常重要的。现在我们专职人员只有三个人，和我们规划的目标相比差得很远，我们规划的目标至少十个人，学校可以给我们十个以上的编制，我们还有七个指标。引进人才是高校智库发展的重中之重，难度比较大，虽然难度比较大，我们也要争取。我们服务学科建设，一个很重要的工作就是整合研究力量。

智库领军人物，专家团队，兼职人员，考虑采取什么样的机制，现在动员他们也比较难，为什么？咱们一般兼职的都是很多名家，长江学者，他们本身工作很忙，所以下一步我们正在探讨，怎么动员他的资源往咱这倾斜，需要一个机制，但是如何优化这个机制，现在正在探索。

现在咱们和外界交往的比较多，学术同行之间的联络比较多，所以就聘请了不少校外专家担任兼职人员。现在这个兼职人员发挥的作用有一些，但不是太明显。所以下一步我们工作的内容，就是如何使他们能够发

挥出来作用，校外学术资源能够为咱们所用，能够为咱们做出贡献，现在正在探索。这个是现在大学发展的一个重要的现实问题，也是个难题。特别是像咱们这种大学，双非（非“一流”学校和非“一流”学科）大学，怎么吸引高水平人才？当然理想状态是：不求所有，但求所用。这些话好说，但是你真正实施起来，你怎么用？这个很难。这个需要机制，需要形成机制，这个机制怎么形成，需要探索。

兼职人员还有问题。像这个名家，他兼职的单位多，所以说如何让他能为咱做出贡献，就是个难题，这个问题怎么解决也值得思考。我认为，特别是作为校级平台，单凭咱们平台的力量去和外面建立联系，资源还是有限的。需要学校出面帮我们搭一个沟通的平台。

像非洲研究院平台成立比较早，再一个学校对它的政策比较优惠，就说它的指标多达几十个人，能够保证日常科研的成果产出，每年才能出成果。然后在这个基础上，作为学术带头人，作为院长，他可以再考虑，然后怎么和外面对接，怎么发挥它的影响。现在咱连应付都应付不了，因为人太少，每年的考核都应对不了。

——2019 年 5 月 20 日，济南大学绿色研究院张伟教授的访谈

表 3 - 42　被访者所在学校智库人员学历水平

学校智库人员学历水平主要为	平均值	个案数	标准差
博士	14. 0723	90	2. 61701
硕士	13. 0767	36	2. 01366
本科	10. 1131	2	2. 73814
本科以下	12. 2889	1	.
总计	13. 7193	129	2. 52037

表 3 - 42 显示了被访者所在学校智库人员学历水平分布，可以看出智库发展现状与智库工作人员的总体学历水平密切相关，智库人员学历水平为博士研究生的智库得分为 14. 0723 分，智库人员学历水平为硕士的智库平均得分为 13. 0767 分，而智库人员学历水平为本科的智库平均得分为

10.1131 分。因此，吸引更高层次的人才进入高校智库，加大对智库研究人员的培养，有利于智库的长远发展。

表 3－43　被访者所在学校智库人员职称结构

学校智库人员职称结构主要为	平均值	个案数	标准差
教授/研究员	13.7435	59	2.76014
副教授/副研究员	13.4748	63	2.63626
讲师/助理研究员	13.8353	8	1.88147
总计	13.6189	130	2.64155

表 3－43 显示了被访者所在学校智库人员职称结构分布，可以看出，讲师和助理研究员多的智库得分高于教授和副教授为主的高校，这也许与讲师的年龄和工作方式有关。讲师作为更为年轻的研究人员，对于新理论、新思想的接受程度更高，思维更加活跃，对于社会热点问题的看法更为新颖，与智库的要求更加契合。这与表 3－44 中智库机构人员年龄结构所反映出的情况也相符合。

表 3－44　被访者所在学校智库机构人员年龄结构

智库机构人员年龄结构主要集中在	平均值	个案数	标准差
50 岁以上	13.0862	8	2.67196
40—50 岁	13.3651	88	2.73446
30—39 岁	14.4649	33	2.25592
30 岁以下	13.6693	1	.
总计	13.6295	130	2.63386

由表 3－44 可以看出，学校智库机构人员的年龄大都在 40—50 岁之间，50 岁以上和 30 岁以下的人数较少。人员年龄分布具有一定的层次结构，有助于年长者带领和培训新生力量，为智库长期研究和发展提供帮助。总的来说，高校智库还需进一步采取措施吸引年轻人才、留住专业人才参与研究，促进智库发展，获得丰富的研究成果。

表3－45　被访者所在学校智库每年可支配经费的数额

您所在智库目前每年可支配经费的数额约为多少万元	平均值	个案数	标准差
1	7.9866	1	.
1	13.4540	2	5.41449
3	13.8992	1	.
5	13.0712	3	2.73796
6	11.1113	1	.
10	11.9504	4	1.14157
15	12.8649	3	.78719
20	12.1689	10	2.28036
30	12.4710	5	1.68781
35	11.9469	1	.
40	15.6453	1	.
50	14.4198	14	2.50851
60	12.3413	2	.46684
100	12.8903	14	2.62663
200	14.7118	5	1.96277
300	15.2575	3	3.12816
500	13.6207	1	.
1000	16.3160	6	1.78017
2000	14.8803	2	1.51298
10000	15.1699	1	.
250000	15.9438	1	.
总计	13.5296	81	2.51638

表3－45显示了被访者所在学校智库目前每年可支配经费数额，反映出智库的发展需要大量资金作为保障，要想进行研究，就需要大量的研究经费。我国高校智库的经费来源十分局限，大部分高校智库的资金状况常常不足以支持其进行高层次的研究，只有解决了财务问题，才能保证我国高校智库的研究独立性、结论客观性，才能使高校智库具备更好的研究环境，促进生成更多研究成果。我们可以适当借鉴国外高校智库的资金来源方式，拓展研究经费来源渠道。例如通过政府设立的专项拨款，给予优秀

的高校智库一定的资金支持；引入社会力量和社会组织的支持，加强与社会和企业的合作，为高校智库募集更多的资金；智库自身也可以通过合理经营自己的各种网络平台、增加媒体采访率等方法，提高高校智库和研究人员的知名度，增加自身的社会影响力，从而获取到更多资金收入。

第五节　基于线性回归模型建构的高校智库发展状况影响因素分析

影响“地方高校智库发展运行现状”的主要因素是什么？当前地方高校发展运行现状的主要影响因素是什么？各个因素的影响大小如何界定？围绕上述问题，本书建立了下面的回归模型。

一、模型建构与回归分析

（一）回归模型一

将地方高校发展运行现状得分作为因变量，将自变量处理如下并纳入回归模型：重点大学（参照组：非重点大学）、学校智库人员职称结构、智库专职人员数量、人文社科智库（参照组：非人文社科类）、合作共建智库（参照组：学校单独建设的智库）、担负学科建设职能（参照组：无学科建设职能）、智库人员学历水平、综合类智库（参照组：专业特色智库）、兼职人员数量、担负研究生培养职能（参照组：无研究生培养职能）、智库机构人员年龄结构、部属院校（参照组：非部属院校）。

模型摘要

模型	R	R 方	调整后 R 方	标准估算的错误
1	.531[a]	.282	.169	2.11740

ANOVA[a]

模型		平方和	自由度	均方	F	显著性
1	回归	133.800	12	11.150	2.487	.008[b]
	残差	340.738	76	4.483		
	总计	474.537	88			

系数[a]						
模型		未标准化系数		标准化系数	t	显著性
		B	标准错误	Beta		
1	（常量）	12.855	1.328		9.677	.000
	智库专职人员数量	.007	.006	.115	1.070	.288
	兼职人员数量	.008	.005	.173	1.476	.144
	智库人员学历水平	-.979	.512	-.201	-1.910	.060
	智库人员职称结构	-.571	.519	-.141	-1.100	.275
	智库机构人员年龄结构	.956	.533	.219	1.795	.077
	担负研究生培养职能	1.189	.565	.254	2.105	.039
	担负学科建设职能	-.669	.547	-.144	-1.223	.225
	综合类智库	.612	.546	.122	1.121	.266
	人文社科智库	.574	.482	.124	1.191	.238
	部属院校	1.495	.965	.242	1.550	.125
	合作共建智库	-.480	.557	-.093	-.861	.392
	重点大学	-.458	.872	-.084	-.525	.601

（二）回归模型二

将地方高校发展运行现状得分作为因变量，将自变量处理如下并纳入回归模型二：优势学科领域（交叉学科、理工类、人文社科类；参照组为农医类）、智库专职人员数量、学校层次（是211且985、是211非985、非211省部共建，参照组为非211非省部共建）、担负研究生培养职能（参照组：无研究生培养职能）、智库机构人员年龄结构、部属院校（参照组：非部属院校）、学校智库人员学历水平、综合类智库（参照组：专业特色智库）、智库建制（高校与国家部委联合型智库、学校直属平台型智库、高校与民主党派联合型智库，校地联合型智库，参照组为挂靠二级学院型智库）、兼职人员数、担负学科建设职能（参照组：无学科建设职能）、学校智库人员职称结构。

模型摘要				
模型	R	R 方	调整后 R 方	标准估算的错误
1	.571[a]	.326	.140	2.15365

ANOVA[a]						
模型		平方和	自由度	均方	F	显著性
1	回归	154.500	19	8.132	1.753	.048[b]
	残差	320.037	69	4.638		
	总计	474.537	88			

系数[a]						
模型		未标准化系数		标准化系数	t	显著性
		B	标准错误	Beta		
1	（常量）	13.659	1.649		8.285	.000
	专职人员数量	.006	.007	.096	.841	.403
	兼职人员数量	.005	.006	.115	.835	.406
	智库人员学历水平	-1.120	.552	-.230	-2.029	.046
	智库人员职称结构	-.686	.580	-.170	-1.183	.241
	智库机构人员年龄结构	.938	.567	.215	1.655	.102
	担负研究生培养职能	1.171	.593	.250	1.975	.052
	担负学科建设职能	-.493	.582	-.106	-.848	.399
	综合类智库	.655	.582	.130	1.125	.264
	部属院校	.872	1.057	.141	.825	.412
	是 211 且 985	1.221	1.449	.151	.843	.402
	是 211 非 985	-.580	.968	-.089	-.599	.551
	非 211 省部共建	-.395	.609	-.075	-.649	.519
	学校直属平台型智库	.361	.635	.078	.569	.571
	校地联合型智库	.011	.844	.002	.013	.989
	高校与国家部委联合型智库	.023	1.090	.003	.022	.983
	高校与民主党派联合型智库	-1.870	1.359	-.168	-1.377	.173
	人文社科类	-.021	.901	-.005	-.023	.981
	理工类	-.671	1.168	-.106	-.575	.567
	交叉学科	-.587	1.004	-.102	-.585	.560

总体来看，自变量显著性水平一般，这与样本量偏少具有一定的关系，这不能不说是一个遗憾，在后续研究中，我们会进一步扩大调查范围，扩充样本量，不断优化完善数据库，继续进行规范的回归分析。通过观察现有数据回归分析结果，在显著性水平为0.1时，我们将通过显著性检验的自变量挑选出来，根据标准化回归系数我们可以得出影响当前地方高校智库发展运行现状的因素及其影响系数的大小。

我们可以看出："智库机构年龄结构""智库人员学历水平""智库是否担任人才培养职能"等因素对地方高校发展运行现状具有显著性影响，我们可以得到几点参考意见，为高校智库可持续健康发展指引方向。

二、研究结论与建议

（一）加强地方高校智库人才队伍建设

在人员引进和队伍建设方面，高校智库的长远发展离不开年轻人才的引入，要注意加强梯队建设，越年轻的团队智库输出反而越多；设立智库专家选拔措施对高校智库来说极为重要，目前许多高校智库中的研究人员都是来自本校的老师，没有严谨的选拔方案，且常常身兼数职，容易造成人才不适的情况；在对智库专家进行选拔时，应当专业化与多元化共同关注，既要吸收跨界的专家来增加智库的宽度和人脉，也要有专业型专家，增强智库研究的纵深程度；另外智库是否具有硕士、博士的培养资格，这个对于智库发展很重要，高校智库要将教学与科研结合起来，在进行政策研究的同时，还要注重硕士、博士的培养，为高校智库提供有生力量。有人才培养的平台可以吸收更多的科研力量，很多智库产品都需要大量的调研和基础工作，硕士博士的补充既可以形成一个良好的传帮带的学术团队建构，又能够壮大研究的力量。专职人员越多，智库发展越好，目前很多智库都是挂靠学院一些平台，因此只有拥有一定数量的专职人员，才能更好地搜集政府政策的需求；只有更好地找到智库产品的"点"，才能促进高校智库可持续健康发展。

（二）地方高校智库明确自身定位

学校类型代表了学校的层级和所获取的资源，以及学校的美誉度和影响力，不同的学校层次为高校智库的发展提供了不同的资源和平台，因此高校智库应明确自身定位，立足于本地区的经济、社会发展状况，结合自身优势，打造适宜自身发展的道路。高校智库在整合高校功能、发挥智库作用时，应聚焦智库的本质属性和基本特质，把高校的属性与智库的属性有机结合起来，明确发展定位。发挥高校优势，可通过“向内挖掘”和“向外延伸”来实现。“向内挖掘”是指，发挥高校多样学科、多元人才、扎实基础研究和优良环境的优势，突破传统的单位拥有人、财、物的科研模式，汇聚各协同创新主体和各方优势资源，构建以“任务管理制”为主导的协同创新组织模式，在整合现有组织、人才、信息资源、经费和人力等基础上，建立健全平台共用、成果共享与风险分担的新型机制，使高校人、财、物、信息等资源得以优化配置，为智库发展所用。“向外延伸”是指，基于高校现有资源，结合地区经济社会发展，探索“以点带面”的合作建设模式，以与政界部门、企业事业单位、国外机构合作共建的研究组织为“点”，以政界和各行业委托决策咨询项目为“链”，经过长时间的积累沉淀，形成特色鲜明的研究领域，打造具有集聚优势的学科群，以对接国家和区域重大发展的“面”。

（三）优化高校智库运行机制

在内部机制建设和平台推广方面，要健全激励保障机制，激活高校智库交流的动力。设立交流专项基金，配套相应的激励机制，促进机构顺利开展交流活动。同时，高校智库也可针对研究人员制定类似的保障机制，通过每个人的努力，实现整体的提升。健全考核监督机制，推进交流活动持续进行。把交流的效果作为评价高校智库水平和研究人才能力的一个指标，并提供及时的反馈意见，不断提升交流的成效，保障活动长久开展。探索建立围绕任务和项目要求的人才柔性流动运行机制，建立吸引和集聚国内外一流人才的政策环境和管理模式，吸引高层次专家“驻库”研究，实施哲学社会科学“走出去”计划，推动智库人才和成果“走出去”，逐步提升高校智库的国际知名度。而交流和传播平台是高校智库吸收各方优秀成果、实现功能的支撑，随着国际化进程的推进，影响决策的因素错综复杂，对于高校智库而言，当务之急是搭建国际交流平台。首先，高校智库可依托高校已有的国际化优势，借力而行，与国外相关机构建立长期的联系，形成相互合作交流的平台。其次，高校智库理应主动拓宽国际视野，提高国际水准。如主动研究国际前瞻性问题，提高国际影响力，抢占国际话语权；积极响应国际需求，面对国外机构抛出的合作橄榄枝，高校智库应该抓住这些机会，提升对外业务能力。再次，为使高校智库的国际交流持续进行，有必要加大资金投入，优化管理制度，使平台走向正规化和长期化。

总之，高校智库要充分发挥大学人才集聚、学科资源雄厚和对外交流平台完善等综合优势，立足于国家现阶段发展形势，展开智库建设工作，充分激发高等院校在政策决策中的多重作用。

第四章　地方高校智库特色化创新发展研究

——基于浙江师范大学非洲研究院的个案研究

第一节　非洲研究院特色化创新发展的背景

新时代中非合作全面升级，为非洲研究高端智库建设提供了重大战略机遇，打开了“政策之窗”。中非合作与发展的知识诉求，亟须以学科建设为本体，延伸当代中国发展知识的价值链。为此，新形势下，浙江师范大学非洲研究院积极探索中国特色新型高校智库的组织形式和管理方式，立足知识供给，以解决中非双方面临的重大发展问题为导向，深入开展基础理论与应用对策研究，通过体制机制创新实现由传统科研机构向现代型国家智库的转型升级，是地方高校智库特色化创新发展的一个典范。

一、发展同非洲国家的友好合作是新时代中国政府的战略选择

近年来，随着中非关系全面升级，非洲研究日益为国家所倚重，非洲研究迎来了发展的新时期。2017 年 5 月 14 日，国家主席习近平在“一带一路”国际合作高峰论坛开幕式发表主旨演讲，将非洲定位为“一带一路”建设的重要地区；同时强调“发挥智库作用，建设好智库联盟和合作网络”。“一带一路”国家倡议的创立，就是要将中国发展的知识、经验、

思想，拓展到亚非国家和“一带一路”国家的一种努力。2018 年 9 月 3 日，习近平主席在“中非合作论坛北京峰会”开幕式上《携手共命运 同心促发展》的主旨讲话中指出，中国愿以打造新时代更加紧密的中非命运共同体为指引，在推进中非“十大合作计划”基础上，实施中非“八大行动”倡议，同非洲国家密切配合，携手打造责任共担、合作共赢、幸福共享、文化共兴、安全共筑、和谐共生的中非命运共同体。① 习近平主席在 2019 年 4 月 9 日中国非洲研究院正式成立之际的贺信中指出，随着中非合作的日益深入，急需一门中国的非洲学。中国非洲研究正处在大发展大繁荣的“黄金时代”，希望中国非洲研究院汇聚中非学术智库资源，为促进中非关系发展、构建人类命运共同体贡献力量。新时代中非合作全面升级，为非洲研究高端智库建设提供了重大战略机遇，非洲研究的“政策之窗”已经打开。

二、延伸当代中国发展知识的价值链对于中非合作意义重大

改革开放 40 多年来，中国减贫成就卓著，全球大概有 12 亿摆脱贫穷的人口中，中国贡献的是 80% 左右。现在全球大约还有 10 亿的贫困人口，在这些绝对贫困的 10 亿人口中有大概 50% ~60% 在非洲，非洲贫困人口相当集中。这也是今天中国哲学社会科学面临的最大的两个问题：一个是中国之问，一个是非洲之问。“中国之问”需要回答中国经济是怎样发展起来的；“非洲之问”需要回答非洲的经济能不能发展起来。今天的中国学者，有责任将这两个问题联系起来，阐释清楚中非合作有助于帮助非洲摆脱贫困问题，并最终有助于推动非洲和中国互学互鉴、共赢发展。然而，当今关于这方面的知识供给严重不足，急需从中国改革开放 40 多年成功实践中总结经验、理论与智慧，延伸当代中国发展知识的价值链。这正是世界的盼望，中国的担当。发展知识如何总结提炼，如何对接共享，应

① 习近平．携手共命运 同心促发展——在 2018 年中非合作论坛北京峰会开幕式上的主旨讲话［EB/OL］. http: //www. xinhuanet. com//politics/2018 -09/03/c_ 1123373881. htm.

该是中国哲学社科研究的历史使命和重要责任，作为占据80%人文社会科学、哲学社科研究力量的高校智库，是责无旁贷的基础性力量。中非合作与发展的知识诉求，亟须以学科建设为本体，一是建构“中国的非洲学”，二是与广大非洲国家合作，鼓励和支持非洲学者建构“非洲的中国学”，从而形塑有中国特色、能够在中非之间共享共融的非洲知识和学科体系，这是当前中国学者和非洲学者双方共同的时代使命，也是浙江师范大学非洲研究院建院十多年以来一直坚守并持续推进的一项基础性工作。

三、非洲研究院是地方高校智库特色化创新发展的一个典范

浙江师范大学非洲研究院是非省会城市的地方高校科研机构，位于浙江金华，是在教育部、外交部支持下于2007年9月1日成立的中国高校首个综合性、实体性非洲研究院。十多年来，研究院秉承“非洲情怀、中国特色、全球视野”[①] 的办院理念，紧密结合国家提出的“国家急需、世界一流、制度先进、贡献突出”的高校智库建设要求，按照国家级智库建设标准，通过体制机制创新实现由传统科研机构向现代型国家智库的转型升级。研究院围绕国家发展大局与中非合作大势，以解决中非双方面临的重大发展问题为导向，以“当代非洲发展问题”与“新时期中非合作关系”为重点研究领域，扎根中国和非洲大地，深入开展基础理论与应用对策研究；主动对接国家对非战略需求，充分发挥战略研究、政策咨询、人才培养、舆论引导、公共外交等智库职能，积极探索中国特色新型高校智库的组织形式和管理方式，聚焦知识供给和学科建设、团队建设和人才培养、智库服务面向、平台和媒介传播、中非合作交流等内容；创新发展“学科建设为本体、智库服务为功用、媒体传播为手段、扎根非洲为前提、国际（中非）合作为路径”五位一体，协同推进中国非洲学的理论建设与实践探索。非洲研究院服务定位清晰，已成为有广泛影响力的中国非洲研究机

① 非洲情怀是指对非洲大陆怀有赏爱之情并以非洲研究为人生事业；中国特色是指站在中华文化厚重土壤上追求非洲研究的中国特色；全球视野是指以开阔的全球视野来认知把握中非关系与非洲问题。

构与国家对非事务智库，在组织机构建设、人才团队建设、学科建设、媒体平台传播、国际交流合作等领域，取得了不凡的成绩，堪称国内非洲研究的知名高校智库。

第二节 非洲研究院组织机构建设

非洲研究院是在教育部、外交部支持下于2007年成立的中国高校首个研究非洲的综合性科研机构，是国内率先建立的一个高起点、国际化、结构合理、设置有序的实体性非洲研究机构，是在地方高校设置的一个有广泛影响力的国家对非事务智库。

一、实体性组织机构的构成

非洲研究院是学校直属、正处级建制的实体性学术研究机构，单独设立院行政办公室、科研管理与国际合作办公室（2014年12月在原科研办公室基础上整合管理功能而成立）、非洲研究图书资料中心三个管理机构。研究院设有院学术委员会、院务委员会等机构。非洲研究院下设非洲政治与国际关系、非洲经济、非洲教育、非洲历史文化四个研究所。

研究院创办有“中非智库论坛”，建有国内高校首个非洲博物馆（以非洲文明为主题的综合性博物馆）、非洲翻译馆、非洲图书资料中心与非洲特色数据库、非洲图书资料信息中心（拥有涉非研究藏书9000余册，其中原版外文藏书7000余册）。设有《非洲研究文库》《非洲地区发展报告》《非洲研究》编辑室。自2009年以来，研究院成立了中非合作论坛研究中心、非洲艺术研究中心、非洲地理研究中心、非洲体育、法律、语言、影视研究中心等分机构，以及尼日利亚、埃及研究中心、非洲法语国家研究中心等区域国别研究机构。与十余个非洲国家的大学建有合作关系，并在喀麦隆、莫桑比克、坦桑尼亚建有孔子学院和海外研究基地。

研究院所在的浙江师范大学，将非洲研究智库建设与协同创新列为“一把手工程”，由学校统一建立、完善与国家级高校新型智库和协同创新中心相匹配的组织架构，充实、完善领导小组、工作小组、学术委员会、理事会等机构。校党委书记、校长担任非洲研究学科建设委员会主任，非洲研究学科建设领导小组在推动研究院建设过程中的职能和作用，不断得到强化和发挥。

二、学术性组织机构的创新

研究院的建院理念与治学精神独特，领导班子、专职科研团队、行政团队稳定，具备良好的办公室环境与经费支持。2019 年 4 月 17 日，非洲研究院召开《浙江省新型智库建设管理办法（试行）》专题学习会，非洲研究院党总支书记王珩教授表示，作为学术性组织机构，非洲研究院将进一步创新机制体制，成立非洲研究智库理事会和学术委员会，重点开展智库建设规划、重大重点研究课题等决策咨询活动，完善提升媒体合作、学术交流、人才引进与培育、智库与党政部门对接、奖惩激励等内部管理和运行机制，从而更好地发挥咨政建言、舆论引导、社会服务、公共外交、人才培养等智库功能。

研究院创始人刘鸿武院长认为，“铁打的营盘流水的兵”，只有建成一个实体性科研机构，“先筑巢再引凤”“立好四梁八柱，以图长效发展”，发展才能保持可持续性，综合平台的创新优势才能够显现出来。经过十多年的发展，研究院团队不断壮大，学科建设持续发力，学科规划务实推进，经费资助稳定增长，逐渐成为国内非洲研究的组织者和推进者。非洲研究院连续三年入选美国宾夕法尼亚大学《全球智库报告》“最佳区域研究中心”，是国家对非专业智库的重要力量。

当前，非洲研究院已成为有广泛影响力的中国非洲研究机构与国家对非事务智库，成为国内首个拥有非洲研究“长江学者”特聘教授的学术机构，是教育部首批“黄大年式教师团队”、教育部区域和国别研究基地、教育部浙江师范大学中国南非人文交流研究中心、外交部“中非联合研究交流计划指导委员会指导单位”和“中非智库 10 + 10 合作伙伴计划”中方智库、教育部“中非高校 20 + 20 合作计划”单位、浙江省 2011 协同创新中心、浙江省新型专业智库、浙江省首批新型重点专业智库、浙江省哲学社会科学重点研究基地。

第三节　非洲研究院研究团队建设

人才资源是高校智库建设中的首要资源，中非国际合作首先是人才培养的交流合作。目前国内高校智库建设面临普遍的问题是，智库影响力不高，特别是缺乏能够在“中西两个文化平台上自由行走”（刘鸿武语）的大学者、大专家，缺乏相对稳定的高水平专业团队，从而大大限制了高校智库国际影响力的提升。高校智库应首先发挥人才聚集的先发优势，加强人才队伍建设。非洲研究院重视人才梯队建设，在刘鸿武院长的带领下，培养起了一支热爱非洲研究事业的专职科研与管理队伍。非洲研究院现在已经荣获“全国高校黄大年式教师团队”称号。

一、领军人物引领人才梯队建设

智库领军人物在一流智库建设中发挥核心作用。领军人物特有的胸怀和视野、理念和思想、知识结构、学术声望、经验阅历、资源网络、运营能力等因素，对于一流高校智库的可持续发展至关重要。

刘鸿武院长是浙江师范大学非洲研究院的创始院长，是具有国际影响力的中国非洲研究学者，是我国外交部中非联合研究交流计划指导委员会委员、商务部专家咨询委员会国际投资专家、教育部“长江学者”特聘教授。作为当代中国非洲研究事业的重要组织者和推动者，因他在非洲研究领域贡献突出，被荣获中非人民友好协会授予的“中非友好贡献奖”，当选为“感动非洲的十位中国人”。刘鸿武是浙江省特级专家、浙江师范大学校学术委员会副主任，博士生导师，享受国务院特殊津贴专家，浙江省钱江学者特聘教授，国家社科基金学科规划评审组专家，达沃斯世界经济论坛非洲议程理事，中联部金砖国家智库联盟中方理事，教育部区域国别研究重点基地非洲研究中心主任，浙江省哲学社会科学重点基地非洲研究中心主任，中国亚非学会、中国非洲问题研究会副会长，中国非洲人民友好协会理事。刘鸿武院长还是国家社会科学基金重大项目首席专家、教育部哲学社会科学研究重大课题攻关项目首席专家、教育部教学指导委员会（政治学类专业）委员。刘鸿武兼任云南大学非洲研究中心学会委员会主任和国际关系专业、世界史专业博士生导师。

刘鸿武教授自2007年创立非洲研究院并任院长和学科带头人以来，在非洲学术研究、学科建设、基地建设、智库建设、人才培养、人文交流、资政建言方面做出了一系列具有原创意义的重要贡献，策划并主编《浙江师范大学非洲研究文库》《非洲地区发展报告》《非洲研究》等品牌出版物，筹建成立中非智库论坛、非洲博物馆、非洲翻译馆，主持完成国家社科基金重大项目、教育部哲学社会科学重大攻关项目、外交部和商务部等重大项目十多项，出版《非洲学发凡：实践与思考六十问》《从中国边疆到非洲大陆》《新时期中非合作关系研究》等个人专著、教材20余部，总策划并主编出版《浙江师范大学非洲研究文库》近百卷，在《世界政治与经济》《西亚非洲》《国际政治研究》《国际问题研究》等刊物发表论文100多篇。成果曾获全国高校国家级教学成果奖二等奖一项，国家级精品课程一门，全国高校优秀教材奖二等奖一项，省教学成果奖一等奖两项。2009年因在非洲研究领域的突出贡献，荣获中非人民友好协会授予的“中非友好贡献奖”，当选“感动非洲的十位中国人”。2013年成为国内首个非洲研究领域的教育部长江学者特聘教授，2017年成为享受国务院特殊津贴专家，2018年入选浙江省特级专家。

刘鸿武院长作为国内非洲研究的顶级专家，连续两届受邀出席2017年、2019年“一带一路”国际合作高峰论坛智库分论坛，该论坛由中共中央宣传部主办。是全国唯一连续两次受邀参会的非洲研究智库负责人。这同时表明，非洲研究院已跻身国家服务对非合作和“一带一路”倡议的一流智库，受到中央部委的高度关注。

值得一提的是，2018年，刘鸿武教授入选教育部高等学校教学指导委员会（2018—2022）（简称“教指委”[①]）政治学类专业委员会委员。“教指委”是人才培养的最权威、最高级别专家组织，具有非常设学术机构的性质，接受教育部的委托，开展高等学校本科教学的研究、咨询、指导、评估、服务等工作。在我国高等教育改革发展进程中扮演着重要角色，发挥了非常关键的研究、咨询、指导和推动改革等方面作用。此次刘鸿武院长入选教育部教学指导委员会（政治学类专业）委员，充分表明了刘鸿武院长创建的“中国特色、中国风格、中国气派”的“非洲学”学科建设体系和人才培养体系获得了广泛认可，整体体现了学校在以“非洲研究”为特色的政治学专业领域的教育教学和人才培养方面所取得的突出成绩，将全面推动非洲研究院所在的浙江师范大学“政治学”一流学科（A类）建设，并为学校非洲研究专业智库建设提供有力的学科支撑。

2014年以来，非洲研究院共引进外籍教师6人（其中国家高端外国专家项目1人）、青年博士8人。目前，非洲研究院共有专职科研人员31人，其中教授4人，副教授16人。五年间，人才梯队逐渐形成。一人入选教育部长江学者特聘教授；一人入选浙江省特级专家；一人入选省“之江青年社科学者”；一人入选省中青年学科带头人；一人入选省151第三层次人才工程；一人赴埃塞俄比亚担任中国驻非盟使团外交官；一人赴中国驻坦桑尼亚使馆担任一等秘书工作；一人获浙江省政府外国专家西湖友谊奖；非洲研究团队荣获2016年“中国侨界（创新团队）贡献奖”，系浙江省六个获奖创新团队之一；2018年荣获教育部首批黄大年式教师团队。

二、“非洲学”四位一体人才培养体系

一流学者到了哪里，人才团队和学科就会聚焦在哪里。非洲研究院建

① 教学指导委员会是教育部聘请并领导的专家组织，每届任期五年，其主要任务包括：（一）组织和开展本科教学领域的理论与实践研究。（二）就高等学校的专业建设、教材建设、课程建设、教学实验室建设和教学改革等工作向教育部提出咨询意见和建议。（三）制订专业规范或教学质量标准。（四）承担有关本科教学评估以及本科专业设置的咨询工作。（五）组织教师培训、学术研讨和信息交流，开展国际交流等。（六）承担教育部委托的其他任务。

院伊始，刘鸿武教授就将团队建设和学科作为建院之本，着力组建和培养一流人才团队。他开阔视野，广纳贤才，根据年轻博士不同的专业背景，为他们拟定了研究领域、区域和国别、课题方向，并为他们设定一个个不同发展阶段的“小目标”：“找准奋斗的方向，翻译一本相关外文书籍，深入要研究的区域与国别，申请一项国家社科基金，出版一部专著，完成一项有影响的咨询报告，在非洲研究院大平台上建一个自己的小学科平台，积十年之功成为一个优秀的非洲研究者等。”[①] 经过十年的努力和探索，基本形成了“四位一体，协同创新”[②] 的人才培养模式，培养了一大批涉非事务的人才。目前，这支年轻的非洲研究智库团队在战略研究、政策建议、舆论引导、公共外交等方面崭露头角。

（一）以“非洲学”智库功能育人

非洲研究院作为我国对非外交战略智库，自建院以来，产生了系列影响较大的各种形式的智库成果，包括专著、论文、译著、咨询报告等。一批富有非洲情怀、学有专攻的年青学者，在智库服务国家对非事务的大舞台上，立足各自的研究专长，积极参与到各种研究和咨询活动中，深度阅读和分析时政，频繁接受中外媒体采访，积极引导公共舆论，在自己的特色研究平台上快速成长起来，开创出研究院分合有序、协同创新的喜人局面。此外，研究院还成长起一支经验丰富的科研智库运营队伍，举办了近百场国际、国内学术研讨会，参与了“一带一路”国际合作高峰论坛、金砖国家大学校长论坛、金砖国家智库合作中方理事会等国际学术会议，促进了公共外交，建成了国内首个中非联合研究交流计划网站暨非洲研究特色资源数据库，为政府、企业、社会提供了及时的信息服务。研究院团队在参与研究院建设过程中，提升了思想，开阔了视野，增长了知识，锻炼了能力，被誉为“国家信得过，部委离不开”的有战斗力的团队，可随时应国家召唤承办大型学术外交活动并优质完成任务。

---

① 高毅哲、蒋亦丰、刘鸿武．逐梦非洲［N］．中国教育报，2019－03－28.

② 王珩．高校智库建设的理论范式和实践创新［M］．北京：世界知识出版社，2017：224.

（二）以“非洲学”特色课程育人

研究院成立之初，立足“当代非洲发展问题”和“中非发展合作”两大重点方向，基于跨学科协同攻关重大发展问题的视野，广招政治学、经济学、教育学、历史学、人类学、社会学、民族学，甚至影视传播学等跨学科博士入职，并针对非洲学特殊要求，提出并实施青年教师发展“四定原则”（定领域、定地域、定国别、定专题）和“十年‘十个一’职业计划”等务实举措，为青年人指方向、扶上马，送一程。2011 年设立全国第一个“非洲学”硕士点，2015 年设立“非洲教育与社会发展”二级交叉学科博士点，形成了完整的“非洲学课程体系”。该课程体系以培养从事非洲研究和非洲实务人才，促进对非研究，加强对外交流为目标；以原创教材、非洲研究文库为内容，形成非洲学教学与课程案例、精品课程；以“非洲情怀、中国特色、全球视野”为课程特色，着力体现中国气派、中国风格和中国自信的学科特点。非洲研究院率先建成“非洲学”本硕博一贯的人才体系，开设非洲学相关课程 34 门，编写相关教材 62 部，覆盖本硕博三个培养层次的课程体系，其核心课程包括非洲学导论、非洲史概论、非洲高等教育国别研究等。研究院通过特色课程建设着力做强“非洲学”学科团队，将研究院做成培养非洲的“中国通”和中国的“非洲通”的高端人才培养基地。

表 4－1　浙江师范大学“非洲学”核心课程一览表

序号	课程名称	序号	课程名称
1	非洲学导论	13	非洲研究方法与文献
2	非洲政治和国际关系	14	非洲研究著作导读
3	非洲国别政治	15	国际政治理论与方法
4	非洲史概论	16	中外政治制度比较
5	非洲国际组织	17	非洲高等教育国别研究
6	中非关系导论	18	非洲教育发展专题
7	非洲教育通论	19	非洲人力资源与培训
8	非洲文化与发展	20	非洲教育国别研究
9	非洲民族与宗教	21	非洲史研究动态

续表

序号	课程名称	序号	课程名称
10	非洲经济与社会	22	非洲思想史专题
11	非洲社会史研究	23	非洲国别史专题
12	非洲小语种与文化	24	非洲国别与区域关系专题

资料来源：王珩：高校智库建设的理论范式和实践创新，世界知识出版社，2017年9月版，第225页。

（三）以“非洲学”科研成果育人

学科是智库产出高质量产品和影响力的基础，而人才团队建设是关键。非洲研究相比其他传统学科还处于相对边缘位置，加大人才培养力度，为非洲研究的学科建设和学术研究持续输送、培养人才是重中之重。非洲研究院依托浙江省哲学社会科学重点研究基地非洲研究中心，深入开展基础理论研究和应用研究。迄今团队核心成员均有赴非学习调研经历，在实地研究中发现问题，凝练课题，用比较的视野进行基于问题导向、基于跨学科导向、基于应用导向的高层次、高质量研究，成了名副其实的非洲研究“国家队”。迄今浙江师范大学非洲研究院已累计承担国家社科基金重大招标项目国家级研究项目19项，是国内各类科研机构中承担非洲研究国家社会科学基金项目最多的研究机构，成为一支名副其实的承担大量非洲研究课题的国家级团队。

（四）以“非洲学”协同平台育人

研究院围绕学科建设，着力在具体操作层面，协同国内外、校内外各种优势资源，积极搭建、协调沟通平台，优化人才团队建设。一是在培养本国人才上下功夫，以人才培养为基点，建立一套完整的中国教育走出去、服务高校建构人类命运共同体的“区域国别学”学科体系、学位体系、课程体系、师资体系，设立特色学科和学位点，在若干关键区域，建立类似非洲学、中东学、拉美学的博士点。人才培养与国家新近建立的“中国国际发展知识中心”的战略相呼应，建构积累、研究、传播中国发展知识进入对外传播教育体系的学科学位点体系、知识传播平台体系。二是在对外人才培养上下功夫，设立针对发展中国家高端人才来华的制度，类似“发展中国家来华千人”计划；重视利用发展中国家的优质资源，特别是人才资源，加大吸收来自发展中国家包括非洲国家的优秀人才；尝试筹建面向发展中国家的中国国际化大学，如“中国非洲大学”，尝试中国母校、非洲分校模式，非洲本土模式，孔子学院升级模式，校企合作模式等，着眼长远与战略目标，满足不同国家的人才培养需求。正如刘鸿武院长在济南大学教育部国别和区域研究中心高层论坛上的讲话中所强调的，非洲研究院要注重非洲本土学者的培养。

要注重招收非洲留学生。如果现在已经有了非洲留学生，那么这一批留学生可以作为非洲研究的一个很好的基础。同时可以考虑明后两年聘请在中国拿到博士学位的、掌握汉语很好的、来自非洲国家的科研人员。因为他们来自非洲，又在中国拿到学位，通过他们来研究非洲，是一个非常好的中非合作沟通的桥梁。

——2018 年 1 月 5 日，刘鸿武院长在济南大学教育部国别和区域研究中心高层论坛上的讲话

目前，非洲研究院在读博士生 10 人（含留学生三人），硕士研究生 80 人（含留学生 11 人）。五年间，累计培养硕士研究生 100 余人。人才培养项目“服务国家战略的非洲学人才培养实践创新与理论探索”2016 年获浙江省教育教学成果一等奖。

激发科研人员参与智库建设的内生动力，关键是要优化智库评价机制。为此，正如刘鸿武院长所言：

学校的考核、奖惩要有特殊的政策。因为做非洲研究是很困难的，绝大多数老师从他研究的其他领域要转过来研究非洲，成本比较高。如果学校没有特别政策，他是不会转向的，他或许有愿望但风险很大，那么学校科研处、社科处、财务处、教务处要联合出台一个把非洲研究作为特色研究领域的特殊倾斜政策，只要在非洲领域，课题出了成果要比同等情况下的其他的领域给予更高的支持。这样其他老师也愿意转过来做非洲研究。学校新进的很多博士，这些老师进来后绝大多数是没有研究方向的，他们

也在学术徘徊当中，引导这批博士转到学校重点发展的领域上来，和国家发展战略结合。通过设置课题，给予奖励，还有派到非洲国家联合培养的方式，若干年以后就有一批老师转向这个方向来。从而形成一个专兼职结合，校内校外结合，核心团队和边缘团队相结合的一个平台，人才团队最终能够得到更好的发展。

——2018 年 1 月 5 日，刘鸿武院长在济南大学教育部国别和区域研究中心高层论坛上的讲话

第四节　非洲研究院学科建设

进入新时代的中国，中非交往合作快速发展，需要知识与思想的自主性成长与战略引领，中国特色新型智库建设势在必行。

中国的非洲研究肇始于 20 世纪中叶，作为当代中国知识结构变化的一个特殊窗口，中国对非洲的认识和研究积累了许多自身的经验与成果，面临新时期的机遇与挑战，同时面临着新问题、新挑战和新需求。而解答新问题、应对新挑战、满足新需求，必然需要发挥好高校的知识生产和学术研究功能，通过知识创造和理论创新，主动服务中非交流合作之大局。在积极开展学术性基础研究的同时，浙江师范大学非洲研究院主动地融入和服务国家对非外交战略，努力由传统学术机构向现代型国家思想和战略智库的方向转型。

习近平总书记在 2016 年 5 月出席“全国哲学社会科学工作座谈会”时指出：“现在，我国哲学社会科学学科体系已基本确立，但还存在一些亟待解决的问题。”他把这些问题归纳为三个方面：一是一些学科设置同社会发展联系不够紧密，二是学科体系不够健全，三是新兴学科、交叉学科建设比较薄弱。针对这些问题，他提出的解决办法是四个步骤，一是要突出优势，二是要拓展领域，三是要补齐短板，四是完善体系。他特别强调提出：“要加快发展具有重要现实意义的新兴学科和交叉学科，使这些

学科研究成为我国哲学社会科学的重要突破点。”①

教育部印发的《中国特色新型高校智库建设推进计划》提出，要发挥高校学科门类齐全的优势，围绕重大现实问题，开展多学科的综合研究，建立多学科交叉的协作机制。学科建设和智库建设关系密切，一流的学科是一流智库建设的基础，学科支撑和孕育智库，反过来，一流智库的研究又可以反哺和促进一流学科发展。二者的良性互动是建设一流大学的重要前提。浙江师范大学“非洲学”学科建设与智库建设相互促进，互为依托，前者为后者奠定了扎实的学术根基，后者为前者提供了很好的应用平台。

一、“非洲学”学科特色发展

学科既是人类认知客观世界的知识体系的基本构成要素，也是高等学校进行人才培养与科学研究的基本组织形式。高等学校的基本组成单元就是基于学科的二级院系。非洲学可作广义和狭义两种理解。“广义上的非洲研究，包括所有以非洲这块大陆为研究对象的知识、思想、理论的研究，包括人文科学、社会科学、自然科学、工程技术等各学科领域的非洲问题研究。狭义上的非洲研究，主要是指以非洲大陆的文明进程及当代政治经济发展问题为核心内容的研究，主要包括从人文科学、社会科学层面开展的非洲研究”②，狭义上的非洲学科建设，比较明显地体现出问题导向、跨学科、应用导向的基本特征。从目前情况看，一个研究者在涉足非洲问题研究领域时，往往已经难于明确地界定自己的学科属性，或简单地划定自己的学科边界与知识范畴了。可以说，今日推进非洲学这种综合交叉性学科的创新发展，正提供了打破以往那些学科界限壁垒而去沟通连接不同知识体系的机会与可能，也应该对今日中国社会科学的创新发展产生积极的影响。

---

① 习近平．在哲学社会科学工作座谈会上的讲话［EB/OL］．http：//politics. people. com. cn/n1/2016/0518/c1024 - 28361421. html，2016 - 05 - 25。)

② 刘鸿武．非洲研究大有可为［N］．人民日报，2019 - 06 - 10（9）．

非洲学科建设对于中国与非洲的合作与互信具有特殊战略意义。非洲是中国撬动与西方关系的战略支点、是中国塑造新国家身份的特殊场所，是中国建构人类命运共同体的最佳平台。中国对于非洲而言是摆脱西方支配宿命的机会、是非洲发展路径的另一种选择、是提升全球战略地位的抓手、是非洲发展重获信心的平台。今日非洲大陆所有的政治、经济、安全、民族问题，本质上都与发展问题相关联。因此，需要形成一门以发展为核心理念、以发展为核心宗旨的新兴学科“中国的非洲学”，来对非洲的共同问题、基本问题进行整体把握，形成可以说明、解释并有助于非洲大陆现实需要的知识体系与思想体系。

非洲研究是浙江师范大学建设的品牌学科。研究院在立足学科优势、找准服务定位的基础上，优化非洲研究学科设置，坚持特色发展。非洲研究的蓬勃发展建立在浙江师范大学长期进行对非教育交流与合作的外事基础之上，为进一步拓展非洲学研究，更好地服务国家对非洲外交，在非洲教育研究中心基础上，2007 年 9 月浙江师范大学与中国教育国际交流协会共同创办了国内高校第一个综合性非洲研究院。近些年来，知识的社会应用价值逐渐得到重视，这在我国学科评估制度中有所体现，“例如全国第四轮学科评估采用开放式的‘代表性案例’等方式，以学科‘社会服务贡献’的指标引导各学科关注其对国家和地区经济社会发展的实际影响。”① 非洲研究院学科建设立足服务于中国和非洲发展战略大局，聚焦“非洲发展问题”和“中非发展合作”两大命题，双向建构起“中国的非洲学”与“非洲的中国学”。

非洲学作为一门尚在探索中的综合性交叉学科，其课程体系依据有关一级学科对人才的培养要求，旨在建设有中国特色、中国风格、中国气派的“非洲学”学科体系，更好地服务于国家战略和浙江省区域经济社会发展，促进中非合作交流。非洲研究院从基础培训、非洲教育研究起步，以

① 侯定凯、朱红蕊：“相互妥协”或“相得益彰”？——反思高校智库与学科发展的关系［J］．高校教育管理，2019（1）．

人才队伍建设为抓手，努力搭建具有中国特色的“非洲学”知识体系。现拥有“非洲教育与社会发展”交叉学科博士点、“非洲学”交叉学科硕士点、“政治学”一级学科硕士点和“非洲教育”“非洲历史”二级学科硕士点。研究院推动学校建成对非经贸本科、对非汉语本科和专业硕士，逐渐构建了本硕博、留学生、培训生“三位一体”的“非洲学”学位体系，填补了我国非洲学学位点空白，通过学科建设，全面培养各层次的中国的“非洲通”和非洲的“中国通”。十多年来，研究院累计培养毕业研究生150多名，目前在读硕博研究生60多名。学校还是教育部、商务部、国家汉办对非多维人才培养基地。2017年5月，教育部副部长田学军在国新办新闻发布会上称誉非洲研究院建设成果是中国高校服务国家“一带一路”民心相通工程的典范，其创新举措具有“代表性、示范性、推广性”。①

非洲研究院智库建设基于学科建设，坚持需求导向与问题导向，突出非洲学科特色，发挥学科优势，以学科支撑智库，以智库促建学科，主动服务和融于国家发展战略。推进了“以学科建设为本体、智库服务为功用、媒体传播为手段、扎根非洲为前提、中非合作为路径”的“五位一体”协同创新，有力地推进了中国非洲学的理论建设与实践探索。

二、“非洲学”学科建设成效

非洲研究是浙江师范大学省重点大学建设的品牌学科，由校党委书记、校长直接担任学科建设委员会主任，由教育部“长江学者”特聘教授、浙江省“钱江学者”特聘教授、“中非友好贡献奖”获得者刘鸿武担任院长和学科带头人，拥有一支20多人的立志非洲研究事业的专职科研队伍与管理队伍。“非洲的许多问题都具有跨国境、综合联动的特点，因而

① 十年做成十大事——浙师大非洲研究院炼成“全国高校黄大年式教师团队”[EB/OL]. http://www.moe.gov.cn/jyb_xwfb/xw_zt/moe_357/jyzt_2018n/2018_zt02/zt1802_tdzs/201802/t20180209_327210.html.

非得有学科汇通与知识关联的眼光，非得有跨学科综合研究的能力不可。”① 围绕学科建设，研究院开展基础理论与应用对策研究，并获得了可喜的成果。

非洲学是一门综合性交叉学科，必须花大力编撰专业教科书，形成系统化教材。早在 1997 年，刘鸿武教授完成的《非洲文化史课程建设》获得国家教学成果二等奖。非洲研究院建院后，先后编撰出版著作类教材 30 多种，开发本硕博各层次非洲学基础课、主干课、选修课、通识课、小语种等 40 多门课程，是国内唯一开设出系统化非洲学课程的高校并积累了丰富教学实践。2016 年，《服务国家战略的非洲学人才培养理论创新与实践探索》获浙江省高等教育教学成果一等奖，“对非汉语教学”成果获得“全国研究生教育学会教学成果二等奖”。2019 年获得一项省研究生教学成果一等奖。

十多年来，研究院学科基础研究扎实推进，教育部重大攻关项目《新时期中非合作关系研究》等教育部人文社科项目，非洲研究院已经累计承担、主持、发布、招标各级各类课题数百项，这些课题研究大都围绕国家对非战略需求，按照问题导向、需求导向基本原则，主动融入和服务国家外交战略高端需求，积极承担国家对非事务咨询工作，积累产出了一系列具有填补空白或学术原创性的成果，并开始传播于国内外。其中刘鸿武所著《新时期中非合作关系研究》获浙江省哲社优秀成果一等奖，入选 2018 年国家社科基金中华学术外译项目。刘鸿武教授做客北京大学“费孝通讲堂”，在讲授《如何求学问道于非洲大陆》时谈到要关注打破旧有的学科界限、推进学科与知识融合的问题，他借如何推进国际关系学、国际政治学和区域国别研究与人类学、民族学、社会学的对话合作为例，提出了两大知识学科领域合作的四对八字箴言：仰望星空与扎根大地、家国情怀与

① 刘鸿武．发展研究与文化人类学：汇通与综合——关于非洲文化研究的一种新探索［J］．思想战线，1998（1）．

民间立场、经国济世与桑梓乡愁、江山万里与一叶知秋。[①]

十多年来，在非洲研究院所在的浙江师范大学内部，刘鸿武院长一直在致力于搭建跨学科协同创新平台，在学校各学院各学科之间架设桥梁，寻求学科特色发展的增长点，积极推动学科集群化建设，围绕非洲发展问题，致力于整合全校各学院各学科进行非洲研究。目前，非洲研究已呈整体化集群化推进形态，比如，学校地环学院、外国语学院、经管学院、中非商学院、法政学院、教育学院、数理学院、工学院、文传学院、美术学院、音乐学院、体育学院、初阳学院、儿童文学研究院等学院和研究机构围绕“非洲”这一核心主题词，开展相关研究，部分研究成果纳入“浙江师范大学非洲研究文库”出版。如地环学院非洲地理研究是学校学科建设协同创新的成功典例之一。学校地环学院承接《中国大百科全书（第三版）·非洲地理》编写工作，刘鸿武院长应邀参加了编撰启动会暨非洲地理学科建设研讨会，并做了《把握历史机遇 推进中非地理合作研究》的专题辅导报告。[②] 非洲研究院通过带动校内各学院开展非洲研究，除了跨学科建设全面开花之势外，一大批从事非洲研究的学术新人也快速成长起来。

第五节　非洲研究院智库平台建设

非洲研究院建院以来，注重一流智库建设的基础性发展资源和支撑条件，积极争取外部资源平台，搭建内部支撑平台，不断提升对非服务水平，为智库可持续发展提供了多元的实践载体和有力的制度保障。目前，研究院共建立中非智库论坛、中非媒体智库论坛、中英中法经济论坛、中国南非人文交流研究中心等24个科研平台，其中影响较大的有中非智库论坛和中国南非人文交流研究中心等。

---

① 刘鸿武教授做客北大“费孝通讲堂”讲授如何求学问道于非洲大陆［EB/OL］. http：//www. zjnu. edu. cn/_ t179/2017/1215/c3997a225333/page. htm.

② 刘鸿武院长为《中国大百科全书（第三版）·非洲地理》编撰启动会暨非洲地理学科建设研讨会作专题报告［EB/OL］. http：//ias. zjnu. cn/2019/0306/c6141a283126/page. htm

一、交流平台：中非智库论坛平台

非洲研究院创建的“中非智库论坛”，是中非交流的机制化对外平台。该平台以有效服务国家战略为初衷，提升中国对非事务学术话语权。早在2010年，研究院就配合国家外交重大活动赴非举办研讨会。2011年10月28日，非洲研究院在外交部支持下创办了中非智库论坛，迄今已成功举办了八届会议，被列入中非合作论坛框架下的中非民间人文交流对话固定机制，成为中非合作论坛框架下的常态机制、政府所倚重的民间智库，以及中非思想沟通交流的国际舞台。2012年该论坛被誉为“国际社会认知中非关系、理解中国对非战略结构与性质的重要平台”。2015年世界权威智库美国布鲁金斯学会刊文《中非智库论坛：中国拓展在非洲软实力》（China－Africa Think Tanks Forum：China broadens soft Power campaigns in Africa），详细报道了在南非行政首都茨瓦尼南非外交部国际会议中心召开的“中非智库论坛第四届会议”的情况，认为“中非智库论坛是中国扩大在非软实力及寻求在学术层面的影响力的一个很好实例”。第七届中非智库论坛更是2018中非合作论坛北京峰会的主要配套活动之一。

（一）中非智库论坛的基本框架①

中非智库论坛的指导单位是中非合作论坛中方后续行动委员会秘书处，支持单位是国家开发银行、中国人民外交学会和浙江省人民政府。非洲研究院是论坛秘书处常设单位。中非智库论坛每年举办一次，会议地点设在中国或非洲国家，同时根据实际情况开展小规模分会和专题研讨会。根据非洲形势发展和中非关系的热点焦点问题来确定每届会议议题。每届论坛根据会议议题，邀请国内主要涉非政府机构、学术单位、高校、企业代表等参加，同时争取选择合适的非洲相关组织和机构成为协同合作伙伴。中非智库论坛作为中非民间对话的机制安排，计划通过3－5年运作形成中非智库交流的国家级平台。

---

① 王珩．高校智库建设的理论范式和实践创新［M］．北京：世界知识出版社，2017：188.

（二）中非智库论坛的影响力

中非智库论坛目前已成功举办了七届，论坛自举办以来，有效汇集了当前国际国内非洲研究领域的新成果、新思想，唤起了各界人士开始关注非洲及中非关系；论坛最大限度地聚集了当前国内外涉非事务的学者、智库专家、政府要员等各界人士，为学者与政府官员、学界与政界、商界之间搭建起沟通信息的桥梁，畅通了研究与决策之间转化交流的通道；有效促进了中非智库之间的交流与合作，在国内外产生了广泛的影响，扩大了中国国际话语权、提升了中国文化软实力，受到国家领导人的高度关注和好评；中非智库论坛发挥了舆论引导的智库功能，为当前进一步推进更深层面的中非合作交流，起到了良好的宣传效果和社会影响；开创了协同创新的新模式，有效促进了中非民间学术交流和中非文化交流。

二、服务平台：中国南非人文交流研究中心

中国南非人文交流机制是2000教育部启动中外高级别人文交流机制以来的第七个中外人文交流机制，是中国与非洲建立的第一个人文交流机制，有力地推动了中非人文交流研究和务实合作。教育部国际司委托浙江师范大学和云南大学分别成立中国南非人文交流研究中心，为中国南非人文交流机制提供了有力的思想支撑和智力支持。①

浙江师范大学中国南非人文交流研究中心的建设定位是高级别中国南非人文交流机制的思想智库和战略研究中心。该中心依托非洲研究院的多学科综合交叉优势和非洲人才聚集优势，密切追踪中国和南非人文交流机制的发展需求，聚焦中国和南非人文交流的重大问题、重点问题，一方面进行基础性、战略性、前瞻性研究，夯实研究基础，提供新思想、新知识；另一方面，密切双方人员及部门的协同联动机制，倡导实地调研，瞄准问题，持续深入地进行田野研究、对策研究，尽快提出符合国家战略需求的研究报告，在政策建言、公共外交、人才培养和舆论引导方面，积极

① 王珩．高校智库建设的理论范式和实践创新［M］．北京：世界知识出版社，2017：196.

推动了中国与南非的人文交流。

三、专业平台：国别区域研究平台

研究院学科平台建设日益专业。非洲研究院已拥有国家对非研究的系列高端平台，是教育部区域国别研究基地、教育部中南人文交流研究中心、浙江省哲社重点研究基地、浙江省2011协同创新中心、教育部《非洲地区发展报告》《中南人文交流年度报告》编撰单位，设有《非洲研究文库》《非洲研究》《非洲研究智库专刊》编辑室等成果发布平台，及尼日利亚、埃及、南非、水资源、影视等区域国别研究中心，还推动校内各学院设立了非洲艺术、法律、教育、文学、经贸、地理、体育、交通、音乐、科技、汉推等十多个专业协同中心，形成了校内非洲学综合建设大平台，同时积极支持帮助国内各高校搭建非洲研究平台与机构，提供学科建设经验，推进非洲研究全国协同。

近五年来，非洲研究院相继成立了浙江师范大学非洲研究院中非影视研究中心、中非水文明研究中心、中国南非人文交流研究中心、埃及研究中心、尼日利亚研究中心、中国首个非洲人类学研究中心（注：该研究中心依托浙江师范大学非洲研究院的平台资源和学术团队，是非洲研究院内历史学、民族学、宗教学、教育学、影视学、政治学、经济学等多领域学科学者参与配合、多元交叉的研究团队）、东非区域国别研究中心等七个协同研究中心，协同创新平台更加专业化，国别区域研究和领域研究更加凸显[①]。研究院搭建起了支撑有力、服务多样的软硬件平台，成为引领国内非洲研究发展的重要协同机构。

近五年以来，非洲研究院省部级平台建设专业化趋势更加凸显。2016年以非洲学为特色“政治学”成为浙江省政治学（A类）一流学科；2017

① 浙师大非洲研究院．服务国家战略，建设一流智库：非洲研究院五年筑梦路［EB/OL］. https：//mp. weixin. qq. com/s？src = 11&timestamp = 1576567982&ver = 2039&signature = 5O * W0nRZzixd10kHcfKj - 3 * fAI5yLW8urO7J0I9HDITSNU6YhEz1basbBRKPywaJW - OM8xMBxXsDswG9dG - gDpXixgGdiAZgy * OYMMaEH3kPYGoNtypBjwL6i3NdXKaL&new = 1.

年教育部中国南非人文交流研究中心落户浙江师范大学非洲研究院；2018年非洲研究智库获批浙江省新型专业重点智库。

舆论引导和知识普及平台有助于提升高校智库的影响力。非洲研究院形成了一支能讲好中非合作故事、促进中非人文交往的舆论引导和知识普及队伍。建院以来，研究院科研人员深入非洲实地，结交当地人民，建立一流人脉。刘鸿武教授担任中宣部、国新办“讲好中国故事”专家，多次率团出访非洲，宣讲中国对非政策，每年还到国内各高校发表演讲十多场。2010 年创办国内首个综合性“非洲博物馆”，每年免费接待国内外参观者逾万人次，并在上海、宁波巡展，成为面向大众传播非洲文化的立体“教科书”。

智库网络平台建设有助于高校智库提升自身国际影响力。制作精良的外语网站是海外受众了解智库的最直接渠道，呈现了智库的发展现状、实时动态和最新成果等信息。在网站建设方面，浙江师范大学非洲研究院基于自己的办院定位，“非洲研究院网站开通了中文、英文、法文、豪萨文、斯瓦希里文五种文字，点击率已过 503 万人次，在非洲乃至欧美也有广泛影响力。”① 有利于面向国际提升智库产品的传播力和影响力。

平台协同是高校智库发展的助推力。高校智库不单是一个单一组织机构，必须要有一个协同的力量，所以它必须是一个命运的共同体。秉持协同发展理念，智库平台应首先协同起来。智库作为平台，需要不同研究领域和方向的教师参与进来，发挥不同学科的优势。平台一定要有更多合作机会和契机，大家应该固定时间开学术交流会议，让学生流动起来。针对当前平台协同发展面临的瓶颈问题，济南大学前沿交叉科学研究院刘宏院长在平台内部交流中曾经强调：

我找到咱们自己学校的教授，大家通常说的是“我没有做过”。新旧动能转换，其实就是做你没有做过的事情，没有做过我们才应该拼命学

① 王珩、刘鸿武．协同创新构建高校智库国际传播体系［EB/OL］．中国社会科学网，2019－11－18. http：//www. cssn. cn/gjgxx/gj_ tszk/201911/t20191118_ 5043961. html.

习。今天我们必须有能力去做协同，找到一个新的方法，做好战略转型与组织转型。

非常多的传统企业，在这一轮发展当中显得比较被动，就是因为传统企业不太能够打开边界跟别人去做合作。高校智库要应对这一问题，如果要与别人合作，最重要的是什么？就是谁专业，谁做得更好，谁就应该说了算。如果别人专业，别人做得更好，别人说了算的时候，其实你跟他结合在一起，价值才会更大，这被称之为机会协同。在今天如果能够真的因应这个时代的变化，影响组织绩效的来源是能够跟谁去做协同。

不同智库之间的协同一定要摒弃本位主义、零和博弈的思想，学校和科研单位相对封闭，合作的氛围不浓，有限资源因此反而用来重复建设。不少智库一谈合作抑或言不由衷，抑或满腹狐疑甚至心存芥蒂。深层次而言，这种思想观念问题需要进行根本性转变。

第六节　非洲研究院国际交流与合作

随着全球发展议题日益多样化，发展中国家迫切需要学习其他国家的成功经验，并将其转化为适用于本地减贫发展的具体措施。中国已成为最受非洲发展中国家关注的学习对象。中非协作包容、互学互鉴，不是单方面行为。中非合作对中国发展知识、发展理论的需求越来越凸显。各国国情相异，当把中国经验介绍给他国时，应结合具体国情，尊重各国合理关切。而这正是习近平主席一贯倡导的理念——中国“不是要营造自己的后花园，而是要建设各国共享的百花园”，在相互尊重的基础上共建共享，中国期待和各国携手走向共赢发展。①

一、人才交流合作机制常态化

非洲研究院建构并完善了扎根非洲的国际人才交流合作机制。建院伊

① 王斯敏、赵凡．做世界可持续发展的知识供给者——中国国际发展知识中心启动纪实［N］．光明日报．http：//news. gmw. cn/2017 －08/22/content_ 25757937. htm.

始，非洲研究院就走出象牙塔，虚心向非洲学习，拜非洲人为师。近年来，非洲研究院大力实施“非洲化”特色发展战略，通过各类渠道积极推进外国专家人才的引进工作。目前共有来自尼日利亚、南非、喀麦隆、索马里及马里的六名非洲籍专家学者在院全职工作。他们中绝大多数拥有长期在华工作和学习经历，近四年来共发表论文近百篇，接受媒体采访、在媒体发声50余次，为促进中非友好、深化中非合作做出了突出贡献。近日，浙江师范大学非洲研究院聘请南非国际关系与合作部欧美司原代理副总司长格特·约翰斯·格罗布勒（Gert Johannes Grobler）大使来院工作。[①] 格罗布勒大使作为非洲研究院聘请的高级研究员，为师生开设有关南非外交政策、南非外交史、非洲国际关系等方面的专题讲座，并承担国际政治与中非关系等领域的研究工作，有利于推进两国之间开展更多的学术、文化交流活动。目前，非洲研究院约九成的科研人员有三个月以上赴非进修访学经历，其中近半数科研人员有半年以上访学经历，两人通过旋转门赴我驻非使馆长期工作，有的长期在孔子学院挂职，获得对非深度体验。研究院还大力资助、派遣师生赴非调研、访学、参会143人次，非洲、欧美学者来院交流累计500余人次。十多年来对非交流和外事活动累计200多项，与非洲二十多所高校、科研机构签署人才联合培养、互派学者协议。

近五年来，非洲研究院不断拓展非洲合作领域，累计新增非洲国家科研、非洲国家智库合作单位15家，国际合作能力不断拓展。2018年6月，在省委书记车俊的见证下，非洲研究院南非分院挂牌成立，延长了非洲研究院海外研究的触角，是非洲研究院国际化战略尤其是非洲化战略的最具有影响的一大步。

二、举办大型国际学术会议

非洲研究院在国际会议上主动设置议题，建构概念，引导舆论走向，

---

① 非洲资深外交官格特·约翰斯·格罗布勒大使受邀来院工作［EB/OL］. http：//ias. zjnu. cn/2019/0304/c6141a282718/page. htm

学科建设在非影响力日益提升。围绕中非合作重大领域问题，在国内外主办、承办“中非智库论坛”“中非智库媒体论坛”“中非合作的新时代：和平、安全与发展合作伙伴关系”等国际研讨会33次（场），在国际社会充分解释中国发展经验、传播中国立场、讲好中国发展与中非合作故事，产生了广泛且积极的社会反响，充分发挥了学术公共外交的职能，国际影响力显著提升。

2017年6月，非盟总部主办了“中非减贫发展高端对话会暨中非智库论坛第六届会议”，王毅部长、非盟主席法基参加会议并发表主旨演讲。《人民日报》整版就会议成果进行报道。

2018年7月，在北京钓鱼台国宾馆成功举办“中非智库论坛第七届会议”。本次会议作为2018年中非合作论坛北京峰会的主要配套活动之一，围绕“改革开放与中非关系”这一重要议题进行深入广泛的研讨，得到了广泛的关注，包括来自埃塞俄比亚广播公司等非洲29个国家的重要媒体以及中国的中央电视台、人民日报社等媒体参加、报道会议。

2019年4月23日，第二届“一带一路”国际合作高峰论坛召开前夕，由浙江师范大学非洲研究院、达之路吉布提经济特区联合主办，浙江师范大学非洲研究院东非区域国别研究中心承办的“‘一带一路’与东非地区发展路径高端研讨会”在浙江金华举行。会议围绕“一带一路”与东非区域发展，就东非地区在“一带一路”倡议中的特殊地位以及中国和东非国家在教育合作、人文交流、智库沟通以及经贸往来等方面展开深入研讨。索马里国家规划、投资与经济发展部长哈桑阁下出席会议并发表主旨演讲。

中非合作在助推非洲发展进程中发挥了重要作用。中非合作论坛开创了非洲发展新纪元，非洲是中国“走出去”战略的重要区域。当下，中国大力支持非洲“三网一化”建设，积极推动“一带一路”建设同非洲发展更好对接，这必将为中非合作插上新的翅膀。2018年中非合作论坛北京峰会期间，非洲研究院中非籍科研人员积极参与相关工作，提供政策咨询、开展公共外交、引导媒体舆论，延伸知识思想价值链，发挥智库服务功能。

三、推动中非文化交流合作

非洲研究院建院十多年以来，坚持学以致用，努力推动中非文化交流合作，文化交流因惠及民间、扎根人心，更具有基础性、长远性作用。为此，非洲研究院努力推进中非文化交流，为中非政治互信和经贸合作提供活水源头。

（一）直接服务中南高级别人文交流机制会议

助力国家对非人文交流，直接服务中南高级别人文交流机制首次会议。2017 年 4 月 24 日，中南高级别人文交流机制首次会议在南非召开，刘延东出席会议并发表重要讲话，国家主席习近平、南非总统祖马向会议发去贺信。非洲研究院学术团队为该机制的预研、筹备、方案制订和落实提供了坚实的学术支撑和智力支持，承担了国家领导人在机制会议上的主旨讲话、贺信等材料的撰写工作，受到了教育部的认可和赞赏。教育部中国南非人文交流研究中心落户非洲研究院，为中国南非人文交流机制提供思想支持和智力支撑。

（二）尝试跨界影视获业界内外认可

学科、智库、传媒三位一体的智库建设发展格局初步形成，尝试跨界影视获业界内外认可。近年来，非洲研究院一直在探索创新影视传媒如何与时代需求接轨，满足中非合作发展大局和民间友好交流的道路。2017 年，由非洲研究院专事非洲影视研究的张勇博士、索马里学者和丹·阿布迪联合执导、制作了大型公共外交纪录片《我从非洲来》（英文名：Africans in Yiwu）。《我从非洲来》纪录片从经商、公益、婚姻、教育、美食、艺术六个主题，以国际化的视角和叙事方式讲述了在华非洲人融入中国创业发展的学习、工作与生活故事。自播出以来，《我从非洲来》纪录片在国内引起了很大的反响，先后荣获了 2017 中国网络影视“年度最佳纪录片奖”、浙江省广播电视政府奖对外传播“金鸽奖”一等奖、浙江省纪录片“丹桂奖”二等奖、中国高校影视学会“学院奖”等。该纪录片更是得到了国际影视界的高度认可，是国际化传播的生动实践，先后在坦桑尼亚桑给巴尔国际电影节、赞比亚卢萨卡国际电影节、索马里文化节、尼泊尔非洲电影节等国际电影节展播，先后登陆中央电视台中文国际频道（CCTV4）、四达时代（Star Times）、坦桑尼亚国家电视台（TBC）、赞比亚ABNTV，并在亚非电影交流的重要平台2018年度“尼泊尔非洲电影节”获得二等奖。在智库界，本纪录片获得了2017年中国智库索引最佳实践案例（CTTI—BPA）最佳活动奖一等奖。2018年，非洲研究院非洲影视中心第二部纪录片《重走坦赞铁路》由中非英三方学者合作拍摄，在北京峰会期间正式播出，是中国正式外交场合的民间延伸。该纪录片历时一年精心打磨，共形成国际、国内两个版本，将于近期和国内外观众见面。这两部纪录片以国际化的视角和民间化的叙事方式，分别讲述了非洲人在中国的故事以及中国人在非洲的故事，在业内外、国内外获得一致认可。

中非交流，影视为桥。在人文交流、民心相通重要性日益突出的今天，影视作为生动形象的文化窗口，对于推动不同民族、不同文化深入交流有着不可替代的重要作用。①

为整理国家民族百年奋斗的记忆，尤其是百年来中国人在海外奋斗的国家民族记忆，刘鸿武院长将推动在非洲研究院启动一个“中国海外（非洲）国家记忆工程纪录片拍摄计划”工作，支持非洲研究院的非洲影视研究中心通过扎根非洲，加强与国内外纪录片共同体的合作，组织实施相关新的纪录片系列拍摄项目。刘鸿武院长认为，中国的国家记忆不能局限于发生在本国的历史与现实，也应该包括发生在海外的中国人民与世界各国人民共同奋斗的“海外中国故事”，挖掘和记录这些发生过、发生着的中

① 非洲研究院坚持“学术研究与现实需求相结合”的学术导向，较早地开展了非洲影视研究与制作工作，并于2015年12月成立了中国首个非洲影视研究中心。3年多来，中心在张勇博士、和丹博士的领导下，各项工作扎实推进，先后获国家社科基金艺术项目1项，出版专著2部，在核心期刊发表论文13篇；在中国和坦桑尼亚连续举办了2届中非影视合作论坛，第三届中非影视合作论坛于2019年7月在喀麦隆举办。

国海外故事，尤其是在遥远非洲大陆的“中国非洲故事”，是时代赋予中国当代智库学者、影视者的崭新使命。①

在《中国对南南合作的贡献：案例与启示》报告中，刘鸿武教授系统总结了中国对非教育合作的三个方面：开展教育培训，培养非洲留学生，建设孔子学院。

1. 教育培训。浙江师范大学是教育部首批 4 个教育援外基地之一，2002 年至 2018 年，已承担 133 期对非洲教育援外短期培训项目，包括商务部项目 121 期，教育部项目 11 期，全国妇联、中联部项目 1 期。参训学员涉及非洲 52 个国家，总计达 3339 人次。

2. 培养非洲留学生。2015 年 12 月，中非合作论坛上宣布启动中非人文合作计划，每年组织非洲学者和青年到中国进修，以及培养新闻领域从业人员。中国政府将会为这些教育活动提供政府奖学金。正如津巴布韦信息广电部部长克里斯托佛·穆绍威所说：“派出去的大多数学生，有人成了优秀的工程师，有人成了优秀的金融家。人才遍布南非、纳米比亚、莫桑比克和整个非洲，有的还走出了非洲。”

3. 建设孔子学院。孔子学院是中外合作建立的非营利性教育机构，致力于增进世界各国人民对中国语言文化的了解。截至 2018 年 12 月 31 日，全球 154 个国家（地区）建立 548 所孔子学院和 1193 个孔子课堂。

刘鸿武针对地方高校智库知识生产及其能力建设目前存在的问题，特别提到：“无论是中国还是非洲，发展的都非常的快，我们现在储备的知识结构，还是不能够适应现在非洲快速变化的这个需要。不论是企业、非政府组织，还是政府机构、智库，大家都在探讨如何加强不同层面的能力建设。加强不同层级的知识共享，实现能力建设，才能最终使发展中国家受益。”②

① 刘鸿武院长赴京出席“2019 中国（国际）纪录片论坛”[EB/OL]. http://ias.zjnu.cn/2019/0405/c6141a286839/page.htm.

② 宋碧琳.《中国对南南合作的贡献：案例与启示》特别系列之五“能力建设”，凤凰卫视中文台《龙行天下》栏目，2019-4-21.

（三）履行好国际传播的出版使命

非洲研究院通过向非洲国家发行系列丛书，完成了良好的国际传播布局。比如，由刘鸿武教授、洪明教授担任主编的《中国改革开放与发展实践》系列丛书英文版，由坦桑尼亚矛星出版社（Mkuki na Nyota Publishes Ltd）和浙江人民出版社联合出版，并在非洲发行。该套丛书中文版2017年由辽宁教育出版社在国内出版发行，中英法三个版本分别在中国、非洲国家发行，完成了良好的国际传播布局。

丛书首批共十卷，是面向非洲国家普通大众介绍中国国情和发展经验的通俗读物，涉及中国减贫战略与成效、义乌小商品城演进历史、中国民营经济发展、中国交通基础设施建设、中国非物质文化遗产保护、中国农村与乡镇建设、中国旅游经济与文化、中国职业教育发展、中国基础教育发展等。

丛书总策划和总编刘鸿武院长表示，中国自改革开放以来，社会发生了巨大变革，其间所呈现出的中国经验、知识、思想和智慧，正日益引起世界各国的高度关注。同时，中国改革开放四十年的发展历程也到了总结分析、提炼推广的阶段。如何从全球视野上将中国的本土经验与知识加以总结，并将其转换成可以为外部世界所理解和接受的国际知识与话语形态，从而提升国家软实力，促进中国与其他国家之间的文化交流互鉴。“中国四十年”正是中国学术界与出版界为促进中国学术“走出去”而做出的积极尝试与努力。

由中非学术界、翻译界、出版界围绕“中国改革开放与发展实践”这一主题通力合作的过程，本身就是中非思想文化交融沟通、互学互鉴、共同创造的知识共享过程，也是中非学者对“合作共赢，携手构建更加紧密的中非命运共同体”这一时代强音做出的积极回应。

非洲研究院建院十多年来，始终“致力于中非双方双向知识的建构”。在刘鸿武院长的带领下，非洲研究院积极践行这一核心理念并做了大量开创性、探索性的工作。本套丛书与非洲研究院坚持多年编撰的《浙江师范大学非洲研究文库》（目前已有70余卷，还在持续补充中）交相呼应，前者是面向非洲国家的通俗读物，后者是面向中国国内的学术成果。两套丛书体现了“融通中非双方的知识思想，既要向中国人介绍非洲、讲清楚非洲，又要向非洲人介绍中国、讲清楚中国”的工作格局，这也是中国国际问题研究机构今后的发展方向之一，很好地体现了高校智库国际化发展、国际化知识双向传播的交流合作理念，从事中国国际问题研究的学者应当要将“了解中国、研究中国、传播中国”作为自身的学术自觉。①

第七节　非洲研究院智库服务面向

浙江师范大学非洲研究院是一所地方高校智库，在提升学科建设水平和创新人才培养能力基础上，通过提供知识、理论和思想，不仅为当地经济社会发展助力，促成浙江省、金华市在不同层面上的对非经贸、人文、科技交流与合作，更是主动对接国家对非战略，服务国家对非事务问题，充分发挥了地方高校智库独有的政策咨询、公共外交、舆论引导的功能。

一、服务国家对非事务问题

非洲研究院已经建设成为国家对非事务的重要思想智库，主动服务国家的咨政建言功能日益显现。研究院以中非合作与发展问题为导向，主动对接国家对非战略，充分发挥政策咨询、公共外交、舆论引导的功能。正如研究院刘鸿武院长所言，为有效帮助非洲摆脱贫困问题，首先需要明确“中国之问，非洲之问”这两个问题：

中国减贫成就卓著，而非洲贫困人口相当集中，今天中非合作对中国发展知识、发展理论的需求越来越凸显。在过去四十年，中国 GDP 的总量由五千多亿人民币增加到了八十万亿，在这个过程中，中国贫困的发生率由 95% 以上下降到了现在不足 4%。1978 年改革开放之时，我们人均收入是一百多美元，全中国当时非常贫穷，没有想到国家在四十年的时间，发

① 面向非洲国家的《中国改革开放与发展实践》系列丛书（英法）版本在非洲发行［EB/OL］. http：//ias. zjnu. cn/2019/0403/c6141a286601/page. htm.

生了世界上从未有过的巨大变化，有将近9亿人口摆脱了贫困。在过去四十年，全球大概有12亿摆脱贫穷的人口当中，中国贡献的是80%左右。现在全球大约还有10亿贫困人口。

在这些绝对贫困的10亿人口中有大概50%～60%是在非洲，其他三分之一在南亚，还有三分之一散布在世界其他地区。非洲是贫困人口最集中的大陆。中国是过去四十年减贫最成功的地区，这是怎么实现的？为什么能够实现这么大规模的减贫？非洲现在有一半以上的人口是贫困人口，为什么这么富裕的一块大陆，资源如此富集的一块大陆，生态环境如此好的一块大陆，长期以来不能摆脱贫困？问题出在什么地方？所以这两个问题，一个是中国之问，一个是非洲之问，就是今天当今哲学社会科学最大的问题。第一个问题是回答中国经济是怎样发展起来的，第二个问题是要回答非洲的经济能不能发展起来。这两个问题是今天所有的哲学社会科学最关键的问题，如果今天的中国学者，能够将这两个问题说清楚，既说清楚中国，又说清楚非洲，而且把这两个问题联系起来谈，就是中非合作能不能够最终有助于推动非洲的发展，同时让中国未来的三十年，在过去四十年的基础上再上一个台阶。这些问题就构成了当代人类最大的核心问题。

——2018年1月5日，刘鸿武院长在济南大学教育部国别和区域研究中心高层论坛上的讲话

非洲研究院多次受邀到国务院和中央各部委，提供对非事务的高端咨询、高访谈参、撰写报告。近年承担中央各部委委托项目数十项，十多份报告获中央领导批示或采用证明。研究院积极配合对非外交重大活动，适时召开了中非合作论坛十周年研讨会、中非媒体智库论坛等国际研讨会或主题演讲30多场（次），在海内外媒体发文数十（篇）次，接受境内外媒体采访近百次，及时解读对非战略，引导公共舆论。

二、服务地方经济社会发展

近年来，非洲研究院在开展学科与智库建设、进行中非合作人才培

养、重点服务国家战略的同时，越来越重视利用自身研究优势服务地方经济社会发展。尤其是2016年以来，非洲研究院在不同层面做了大量工作以助力浙江省、金华市的对非经贸、人文、科技交流与合作，大力推动中非民间交往活动。先后支持、指导金华市秋滨小学建成全国基础教育领域首个“非洲活力园”项目，在婺城区琐园村建成国内乡村中的“国际研学村”，牵头举办“中非文化合作交流示范区建设研讨会”，举办非洲文化沙龙，与义乌政府联合举办中非智库论坛，推动学校与金华市政府联合共建“一带一路”倡议研究院，共同举办“中非文化合作交流周”、举办中非经贸论坛等，让学术成果普及于民间，服务于社区。一些系列校地合作工作有效促进了金华市与非洲国家的联系，提升了金华在非洲国家的知名度。同时，非洲研究院将学术研究与地方经济社会发展对接，将学术成果转化为服务地方经济社会发展的智力成果，在智库服务领域积累了丰富的实践经验。

非洲研究院立足致力于推动地方社会中非文化交流合作，以学术成果服务地方社会发展，不仅是新时期金华市扩大开放、对接国家战略的重要举措，也有助于提升金华城市文化建设的品位，满足金华都市圈快速发展与国际交往的综合需要。建设中非文化合作交流示范区，需要重续金华三千年文脉之深厚传统，将江南文化与非洲文化进行有机融通，将其建设成为具有“非洲基调、中国气度”的国际化城市文化新景观，将金华打造成中国的“非洲文化之都”“非洲艺术之都”“非洲影视之都”“非洲教育培训之都”等。对此，非洲研究院进行了可贵的实践探索。

由于中非合作以及浙江师范大学非洲研究院在中非合作领域工作卓有成效，2019年，作为地方政府的金华市《政府工作报告》对此特别关注并进行了报道，并提出未来要继续“依托浙江师范大学非洲研究院，办好中非智库论坛、金华中非文化合作交流周、中非经贸论坛、筹建非洲金华商会总部，申办中非经贸博览会，加快建设中非文化合作交流示范区”。[①]高校智库服务领域中的校地合作领域呈现出良好的发展态势。

第八节　非洲研究院智库影响力

非洲研究院作为非省会城市的地方高校科研机构，在由高校科研机构向智库转型发展创新过程中，为地方高校智库创新发展提供了一个很好的样板。非洲研究院是地方高校在服务地方发展的同时，主动瞄准国家对非发展战略、赢得发展先机的典范，在国内外获得了非凡的赞誉。

一、智库机构的国际影响力

非洲研究智库建设成效突出，得到了国外智库评价机构的认可，分别在2016、2017、2018连续三年入选目前最权威、最具影响力的美国宾夕法尼亚大学詹姆士·麦甘（James G. McGann）博士领衔“智库研究项目”（TTCSP）研究编写的《全球智库报告》“最佳区域研究中心（大学附属）”[②]。在2018年“最佳区域研究中心（大学附属）”榜单中，全球共有32家智库入选，绝大部分主要来自欧美发达国家，其中，浙江师范大学非

① 金华市“两会”关注中非合作，非洲研究院服务地方成效凸显［EB/OL］. http://ias.zjnu.cn/2019/0304/c6141a282726/page.htm.

② 《全球智库报告2018》发布 浙师大非洲研究院连续三年入选全球“最佳区域研究中心”［EB/OL］. http://ias.zjnu.cn/2019/0201/c6141a281853/page.htm。为鼓励和促进全球智库在当前局势下不断地适应和创新，宾夕法尼亚大学James G. McGann博士领衔“智库研究项目”（TTCSP）自2006年起每年发布一期《全球智库报告》，至今已连续发布十三年。报告已建立了一套客观公正的研究体系，通过每年对全球智库进行综合评价与排名，研究全球各国智库在政府与社会中的作用，引导各国智库为搭建社会与政府间的桥梁付出努力。其全球智库排名也因评选过程的广泛参与和过程设计的严谨与公正，成为当今国际上最具权威性的全球智库排名体系。发布会历年场面盛大，极具影响力，发布日更是被誉为“国际智库日”。作为《全球智库报告2018》榜单排名过程的一部分，2018年TTCSP全球智库数据库中列出的所有8162个智库都被联系并鼓励参与提名和排名过程。除了68191名记者、政策制定者、公共和私人捐助者以及TTCSP名单上的职能和区域专家外，还邀请了3750多名完全或部分完成提名和排名调查。最后，由其中一个团队的同事和专家来帮助排列并复审。此外，TTCSP组织了由数百位来自不同行业及学科背景的专家组成的专家评审团对排名过程进行审核和评估。通过严谨的每一步的调查和评估，最终报告根据全球智库综合排名、分布区域、研究领域和特殊成就四大类别，共列出51个分项榜单。

洲研究院再次入选该榜单。非洲研究院连续三年入选该榜单，作为中国唯一一家上榜的非洲研究学术机构，表明其在区域研究尤其是非洲研究领域始终保持着持续的国际影响力和全球领先地位，说明全球智库同行、新闻媒体、政策制定者等智库产品使用者和评价者对浙江师范大学非洲研究院智库产品始终保持高度认可度。入选中国社科院中国社会科学评价研究院《中国智库综合评价 AMI 研究报告（2017）》，列属“高校智库 B 类”普通高校国际领域，表明研究院在国际学术话语权、国际交流合作方面，赢得了广泛认可。浙江师范大学非洲研究院建院十二年的成就，也充分代表了中国非洲研究在国际学术界产生的广泛影响力和取得的特殊地位，从而获得了国际智库界的高度认可。这表明了其在区域研究领域保持着持续的国际影响力和全球领先地位。

2018 年中非合作论坛北京峰会期间，学科带头人刘鸿武教授受邀担任中央电视台“2018 中非合作论坛北京峰会特别节目”特邀嘉宾，在中央电视台直播大厅对峰会开幕式和习近平主席演讲做现场直播解读，以这一特殊方式见证、参与中非合作论坛北京峰会开幕式的盛况。学科成员陈明昆教授、和丹博士受邀出席开幕式，在北京见证 2018 年中国最大规模主场外交的重要时刻。此外，聚焦中非峰会，非洲研究院学者在中央电视台、“三报一刊”以及其他重要媒体受邀采访、发表学者评论 30 余次。

国务院新闻发布会高度评价非洲研究院对非工作。2017 年 5 月 11 日，在国新办就推进与“一带一路”沿线国家民心相通情况举行新闻发布会上，教育部副部长田学军重点介绍了浙江师范大学在推动中非人文交流、促进中非民心相通方面的做法，并给予高度评价，认为具有“应用性、示范性、推广性”。

二、智库机构的国内影响力

非洲研究院智库建设成功入选首批中国智库索引来源（CTTI）智库单位，入选中国智库索引（CTTI）“中国高校智库综合评分 TOP100”，在中国智库数据管理与搜索系统（CTTI）2018 中国高校智库百强榜单中获评 A

+智库（全国422家高校智库，其中A+共25家）；入选《中国大学智库发展报告2017》“中国高校智库百强排行榜”中国大学顶级智库30强；在《中华智库影响力报告（2018）》居高校智库影响力排行榜前30，位列第9位。在四川省社科院与中国科学院成都文献情报中心联合发布的《中华智库影响力报告（2018）》分类影响力排行榜中，非洲研究院居高校智库影响力排行榜前30，超越部分部属院校机构列全国第9。

刘鸿武院长受邀出席国务院新闻办2018年新年招待会，受到中宣部领导接见，表明浙江师范大学非洲研究在发挥高校智库功能，积极开展公共外交方面所做工作获得党和政府的充分肯定。

刘鸿武院长多次应邀在省政府专题学习会授课。2018年11月20日，刘鸿武受邀在省政府专题学习会授课，做了题为“抓住历史机遇加强浙非合作”的报告，提出了在国家对非战略背景下浙江省如何主动融入和服务国家对非战略，在对非合作中走在全国前列的建议。12月24日，刘鸿武教授再次受邀为浙江省发改委做专题学习报告。

浙江省领导批示非洲研究院相关工作。袁家军省长充分肯定《打造浙江“一带一路”枢纽亟须破解“人才支撑”难题》；2018年年初，成岳冲副省长对《浙江政务信息（专报）》第24期刊登的《对接“一带一路”推动民心相连——金华市积极打造中非民间合作新样本》一文做出批示，认为“非洲研究院成立以来，做了不少开拓性工作，影响日益扩大，值得关注支持”。由省社科联与浙江师范大学非洲研究院联合举办的首届“讲好浙江故事、助力‘一带一路’智库论坛”会议，其成果综述《打造“一带一路”枢纽亟须强化“四项能力”》，作为《浙江社科要报》2019年第6期内容，获省长袁家军、副省长成岳冲批示。该成果认为，围绕浙江如何与“一带一路”沿线国家共商共建共享主题，与时俱进地提出了相关对策建议：

一是强化“浙江经验”的研究能力，构建浙江发展知识经验新体系；二是强化“浙江故事”的传播能力，构建浙江发展经验传播新机制；三是强化“浙江智慧”的激发能力，构建浙江特色学科平台新体系；四是强化

"浙江方案"的执行能力，开创"一带一路"枢纽行动新局面。[①]

党建工作引领智库建设，非洲研究院在党建方面的影响力成绩突出。2018年12月28日，非洲研究院党总支"非洲研究智库党建示范群"入选首批全省高校党建"双百示范"工程项目中的党建示范群。

长期以来，非洲研究院党总支以"创一流智库、建魅力非院"为目标，积极探索"智库党建"新模式，将党建与专业优势相结合，以党建引领智库思想建设、团队建设、成果建设、平台建设等各项工作，带领全院师生以服务国家战略、地方建设和学校发展为己任，组织、引导、培育了战略研究、人才培养、政策咨询和公共外交四大示范点组成的党建示范群，深度服务"一带一路"重大战略和中非关系发展，逐渐形成了"以党建引领智库建设、以智库服务国家战略"的良好模式。2018年12月，浙江师范大学非洲研究院入选浙江省高校首批党建示范群。

未来5年，非洲研究院将按照国家新型智库建设标准和浙江新型重点专业智库建设要求，立足浙江，服务全国，面向世界，以中非合作论坛峰会和浙江重大战略需求为导向，发挥地方高校智库的区域优势，深耕非洲研究，聚焦中非合作重点领域和重大问题，集聚人才和智力优势，进一步开展战略性、前瞻性、针对性、储备性的决策咨询研究，进一步细化机制建设，为落实中非峰会"八大行动"、助力浙江省服务、融入国家对非战略，推进浙江省"八八战略"再深化、改革开放再出发提供智力支撑。

第九节　基于学科建设的继承与创新

建院十多年来，非洲研究院致力于"中国非洲学"学科建构，在实践中逐渐提炼形成了"以学科建设为本体、以智库服务为功能、以媒体合作为手段、以扎根非洲为前提、以国际合作为路径"的"五位一体"的建设路径，在高校智库实践中取得了良好的成效。综观非洲研究院建院十多年

① "讲好浙江故事、助力'一带一路'智库论坛"会议智库论坛成果获省长袁家军、副省长成岳冲批示［EB/OL］. http://ias.zjnu.cn/2019/0304/c6141a282727/page.htm.

来的发展进程，智库建设理念的持续、创新发展，经历了“两轮驱动”的体用说、“三位一体说”和“五位一体说”三个发展阶段。

一、“两轮驱动”的体用说

所谓“两轮驱动”的体用说，也就是“以学科建设为本体、以智库服务为功用”。非洲研究院最初作为学术性科研机构，聚焦非洲学这一学科，立足学科建设为本位，夯实基础研究，建设了高端学术平台与研究基地、培养扎根非洲学学术人才，建立非洲学学位体系、课程体系、教材体系等十大创新举措，组建了服务中非发展的非洲学科创新群。很好地处理了学科支撑智库、智库反哺学科、基础研究与应用研究的关系，实现了高校智库的知识供给与社会现实对知识需求的双向互动。在新时代“双一流”建设背景下，研究院将建设“一流”特色学科与建设“一流”特色智库，作为“双一流”建设的两轮驱动，并以此推进高校供给侧改革，延伸了来自高校智库特有的知识思想价值链。

我经常对我们研究院的年轻老师讲：其实我们现在做非洲研究一定要想着，非洲学是国家有很高期待的一个学科。国家对知识、思想、学问是高度重视的。现在最大的问题是，我们不能够提供国家所期待的相应的知识体系。我把它叫作高等学校的供给侧结构的重大缺陷，就是我们所设置的专业、培养的学生、创造的知识，满足不了今天国家的需求。

非洲研究在今天越来越成为一个国家在全球发展战略当中的一个关键支撑点。但是，这个战略需要新的知识、新的思想、新的人才来支撑、来推进。所以，这个时候，我们国内的高校、国家也特别强调学科＋智库这样的发展转型，就是高校的发展可以两轮驱动。一个是学科驱动，创建一流的学科；第二个是把学科的功能加以适当改造，延伸大学知识的价值链，使它更好地服务国家的需求。所以，我们现在办大学，要重视需求导向和问题导向。为什么要办这个专业，为什么要培养这样的人才，一定要根据国家发展的需要，根据国家现在面临的问题，来改造你的专业，就是需求导向、问题导向，也叫市场导向，要拓展、提升高校服务国家的功能，也叫作高校的智库功能。

——2018 年 1 月 5 日，刘鸿武院长在济南大学教育部国别和区域研究中心高层论坛上的讲话

正如刘鸿武院长所言，地方高校智库要处理好学科建设和智库服务的关系，通过学科与智库的双向建构，可以让智库的“想法”变为领导的“说法”，让智库的“文章”变为上级的“文件”，让智库的“谋划”变为组织的“规划”，让智库的“言论”变为社会的“舆论”，让智库的“对策”变为党和政府“决策”，做到了这些，就将高质量地延伸了中国大学知识的价值链，拓展了学术服务国家和社会的空间。

二、“三位一体说”

所谓“三位一体说”，也就是“以学科建设为本体、以智库服务为功用、以媒体传播为手段”，并使三者融会贯通。非洲研究院“三位一体”提出的依据，立足高校智库建设面临的现实问题。刘鸿武院长结合非洲研究院建设面临的挑战与困难，指出以往中国的学科建设和智库建设一直存在三大短板，一是学科建设落后，缺乏原则性知识思想贡献，可持续发展能力不够；二是往往在小圈子内自说自话，缺乏对国家和社会的服务功能与实际影响力；三是国际传播力弱、缺乏话语优势和国际影响。为此，他在提出关于学科建设和智库建设本体与功用的“体用说”之后，针对性地补充提出了“以学科建设为本体、以智库服务为功用、以媒体传播为手段”，并使三者融会贯通的解决方案，努力追求三者融合发展。非洲研究院实施了一系列创新性建设举措，逐渐成为有国际影响力的学术机构与思想智库，成为推进中外思想知识双向、平衡、互动的国际传播机构。

关于三者之间的关系，简言之，即智库服务与媒体传播的基础在于学科建设。建立中国的非洲学，需要从中国的非洲观、非洲战略、中非发展合作实践中，提炼出可以解释和促进中非共同发展和人类命运共同体的知识形态、理论体系、话语概念。媒体是传播工具，与媒体建立联系非常重要。高校智库既要“走出去”，又要“请进来”，在推进中国文化走进非洲

的同时，也要非洲文化走向中国，构建中非之间双向、平衡、互动的传播模式。浙江师范大学非洲研究院拍摄的大型纪录片《我从非洲来》是学术机构进入影视界的尝试；纪录片《重走坦赞铁路》在央视国际频道播出，已经产生了广泛的国际影响力。

三、“五位一体说”

所谓“五位一体说”，也就是以“学科建设为本体、智库服务为功用、媒体传播为手段、扎根非洲为前提、国际（中非）合作为路径”。高校智库要为政府和社会提供有针对性的、有价值的建言，进行系统、深入、客观的调查研究，探究事实和问题的真相，是一个基本前提。务实求真是智库进行调查研究、保证产品质量的生命线。扎根非洲，以非洲区域、领域、国别、专题问题和需求导向为基本出发点，研究基地前移到非洲国家，以了解、探究真实的发展问题和发展需求，体现智库研究的问题导向和应用导向，洞悉中国非洲学发展进步的动力资源，把脉中非合作的丰富实践需要；从方法论上体现了“知行合一，在行走中记录真实，在实践中探索学术”这一非洲研究的人类学田野调查的基本特点。非洲研究院在强化实证研究、个案分析、田野调查的基础上，充分发挥中国学术重视追寻“文明大道”、努力探究“天人之际”“古今之变”的思想传统，对非洲各国各方面的基本问题做出更具历史眼光的战略把握。

我们中国人要做非洲研究，就是要真正地扎根非洲大地，向非洲学习。如果今天中国要研究非洲，千万不要看不起非洲，非洲是我们最好的老师。因为今天世界的多样性远远超出我们想象，对于那些我们过去并不了解的世界，一定要怀着一种温情和敬意去对待它，去观察它。《游学非洲》是我们非洲研究院建院十周年写的。在过去十多年，非洲研究院大批年轻的老师和研究生多次前往非洲几十个国家去做田野调查，深入非洲很多的领域。我就要求他们到非洲的第一天起就要开始写日记，把在非洲的所见、所闻、所思要写下来，而且是用眼睛、眼光、体感去感受非洲，每个人写下来以后，过段时间回过头去看，就是一个当代中国看待世界的最好的记录。我们的同学和老师就是按照这样的要求去非洲记录了很多东西。其中有很多文字登到非洲研究院的网上，去年建院十周年的时候，我们把这些文章筛选一部分汇成一本书，就是我们行走非洲十年的纪实。

——2018 年 1 月 5 日，刘鸿武院长在济南大学教育部国别和区域研究中心高层论坛上的主旨报告

值得一提的是，非洲研究院地处浙江省金华市，是地方性院校内部的附属机构，客观上不具有汇聚人才的天然优势，研究的问题又是遥远的非洲问题。关于以“学科建设为本体、智库服务为功用、媒体传播为手段、扎根非洲为前提、国际（中非）合作为路径”五位一体的格局，如何在五位一体的格局中，将人才团队在智库建设中的关键作用凸显出来，是一个值得进一步思考的现实问题。地方高校智库建设中要处理好智库发展与学科、人才之间的关系，学科是基础，人才团队建设是关键。非洲学研究相比其他传统学科还处于相对边缘位置，加大人才培养力度，为非洲研究的学科建设和学术研究持续输送、培养人才，是地方高校智库可持续发展的根基。

十多年来，浙江师范大学非洲研究院坚持“非洲情怀、中国特色、全球视野”的务实治学精神，长期专注与持续创新非洲研究，付出了努力，收获了成绩。正如刘鸿武院长所总结的五个创造性的智库工作：

一是非洲研究院建院伊始就坚持从事创新性的非洲研究，十余年的坚持终于将“非洲研究”学术品牌打造成为特色鲜明的品牌；二是坚持从中国视野上关注非洲的整体性与多样性，努力开展跨学科、多学科的综合化研究；三是长期坚持扎根非洲大地做学问，拜非洲人为师，有选择地借鉴西方成果，努力探索构建富有中国特色的“非洲学”学科体系；四是大力拓展中非联合研究的“朋友圈”，目前非洲研究院与非洲国家相关机构达成合作关系的超过 20 家，一方面积极支持非洲国家加强研究中国的能力建设，另一方面在非洲国家设立非洲研究院分中心，中非双方共同构建互相认可的中非发展知识；五是高度结合中非合作的现实战略需求，坚持将理论研究与实践需求相结合，将学科建设与智库服务相结合，形成以“学科

建设为本体、智库服务为功用、媒体传播为手段、扎根非洲为前提、国际（中非）合作为路径”的智库建设路径。刘鸿武院长坚信“非洲是中国学术创新的新边疆”，是中国哲学社会科学最有可能产生原创性影响力的研究领域，浙江师范大学非洲研究院将继续深耕非洲研究，更加注重团队培养、国际合作、重大成果创新与转化方面的工作。①

总之，十多年来，以非洲研究院刘鸿武教授为学科带头人的创新团队，基于“读书不作儒生酸，跃马西入金城关”的情怀，怀抱理想、砥砺前行，各项工作推陈出新，持续打造国内非洲研究学术重镇、国家涉非专业高端智库、对非专业人才培养基地，积极助力浙江师范大学“特色鲜明的一流大学”建设，非洲研究是学校学科建设独树一帜的风景线，在非洲研究领域取得了卓越成就。正如浙江师范大学原校长吴锋民在十年前非洲研究院成立致辞中所期待的，“非洲研究从国内独树一帜的小苗长成参天大树”，如今期待已成为现实。

非洲研究院引领了浙江省高校特色学科与高端智库的发展方向，树立了地方高校智库特色化创新发展的典范。非洲研究院从中非双方文明进程和今后合作实践出发，深入实地，用好资源，近距离观察、了解中非双方的共同发展，提炼出可以用来解释、促进今天中非发展的知识形态、理论体系、话语概念，构建起“中国的非洲学”和“非洲的中国学”，更好地为国家决策服务，讲好中国故事，为中国树立全新的国际形象。

---

①《全球智库报告2018》发布 浙师大非洲研究院连续三年入选全球“最佳区域研究中心”［EB/OL］. http：//ias. zjnu. cn/2019/0201/c6141a281853/page. htm.

第五章　区域性高校智库协同发展研究

——基于粤港澳大湾区区域性高校智库的调研

建设粤港澳大湾区是习近平总书记亲自谋划、亲自部署、亲自推动的国家战略，是新时代推动形成我国全面开放新格局的重大举措，是推进“一国两制”事业的实践创新，是国家建设世界级城市群和参与全球竞争的重要空间载体。2017 年 7 月，国家发改委、广东省政府、香港特区和澳门特区政府共同签署了《深化粤港澳合作 推进大湾区建设框架协议》；随后，粤港澳大湾区被写入十九大报告和 2018 年政府工作报告；2019 年 2 月，中共中央、国务院印发了《粤港澳大湾区发展规划纲要》。湾区战略的落地将催生一系列体制机制改革，涉及基础设施、市场一体化、科技创新、产业体系、公共服务等重要领域，改革将带来一系列新情况、新问题。做好改革规划，促进粤港澳大湾区协同互利发展，离不开智库的支撑。

自改革开放以来，随着高等院校社会服务功能的不断拓展，在经济、社会、科技等领域逐渐形成了一批服务决策的高校智库。2014 年，教育部印发了《中国特色新型高校智库建设推进计划》。2015 年，中共中央办公厅、国务院办公厅印发了《关于加强中国特色新型智库建设的意见》。

2017年，习近平总书记在党的十九大报告中指出："加强中国特色新型智库建设。"当前，高校智库已成为国家智库体系的重要支柱。[①] 随着粤港澳大湾区战略的提出，本区域内高校纷纷设立了以服务于湾区发展为宗旨的智库，与此同时，部分传统上服务于粤、港、澳当地发展的高校智库也及时调整了研究方向，将服务湾区建设作为重要学科增长点。《粤港澳大湾区发展规划纲要》提出："支持内地与港澳智库加强合作，为大湾区发展提供智力支持。"粤港澳大湾区的发展理念是互利共赢、协同发展，改革所带来的新情况、新挑战需要各地各部门共同应对，这对本地区高校智库的协同能力提出了更高的要求。在新的大湾区架构下，高校智库如何实现转型发展，更好地服务于湾区建设？以上问题成为本章研究的出发点。

第一节　案例选取

本章研究采用案例研究法（Case Study）。案例研究是一种对政策、组织、项目、事件、决定、时期、人物及其他系统进行分析的研究方法，通过对总体现象的代表（即案例）进行分析，得出对于总体现象一般特点的认识。[②] 值得注意的是，总体中的每一个个案均有其特殊性，因此个案对于总体并不具有绝对意义上的代表性。有鉴于此，本研究进行了全面的取样，以尽可能地增强案例的代表性。选取广东省珠江三角洲地区、香港特别行政区、澳门特别行政区共11所高校智库作为案例，涵盖经济社会发展的主要领域。案例的取样方法如下：

一、广东珠江三角洲地区的高校智库案例

以国内权威智库索引《中国智库索引（CTTI）》2018年度高校智库排行榜（共收录441所一流高校智库）作为依据，选取位于珠江三角洲地区

① 刘福才、张继明．高校智库的价值定位与可持续发展［J］．教育研究，2017，(10)．

② Thomas G. A typology for the case study in social science following a review of definition, discourse, and structure［J］. Qualitative Inquiry, 2011, (6).

的11所区域性[①]高校智库作为本研究案例（见表5－1）。案例智库的研究领域涵盖政治治理（港澳发展/国际战略/舆情治理）、社会政策（社会治理/区域发展/城市治理）和经济政策（工业/贸易/金融），具有较强的代表性。

表5－1　珠江三角洲地区的区域性高校智库[②]

排名	名称	领域	成立时间
A＋（前25）	中山大学粤港澳发展研究院	港澳发展	2015
A（前26－60）	深圳大学港澳基本法研究中心	港澳政策	2009
A（前26－60）	广东外语外贸大学广东国际战略研究院	国际战略	2009
A－（前61－100）	华南理工大学社会治理研究中心	社会治理	2015
A－（前61－100）	暨南大学广州市舆情大数据研究中心	舆情治理	2012
A－（前61－100）	广州大学广州发展研究院	区域发展	2003
无	华南理工大学广州市金融服务创新与风险管理研究基地	金融政策	2015
无	暨南大学产业经济研究院	工业经济	2006
无	暨南大学广州南沙自由贸易试验区研究基地	国际贸易	2015
无	深圳大学城市治理研究院	城市治理	2016
无	广东财经大学国民经济研究中心	经济政策	2008

二、香港特别行政区和澳门特别行政区的高校智库

在香港高校智库案例的选取方面，首先选定英国夸夸雷利·西蒙兹公司（Quacquarelli Symonds，简称QS）全球大学排行榜中位列香港地区综合性大学前两位的香港大学和香港中文大学，随后从两所高校中各选取1个智库。[③] 考虑到前述广东省高校智库案例中缺少商业类及教育类智库，特

① 在CTTI高校智库排行榜（2018）中，来自珠江三角洲地区的高校智库共有17所，其中有11所可认定为区域性高校智库，判断依据如下：第一，名称中带有粤、港、澳、广州等关键词；第二，在对自身宗旨、研究领域的表述中出现诸如“服务地方经济社会发展”的关键信息。

② 南京大学中国智库研究与评价中心．2018 CTTI来源智库发展报告［R］．南京：南京大学，2019.

③ QS Top Universities. QS World University Rankings：Hong Kong［EB/OL］．［2019－01－19］．https：//www. topuniversities. com/university－rankings/world－university－rankings/2019.

选取香港大学香港经济及商业策略研究所、香港中文大学香港教育研究所作为代表性案例。在澳门高校智库案例的选取方面，选取 QS 全球大学排行榜中位列澳门地区第一位的澳门大学，将该校的旗舰性智库“澳门研究中心”作为代表性案例。①

本文的数据资料来源于 11 个案例智库的统计资料、成果要报、项目报告和数据平台，以及智库研究者的访谈资料。在资料分析方面，着重考察案例智库的功能定位、运行机制和服务模式，特别是与组织建设、项目管理、人员流动、数据平台和成果转化相关的制度机制，据此梳理粤港澳大湾区高校智库的发展现状及瓶颈，提出区域性高校智库转型发展的机制创新思路。

第二节　区域性高校智库的内涵与特征

一、区域性高校智库的内涵

高校智库是设立于高校之中专门开展政策研究的学术组织，致力于生产政策思想、影响政策制定和培养政策人才。② 由于高校智库具有上述特殊身份，其在很大程度上充当着学术、政治与大众之间的纽带，沟通着理论创新与实践发展。③ 区别于官方智库致力于服务决策的功能定位，高校智库在功能定位方面至少具有三重导向：第一，以科学精神服务决策制定，发挥研究者的深厚学术功底，通过严谨的学术研究产出科学的对策建议。④ 第二，以大众立场增进社会公义，秉持公共知识分子立场，以增进

① QS Top Universities. QS World University Rankings：Macao［EB/OL］.［2019 - 01 - 20］. https：//www. topuniversities. com/university - rankings/world - university - rankings/2019

② Abelson D E. Do think - tanks matter? Assessing the impact of public policy institutes［M］. Kingston：QC McGill - Queen's University Press，2002.

③ Medvetz T. Public policy is like having a vaudeville act：Languages of duty and difference among think tank - affiliated policy experts［J］. Qualitative Sociology，2010，(4).

④ 陶郁．专访吉登斯：生活在“脱缰的世界”［N］．时尚先生 Esquire，2015 - 10 - 02 (10).

大众福祉为基本出发点，服务于决策但不定位为政府的附庸。[①] 第三，以现实关照驱动理论创新，沟通理论与实践，以扎根于实践的研究检验和发展学术理论。[②]

受高等院校地域分布和功能布局的影响，在我国高校智库中，除少量设立于顶尖院校、服务于国家战略的智库外，大部分属于区域性高校智库。区域性高校智库的服务范围既包括省域、市域，也包括具有特定经济文化背景的地区（如珠江三角洲地区）。本文所考察的粤港澳大湾区不同于传统意义上的地方行政区划，而是一个涵盖了香港、澳门两个特别行政区和广东省珠江三角洲地区九个城市在内的世界第四大湾区，其最大的特色是“一个国家、两种制度、三个法域和关税区，流通三种货币”。[③] 粤港澳大湾区的制度创新为区域性高校智库赋予了更丰富的内涵。

二、区域性高校智库的特征

区域性高校智库具有“区域”“高校”“智库”的三重特性：

第一，以区域发展为导向，这是区域性高校智库区别于国家级智库的特点。区域性高校智库立足于本地区发展，依据区域经济社会和产业结构特征组建学科团队，以区域发展中面临的重点难点问题作为选题来源，研究成果主要在本地区范围内产生社会影响。[④] 粤港澳大湾区的区域性高校智库以本地区经济社会发展的实际问题，特别是涉及粤港澳协同发展、深度合作的重大前沿问题为方向，结合区域发展需求组建研究团队，以能够产出在大湾区范围内具有广泛影响的对策建议为目标。

第二，以研究型高校为依托，这是高校智库区别于官方、半官方智库

① Misztal B A. Public intellectuals and think tanks: A free market in ideas? [J]. International Journal of Politics, Culture, and Society, 2012, (4).

② Stone D., Denham A. Think tank traditions: Policy research and the politics of ideas [M]. Manchester: Manchester University Press, 2004.

③ 国务院港澳办. 官方定调！中央已明确大湾区五大战略定位及港澳广深四城定位 [N]. 大湾区研究, 2019-01-14 (1).

④ 高振强. 地方高校智库的属性及其发展策略 [J]. 高教发展与评估, 2014, (3).

的特点。高校智库通常依托于高水平研究型大学①，有充足的科研经费、人员编制和硬件设备。高校的多学科属性也为智库提供了跨学科研究的便利，并可以灵活采用实体性或非实体性形式设定智库组织形态，采用项目研究员、兼职研究员的弹性人事机制。此外，不同于官方背景的智库，高校在地方行政体系中保有较强的独立性（尽管高校受教育行政部门管理），因而高校智库的服务对象不局限于一地政府或特定行政部门，可灵活调整服务范围。粤港澳大湾区汇集了大量高水平大学，有着充足且密集的研究资源。尽管高校相对集中于香港、澳门、广州、深圳等城市，其服务范围可以突破所在城市的限制，进行跨城市、跨境研究。

第三，以服务决策为宗旨，这是高校智库区别于常规院系的特点。在服务决策的功能定位下，高校智库形成了“高校—智库—政府”联动合作的运行模式，通过“虚实结合”的组织和人事机制，形成跨学科研究团队，联合地方政府、官方智库和业界人士进行协同攻关，依托政府获取研究的便利及内部数据，通过严谨的学术研究产出服务于决策的“政策知识”。粤港澳大湾区的高校智库在服务对象方面有着不同于常规性地方高校智库的特色：前者所要服务的不仅是某一地的政府，而且是跨越粤港澳三地11个城市的决策部门。服务对象的特殊性对区域性高校智库在项目管理、数据共享和成果转化方面的协同能力提出了更高的要求。

第三节　粤港澳大湾区高校智库发展的现状与成就

自2014年《中国特色新型高校智库建设推进计划》印发以来，在一系列中央政策的推动下，我国的高校智库进入了快速发展期。目前，粤港澳三地的高校智库体系已初具规模，形成了多样化的高校智库治理结构，能够提供形式多样的咨询服务。近年来，随着粤港澳大湾区战略的落地，以服务湾区建设为宗旨的“湾区智库”正在快速增长。

---

① 值得注意的是：区域性高水平大学不等于地方院校，因其既包含省属、市属等直接服务于地区发展的高校，也包含中央部委直属院校，而后者对所在地区发展同样有显著贡献。

一、区域性高校智库体系初具规模

经过多年的发展，粤港澳三地形成了一大批立足于本区域、服务于区域发展的高校智库，覆盖了经济社会发展的各个领域。

第一，区域性高校智库数量庞大。本区域的高校普遍在校级、学院和系所层面成立了各类实体性、非实体性智库机构，以中山大学为例：在学校层面设立了5个国家级、省级和校级高端智库，包括粤港澳发展研究院、自贸区综合研究院、地方治理与公共政策研究中心、国家治理研究院、“一带一路”研究院，以上智库将服务区域发展作为主要或重点研究方向；各学院也整合院系两级的科研力量成立了一批智库机构，如岭南学院的中国转型与开放经济研究所、社会学与人类学学院的城市社会研究中心、移民与族群研究中心、哲学系的华南农村研究中心，等等。整体而言，本区域高校举办的智库数量十分可观，同时，越来越多的高校智库将服务粤港澳发展作为重要研究方向，在近两年新近成立的高校智库中，有相当一部分直接冠以“粤港澳大湾区”之名。

第二，若干一流高校智库崭露头角。中国智库索引（CTTI）2018年度高校智库排行榜共收录了全国（未含港澳台地区）共441所高水平的高校智库，其中，来自珠江三角洲地区的区域性高校智库共11所，其中6所进入全国前100名（见表5－1）。这6所智库可谓我国高校智库体系中“皇冠上的明珠”，显示出本区域高校智库的实力和影响力。同样，香港和澳门地区的高校也建设了一批以研究粤港澳问题为主的高端智库，有着较强的国际和国内影响力，例如，香港大学香港经济及商业策略研究所、香港中文大学香港教育研究所、澳门大学澳门研究中心，等等。

第三，高校智库领域覆盖全面。粤港澳三地汇聚了一大批高水平综合性大学（如香港大学、香港中文大学、澳门大学、中山大学、深圳大学）和理工科大学（如香港科技大学、华南理工大学、南方科技大学）以及行业性大学（如广东外语外贸大学、华南师范大学、华南农业大学、南方医科大学），其所属的智库对区域经济社会各领域形成了全方位覆盖。仅以入选中国智库索引（CTTI）高校智库排行榜的11个区域性高校智库为例，其研究领域便涵盖了政治治理（港澳发展/国际战略/舆情治理）、社会政策（社会治理/区域发展/城市治理）和经济政策（工业/贸易/金融）等领域。

二、智库治理结构多样

本区域的高校智库形成了多样化的治理结构，其基本治理形态与高校的二级院系（含研究机构）设置相一致：

第一，在智库组织结构方面，可分为实体性机构与非实体性机构。广州大学广州发展研究院是实体性智库的典例。该院为广州大学直属科研机构，有在职科研人员17名，专业领域涉及经济学、社会学、文化学、管理学、地理学、政治学和宗教学，依托专职科研队伍设置了区域发展研究所、社会政策研究所、文化软实力研究所、软科学研究所、文化旅游产业研究所，以及广州蓝皮书系列编辑部；同时，聘请兼职专家，形成了专兼职相结合的科研梯队。非实体性高校智库往往通过项目制形式凝聚不同院系的研究力量，推动实质性的跨院系合作研究，其典型案例是澳门大学澳门研究中心。该中心整合了工商管理学院、社会科学学院、法学院、科技学院、教育学院的研究力量，通过对接“一带一路”和粤港澳大湾区战略，以项目制形式推动合作研究，以多学科视角和方法研究区域经济、澳门历史、城市治理、公共行政等问题。

第二，在研究者学科构成方面，可分为单一学科智库与跨学科智库。单一学科智库大多面向有较明确“边界”的社会问题，如经济、商业和法治，其研究往往需要借助特定学科的理论与方法，代表性案例有香港大学香港经济及商业策略研究所、深圳大学港澳基本法研究中心、广东财经大学国民经济研究中心。而跨学科智库的成立大多是为了应对“边界”较为模糊的社会问题，如社会治理、城市治理和区域发展，其研究往往依赖多学科的视角和方法（特别是经济学、社会学、政治学和地理学），代表性案例有中山大学粤港澳发展研究院、华南理工大学社会治理研究中心、广州大学广州发展研究院。以中山大学粤港澳发展研究院为例：为了有系统地回应“粤港澳发展”这一宏大的研究主题，在全校范围内整合了多个院系的研究力量，围绕经济、贸易、法律、社会发展、文化等主要领域形成了9支研究团队，包括：港澳珠江三角洲研究中心、自贸区综合研究院、“一国两制”与港澳基本法研究中心、港澳政治与公共治理研究中心、港澳经济研究中心、港澳社会研究中心、港澳历史文化与价值观研究中心、港澳与内地合作研究中心、海上丝绸之路与粤港澳国际合作研究中心。

第三，在智库与高校的隶属关系上，较有特色的形式是跨校联合智库。这类智库往往立足于某一所高校，并通过整合政府和官方智库的专家与研究资源，补足高校智库自身的短板。较有代表性的案例是广州大学广州发展研究院联合广州市政府研究室、市社科院、市委党校及广东省综合改革发展研究院设立的“广州学协同创新发展中心”，以及广东外语外贸大学联合中国社科院世界经济与政治研究所、中国国际问题研究院、中共中央对外联络部当代世界研究中心、中国科学院南海海洋研究所、商务部国际贸易经济合作研究院、中山大学、暨南大学、云南大学、厦门大学设立的“广东国际战略研究院”。

三、智库服务形式多元

本区域的高校智库与地方政府、官方智库和业界形成了密切的合作关系，通过多种形式服务区域发展：

第一，承接地方政府委托研究项目，以咨询报告、内参形式直接影响决策。以香港地区高校智库为例：从1999年开始，香港大学教育资助委员会对香港大学香港经济及商业策略研究所展开资助，拨付了首期5年共3620万港币的研究经费，委托其开展针对本地经济和商业发展的战略性研究。此后，该研究所陆续承担了50余项对策研究，其成果直接影响了香港经济与商业政策的行程。[①] 在广东省，暨南大学产业经济研究院围绕产业发展规划与企业发展战略承接超过150项横向项目，委托方包括广东省主要职能部门、珠江三角洲地区及省内其他城市。[②] 在广州市层面，广州大学广州发展研究院承担了省市两级政府委托项目90余项，参与重大政策调研、咨询、评审200余次，在2010—2018年间向省市主要领导呈报《决策内参》119份，获批示率达95%，直接影响了广州市部分重大政策的制定。[③]

第二，建设数据平台，以数据服务支撑决策。随着公共决策循证理念的普及以及统计分析、大数据等方法技术的成熟，以“数据-信息-知识-智慧”为特征的数据驱动型决策成为政策分析的主流范式，服务于决策的数据平台受到重视。[④] 高校智库在数据平台建设上拥有人才、设备、资料等多方面的优势，近年来，粤港澳高校智库普遍依托自身研究专长建设相关数据库，支撑决策研究。以数据平台支撑决策制定的典型案例是暨南大学广州市舆情大数据研究中心：该中心的成立旨在回应广州市毗邻港澳台地区、辐射东南亚的特殊地缘状况，以及境内外人流、物流、信息流、资金流多流汇集的复杂状况，为政府的舆情监测与治理提供坚实依据。中心依托大数据专业特色打造了传播大数据实验室，开发了扮演“传播数据仓库”角色的境内外舆情数据挖掘系统平台，该平台“可监测国内主要新闻媒体、微博与超过500万的微信公众号，拥有的境外舆情监测平台覆盖国际200多个国家和地区、超过90种语言的媒体”[⑤]，为政府的舆情治理提供全方位的数据支撑。与此相似，中山大学粤港澳发展研究院开发了包

① The University of Hong Kong. About HIEBS [EB/OL]. [2019-01-20]. http://www.hiebs.hku.hk.

② 暨南大学. 研究院简介 [EB/OL]. (2019-01-02) [2019-01-20]. https://iie.jnu.edu.cn/1f/80/c10544a270208/page.htm.

③ CTTI智库索引. 广州大学广州发展研究院 [EB/OL]. [2019-01-20]. https://ctti.nju.edu.cn/CTTI/organization/searchDetail.do? solrId=1-9146.

④ 刘献君. 院校研究规范发展中的若干关系 [J]. 中国高教研究，2016，(10).

⑤ 暨南大学. 传播大数据实验室 [EB/OL]. (2018-01-17) [2019-01-20]. https://bdclab.jnu.edu.cn/8213/.

括粤港澳社区社会经济互动地图、港澳舆情大数据、粤港澳民调数据库、港澳基础统计数据库、港澳法律判例库、粤港澳新闻简报系统等子系统在内的大型数据平台，涵盖了追踪数据调查、民意调查、政府统计数据等多种数据类型，有效支撑着粤港澳发展的综合性、复杂性问题研究。

第三，定期发布皮书、专题报告，出版丛书、刊物，形成社会影响。香港中文大学香港教育研究所对其成果发布进行了系统布局：长期围绕香港教育政策、学校教育改革议题，产出“教育政策研讨系列”报告 77 份、“学校教育改革系列”报告 56 份；主办《教育学报》，围绕香港教育的实践热点问题出版“教育研究系列”“教学实践参考”“研究专论”“教育类丛书”等四个系列的 20 种书刊。[①] 与之相似，广州大学广州发展研究院着力打造了《广州蓝皮书》系列品牌，推出著作 43 种，同时出版了《广州大学广州发展研究院文库》《广州学研究丛书》等系列丛书近 10 种。

第四，借助媒体、论坛与培训平台，整合各方智慧孕育“政策思想”。作为一种特殊的知识生产活动，政策思想的产生并不仅仅依赖学者和决策者，而是依托于更广阔的社会平台，在学界、政府、业界和公众的交融碰撞中进行酝酿。[②] 长期以来，粤港澳三地的高校智库在媒体发声、论坛研讨、领导培训方面探索出了有益的经验：在媒体发声方面，广东财经大学国民经济研究中心将舆论引导与战略研究、咨政建言、理论创新、社会服务、公共外交一道作为六大主要任务；在论坛研讨方面，深圳大学城市治理研究院将高水平的项目、批示、论文和会议作为四大工作内容，将举办高端论坛作为工作的重心；在领导培训方面，香港中文大学香港教育研究所长期开展面向本地中小学领导和教师的专业发展课程，内容包括学生辅导、学生活动管理、家长教育、学校训导与课室管理，以及校长专业发展、拟任校长培训和校董培训，面向一线传播智库研究成果和政策思想。

---

① 香港中文大学．香港教育研究所专题研究报告［EB/OL］．［2019 - 01 - 20］．https：//www. hkier. cuhk. edu. hk/tc/academic_ publications. asp？ pageid = 35.

② 余晖、刘福才．英国高校智库：功能定位、运行机制和服务模式［J］．比较教育研究，2018，（12）．

四、“湾区智库”快速增长

随着粤港澳大湾区战略的提出和落地，粤港澳三地以服务湾区建设为宗旨的高校智库从无到有，数量快速增长。以华南师范大学为例，该校在2019年1月新成立了15个人文社科研究机构（智库），其中10个智库名称中含有“粤港澳大湾区”，上述智库涵盖了教育发展、人力资源开发、跨域治理、科技创新、创新创业、可持续发展等多个领域。[①] 与之相似，近两年来粤港澳三地高校纷纷成立“湾区智库”，以教育领域为例：2018年12月成立了首家立足于湾区的教育学术团体“广东省教育学会粤港澳大湾区教育协同发展专业委员会”；专业委员会的主干力量来自华南师范大学“长江学者”创新团队和“广州市教育治理现代化高等研究中心”，该团队和中心成立于2018年初，将粤港澳大湾区教育政策研究作为其主攻方向之一；专业委员会同时还整合了广州大学粤港澳大湾区社会发展与教育政策研究院、深圳大学湾区教育研究院、中国教育科学研究院粤港澳大湾区教育发展研究中心等多所“湾区智库”的研究力量。上述湾区智库大多成立于2018年，目前数量、规模还在快速增长。

第四节　粤港澳大湾区高校智库协同发展制约瓶颈分析

粤港澳大湾区建设是在“一个国家、两种制度、三个法域和关税区”的框架下进行的，而粤港澳三地未形成一体化的高层决策机制与政策咨询市场，三地高校之间尚未形成有效的协同机制，在组织建设、项目申报、数据共享、人员流动和成果转化等方面存在一定的壁垒，制约着高校智库服务湾区深度合作工作的开展。

一、三地高校联合智库缺失

粤港澳三地的高校智库多采用实体型/非实体型、单一学科/跨学科及

① 华南师范大学校长办公室. 关于成立“华南师范大学粤港澳大湾区人力资源发展研究中心”等15个校级社科类科研机构的通知［N］. 华南师范大学文件，2019-01-11（1）.

跨校联合的治理结构，其中，跨校联合机制大多为内地高校和科研院所间的合作，而粤港澳三地高校联合组建的智库尚不多见。虽然近年来新成立了一批“湾区智库”，然而由于智库本身依托一地高校举办，所能调用的人员、资源及数据往往局限于当地，难以在整个湾区范围内进行资源共享，其成果影响力也往往限于当地，而难以辐射整个湾区。在粤港澳大湾区框架下，三地各城市间的协同发展将催生大量新现象、新问题，例如，日益增长的跨境流动人口对于住房、医疗、教育等公共服务的需求，而此类问题的解决需要三地政府联手，建立政策协同机制，并对各城市的公共服务体系做出调整。作为服务于地方政府决策的思想库，现有的高校智库跨域治理模式难以满足湾区协同发展的新需要。

二、科研项目申报存在壁垒

目前，湾区各地政府尚未联合设立面向湾区协同发展问题的专项科研基金，相关研究需要依托各地的地方性科研基金开展。然而，现行的科研管理体制带有较强的属地主义色彩，导致智库研究者跨城市、跨境申报项目存在壁垒。以广州市哲学社会科学规划项目为例：该项目规定，课题负责人/申报人必须为广州市的社科工作者，其他城市的科研人员仅能作为研究的参与人，发挥辅助性作用。然而值得注意的是：在 2018 年，广州市哲学社会科学规划的 233 项智库课题、一般课题和青年课题中，共有 23 项课题（占 10%）在标题中明确了“粤港澳大湾区”字样。① 换言之，在新的粤港澳大湾区框架下，研究者已经开始跳出城市本位思维，以湾区整体性视角审视区域发展问题。这一研究视域的转换顺应了湾区协同发展的内在要求——粤港澳大湾区是一个多核驱动的城市群，各城市之间形成了命运共同体，单个城市内部的问题也将影响其他城市的发展。因此，对于广州市发展中面临的突出问题，湾区其他城市的研究者同样有权利、也有责

① 广州哲社网. 广州市哲学社会科学发展“十三五”规划 2018 年度课题立项公告 [EB/OL]. (2018 - 03 - 19) [2019 - 01 - 20]. http://www.gzsk.org.cn/index.php? m = content&c = index&a = show&catid = 46&id = 3647.

任进行关注，并且有能力在课题研究中扮演主导角色。现行的属地主义科研管理体制对高校智库跨城市、跨境进行课题研究构成了阻碍。

三、数据共享机制尚不完善

粤港澳三地的高校智库依托其人才、设备和资料优势开发了一系列专题数据库，然而各机构间的数据共享机制尚未有效建立。首先，由三地高校、政府和官方智库共建的湾区联合数据库尚不多见。其次，现有数据库中有相当一部分数据暂未对外公开，仅授权给特定机构和人员使用。例如，香港科技大学社会经济研究中心开发的“香港社会动态追踪调查”和“基于 GIS 的香港选区经济社会分析平台”仅授权给部分研究机构，其学者需要按需进行索取。[①] 最后，在粤港澳三地之间、政府与高校之间存在着较强的数据保护主义，造成了不同机构间数据重复收集的“数据孤岛”现象。粤港澳三地政府和高校间的数据共享度、开放度和利用率在很大程度上决定了湾区问题研究的深度，目前的数据共享机制上不完善，制约着相关研究的深入开展。

四、人员流动机制不够健全

尽管粤港澳三地高校智库普遍聘用了校外兼职研究人员，不少机构的兼职人员（特别是境外兼职人员）流于挂名，极少访问兼职所在高校，难以实质、全程参与项目研究。这一现象背后的重要原因在于高校人员流动机制僵化：一方面，内地高校聘用境外兼职教授、访问教授的审批流程复杂，境外研究者来内地访问亦需花费大量时间办理手续；另一方面，内地高校人员赴境外访学、访问同样需要经过复杂的审批程序。在粤港澳三地交通往来、通关手续日益便利的环境下，高校对于人员流动的复杂审批增加了人员互访的时间成本，成为阻碍高校智库间实质性合作的一个主因。

---

① 中山大学粤港澳发展研究院．关于数据库内部开放使用的公告（2018 年 11 月更新）［EB/OL］．（2018－11－13）［2019－01－20］．http：//ygafz. sysu. edu. cn/article/919.

此外，高校智库间研究生联合培养、短期访学机制尚不完善。硕博士研究生是高校智库科研梯队的重要组成部分，承担着资料收集、实地调研、数据分析、报告撰写等实际工作，研究生在高校智库间的流动（特别是实质性参与项目）有助于促进智库间的合作。而当前湾区高校智库间的研究生联合培养、短期访学机制仍不完善，制约了智库间合作的深入开展。

五、成果转化与评价机制缺乏衔接

粤港澳三地的高校智库十分重视成果转化，在本地范围内产生了重要影响。然而，由于粤港澳大湾区并未形成一体化的高层决策机制与政策咨询市场，港澳高校关于内地问题的研究成果往往缺乏合适的渠道报送至相应的地方政府，而只能以出版物形式进行发表，难以及时产生政策影响（内地高校关于港澳问题的研究同理）。与此相似，高校智库的研究成果能够通过媒体平台、论坛研讨、领导培训等途径在本地进行传播，但在其他地区则缺少传播渠道。

三地的科研成果评价机制同样缺乏有效衔接：在内地高校的科研绩效评价方案中，提交给内地政府部门的决策咨询报告往往按采纳部门的层级，依次划分为国家级、省部级和市厅级；然而香港特区、澳门特区各级各类政府部门在大多数高校的科研绩效层级中难以找到对应的，导致研究者被港澳特区政府采纳的决策咨询报告在定级时出现困难，有时只能降低档次认定或不予认定。类似的问题还存在于论文、著作和项目级别的认定中，影响着高校智库跨境提供政策咨询服务的积极性。

第五节　粤港澳大湾区高校智库协同发展机制创新

粤港澳大湾区的发展理念是互利共赢、协同发展，湾区战略的落地将催生一系列体制机制改革，改革中出现的新情况、新挑战需要各地各部门共同应对，这对区域性高校智库的协同能力提出了更高的要求。对此，高校智库应确立协同共治理念，通过“高校—智库—政府”联动合作，从机构设立、项目申报、数据共享、人员流动、成果转化与评价等方面入手，破除三地政策咨询市场间的壁垒，形成有效的协同治理机制。

一、探索建设一批“湾区高校智库协同创新中心”

目前，由粤港澳三地高校联合组建的智库相对稀缺，而常规高校智库的研究成果难以辐射整个湾区。未来应改革高校智库治理模式，建立一批多地联合智库：由三地科研管理部门联合拨款，设立“粤港澳大湾区高校智库协同创新中心”，资助三地高校围绕大湾区建设的重点领域（如商贸物流、产业协同、金融、科技创新、就业创业等）建设一批联合智库，并重点突出联合数据库建设。联合智库可采用实体或非实体的组织形式，鼓励跨学科合作，凝聚香港、澳门、广州、深圳等湾区核心城市的多学科团队。借鉴现有的2011协同创新中心模式，采用“总中心＋分中心”架构：总中心设在某一所高校，配有专职人员、经费和设施，作为联合智库的研究主力、数据中心和协调机构；分中心则作为联合智库在各地的分支，承担项目申报、数据收集和成果转化工作，在总中心和各分中心之间开展实质性的分工合作。

二、打破三地科研项目申报壁垒，设立“湾区智库研究基金”

在科研项目管理体制方面，现行的属地主义模式已不能很好地适应粤港澳大湾区架构。随着湾区11个城市间人流、物流、资金流、信息流等生产要素的加速流动，一些原本仅限于一市的公共政策将会不可避免地在其他城市产生影响，形成牵一发而动全身的效应。例如，人口流入地对流动人口住房、医疗、教育等福利的调整将会改变人口流动的方向，进而对人口流出地及潜在流入地带来影响。未来粤港澳三地科研管理部门应（联合）设立“粤港澳大湾区智库研究基金”：基金年度项目面向湾区各地高校开放申请，通过选题指南引导高校智库研究湾区互利合作性问题；遴选一批以服务湾区发展重大问题为导向的智库（含前文所述的湾区高校智库协同创新中心）进行直接资助，鼓励其基于自身方向进行自主选题研究。此外，各地科研管理部门应摒除城市本位思维，树立湾区共同体意识，放开对跨城市、跨境申报项目的限制。

三、健全三地数据共享机制，建设一批“湾区联合数据库”

目前粤港澳三地高校、智库和政府之间尚未建立有效的数据资源共享机制。未来应利用设立“湾区高校智库协同创新中心”与“湾区智库研究基金”的契机，整合高校智库的技术优势与地方政府的资源优势，建设一批“粤港澳大湾区联合数据库”。联合数据库应覆盖人口、经济、产业、舆情等关键领域，利用大数据、人工智能等技术进行数据挖掘，将数据产品在合理范围内向湾区其他高校开放。同时，对于已由各高校独立建设的数据库，应提升其共享度、开放度和利用率，可规定受“湾区智库研究基金”资助的项目数据应对湾区其他高校合理开放，降低“数据孤岛”效应。通过打造跨越三地的数据共享平台，以坚实的数据提升决策科学性，以实证研究促进理论创新，让研究者与决策者共同受益。

四、健全湾区高校科研人员流动机制

当前内地高校对于人员跨境交流的审批流程对三地高校智库间的深度合作造成了阻碍。未来应简化高校聘用境外兼职教授、访问学者的审批流程，以及内地学者赴境外访学、访问的手续。在此基础上，探索在粤港澳三地高校智库（特别是联合智库）间建立合理的人才流动与共享机制：鼓励研究者赴合作高校担任兼职教授、研究生导师，结合科研项目需要进行短期访学，形成科研人员在高校间的常态流动，增强高校智库活力；以合作项目为抓手，建立硕博士研究生联合培养、短期访学机制，通过学生的流动推动项目的进度，促进数据信息的共享，深化各方合作的实效。

五、探索成果转化与科研评价一体化机制

当前粤港澳三地高校之间尚未形成有效的成果转化和科研评价一体化机制。未来在成果上报方面，应搭建三地高层次决策协调机制，设立湾区政策协调委员会，建立联席会议制度，在此基础上形成一体化的成果报送

渠道：除定期上报湾区高校协同创新中心、湾区联合数据库、湾区智库研究基金项目等重点科研平台/项目成果外，遴选其他高校智库针对湾区问题的研究成果进行上报。在成果发布方面，同样需依托高层决策协调机构在整个湾区范围内对接主流媒体、举办高层论坛、开展领导培训，建立多渠道、多层次、多形式、多载体的信息报送和传播机制，让高校智库的“政策思想”在湾区范围内进行扩散。① 在科研评价方面，应修订完善各地高校科研评价方案，将粤港澳三地各级各类政府部门的层级划分及对应关系纳入一个统一的、具有公信力的评价体系中，以提升高校智库服务积极性，特别是港澳高校智库服务内地政府决策的积极性。

① 刘德海．中国特色新型智库协调发展研究——兼论江苏新型智库体系建构［J］．南京社会科学，2014，(12)．

第六章　英国地方高校智库建设研究

高校智库是设立于高等院校中的专门开展政策研究的学术组织，致力于生产政策思想、培养政策人才和影响政策制定。① 在英国，高校智库是国家智库体系的重要支柱，其研究领域涵盖了经济与社会生活的各个方面，对国内乃至国际公共政策有较大影响力。在宾夕法尼亚大学《全球智库报告》（2017）的高校智库排名榜中，英国共有九个智库进入全球前 90 名，其中有三个进入前 5 名，走在世界前列。② 本章从该排名榜中选取四个案例进行分析：伦敦政治经济学院公共政策中心、苏塞克斯大学科技政策研究院、剑桥大学未来智能研究中心和伦敦大学学院纵向追踪研究中心。③以上案例涵盖了工业、能源、人工智能、经济管理、教育和健康等重

---

① Abelson, D. E. Do Think - tanks Matter? Assessing the Impact of Public Policy Institutes [M]. Kingston: QC McGill - Queen's University Press, 2002: 17 - 48.

② McGann, J. 2017 Global Go To Think Tank Index Report [R]. Philadelphia: University of Pennsylvania, 2018: 157 - 159.

③ 在排名榜中进入全球前 90 名的英国智库有：伦敦政治经济学院外交与国际战略研究院/公共政策中心，苏塞克斯大学发展研究院，伦敦大学国王学院防卫研究院，牛津大学非洲经济研究院，邓迪大学能源、石油与矿产法律与政策研究院，苏塞克斯大学科技政策研究院、剑桥大学未来智能研究中心和牛津大学能源研究院。由于本文聚焦于智库如何影响国内政策，因此所选择案例均为国内事务型智库。同时，考虑到苏塞克斯大学科技政策研究院，邓迪大学能源、石油与矿产法律与政策研究院和牛津大学能源研究院的研究领域存在重合，因此选择苏赛克斯大学作为代表。此外，考虑到榜单中缺少教育和健康领域的智库，特选取伦敦大学学院纵向追踪研究中心作为补充。

要领域，是英国高校智库的典型代表。本章的数据资料来源于各高校的统计资料、年度报告、项目报告和官方网站，着重考察智库的功能定位、运行机制和服务模式，力图总结英国高校智库建设的经验并为我国高校智库的改革和发展提供有益启示。

表6-1　英国高校智库案例

名称	成立时间	领域	全球排名
伦敦政治经济学院公共政策中心	1998年	公共部门管理、国家治理	第2名
苏塞克斯大学科技政策研究院	1966年	能源、可持续发展、食品、工业与创新管理	第72名
剑桥大学未来智能研究中心	2015年	人工智能	第85名
伦敦大学学院纵向追踪研究中心	N/A	劳动经济、健康、教育与人类发展	N/A

在英国，高校智库的研究者具有多重身份，他们不仅是研究者、分析师，还扮演着媒体人、公共关系专家等多重角色。① 高校智库在很大程度上充当着政治、学术与社会间的纽带，沟通着实践发展与理论创新。上述角色定位决定了高校智库的主要功能：第一，以科学精神服务决策制定。深厚的学术理论积淀是高校智库有别于官方和民间智库的首要特征，高校智库“所赖以影响政策的许多创新性观点和关键性证据，归根到底还是来自严肃的学术研究，特别是在大学或者其他学术研究机构中展开的一些针对长期状况和长效机制的研究”。② 与此同时，高校智库所进行的研究侧重于应用而非基础研究，且具有明确的决策导向性，这使得高校智库有别于高校中的常规性研究机构。③ 第二，以大众立场增进社会公义。高等院校

① MEDVETZ T. Public policy is like having a vaudeville act: Languages of duty and difference among think tank-affiliated policy experts [J]. Qualitative Sociology, 2010 (4): 549-562.

② 陶郁. 专访吉登斯：生活在“脱缰的世界”[N]. 时尚先生 Esquire, 2015-10-02.

③ POSNER R A. Public intellectuals: A study of decline [M]. Cambridge: Harvard University Press, 2001.

乃国之公器，高校智库的研究者大多秉持公共知识分子的立场①，以增进社会大众之利益作为研究的出发点和落脚点，服务于政府但不自视为政府之附庸，因而往往能够对政策保持批判建设的立场。同样，高校智库不同于那些带有意识形态色彩或利益集团背景的民间智库，如工党下属的费边社（Fabian Society）和右翼阵营的亚当·斯密研究所（Adam Smith Institute）。② 第三，以现实关照驱动理论创新。在科学发展的历程中，理论创新往往源自实践需求的驱动。③ 高校智库中的研究者作为理论与实践间的桥梁，通过承接对策研究，在解决实际问题的同时不断检验和发展学术理论。④ 在英国，高校智库最重要的合作交流伙伴是学者，其次才是政府部门、其他智库和新闻媒体⑤，换言之，智库研究者对自身的学者身份有着强烈的认同感，积极参与学术交流并推动理论发展。

第一节　英国高校智库的历史和类型

一、英国高校智库的发展历史

作为欧洲智库的发源地，英国有着广泛而有力的国际影响，其英国议会制的政治体制对决策民主化、科学化有着较高的要求，并孕育了咨询性民主的决策模式。早在殖民扩张的维多利亚时期，由于拥有庞大的海外殖民地，英国当局需要全面、深入地研究不同地区的风土民情，从而巩固自身在殖民地的地位。这样一种社会需求激发了对对策性研究的需求。对策

① MISZTAL B A. Public intellectuals and think tanks: A free market in ideas? [J]. International Journal of Politics, Culture, and Society, 2012 (4): 127 – 141.

② ARSHED N. The origins of policy ideas: The importance of think tanks in the enterprise policy process in the UK [J]. Journal of Business Research, 2017 (2): 74 – 83.

③ " Leverhulme Centre for the Future of Intelligence team members", University of Cambridge website [EB/OL]. 2018 – 04 – 28, http://lcfi. ac. uk/about/.

④ Stone, D. and Denham, A. Think Tank Traditions: Policy Research and the Politics of Ideas [M]. Manchester: Manchester University Press, 2004: 1 – 34.

⑤ MEDVETZ T. Public policy is like having a vaudeville act: Languages of duty and difference among think tank – affiliated policy experts [J]. Qualitative Sociology, 2010 (4): 549 – 562.

性研究不同于传统的书斋型学术研究，注重研究成果的咨政价值，随着对策性研究的发展深入，成立了专门的智库研究机构。同时，在高校中也逐渐形成了以对策性研究为宗旨的研究人员、团体和机构。在早期，高校中的对策性研究人员往往呈现零星发展的态势，相关人员往往并不以对策性研究作为主业，而高校中的对策性研究团体也呈现为松散的形态。

两次世界大战以后，随着国际格局的深刻变动，以及国际政治经济局势的日趋复杂化，各国智库得到了长足发展。例如，第一次世界大战后英国成立了查塔姆国际事务研究所，以解决战后巴黎和会期间的相关问题。随着战后各领域智库的长足发展，以及英国高等教育的普及和研究型大学的进一步发展，在高校中出现了以对策性研究为职业的人员。这部分研究者有着学术研究的扎实经历，并将对策性研究作为主要工作方向。

在英国，由壳牌公司赞助的《展望杂志》从2001年起举办了年度最佳智库奖。设立智库奖的目的是鼓励在政策问题的公共政治思维过程中发挥关键作用的组织。一方面，年度最佳智库奖的选择基本上是以下列标准为基础的：一致认同的重要议题、创新合理的政策方法、严谨性的分析、对政治的实质性影响、对媒体的影响、广泛的社会影响，以及对公众的召集力量。另一方面，由首席经济学家、期刊编辑、院士、作家和评论家、秘书等不同职业群体组成的评审委员会，在智库的选择过程中具有充分的权威性。大部分奖项是在一个单独的奖项中为英国智库颁发的，美国智库也能荣膺奖项。在报告中，列出成功的智库的方法与其他排名报告大不相同。例如，英国《展望杂志》[①] 的报告不仅在每个奖项类别中展示优胜智库，而且提供囊括四个成功的智库（包括获胜者）的入围名单。除了给美国的一类奖项，在不同政策领域，如国际事务、社会政策、能源与环境、经济与金融等领域运作的英国智库可获得单独的奖励。

随着对策研究者群体的壮大，早期松散性的对策性研究团队逐渐走向专业化，并在此基础上形成了专门的研究机构。英国拥有数十所国际一流

① http：//www. prospectmagazine. co. uk.

的研究型大学，且多为综合性大学，上述高校中的智库研究机构往往依托特定院系举办，或居于院系之间成为跨学科智库。下面将对英国高校智库的类型进行详述。

二、英国高校智库的主要类型

英国的高校智库可从组织机构上分为实体性机构与非实体性机构，从学科构成方面分为单一学科智库与多学科智库，从智库与高校的关系上分为单一高校智库与跨校联合智库，从智库的研究范式方面可分为对策研究型智库与数据库型智库。

第一，在智库组织结构方面，可分为实体性机构与非实体性机构。实体性机构有专门的人员、经费和办工场地；非实体性高校智库往往通过项目制形式凝聚不同院系的研究力量，推动实质性的跨院系合作研究，以项目制形式推动合作研究，以多学科视角和方法研究相关领域问题。

第二，在研究者学科构成方面，可分为单一学科智库与跨学科智库。单一学科智库大多面向有较明确“边界”的社会问题，如经济、商业和法治，其研究往往需要借助特定学科的理论与方法；而跨学科智库的成立大多是为了应对“边界”较为模糊的社会问题，如社会治理、城市治理和区域发展，其研究往往依赖多学科的视角和方法（特别是经济学、社会学、政治学和地理学）。

第三，从智库与高校的关系上分为单一高校智库与跨校联合智库。其中，跨校联合智库往往立足于某一所高校，并通过整合政府和官方智库的专家与研究资源，补足高校智库自身的短板。

第四，从智库的研究范式方面可分为对策研究型智库与数据库型智库。对策研究型智库是英国高校智库中的典型形态，通过承接政府直接委托的研究，产出研究报告并上报相应部门。而数据库型智库则更具特色：在英国，一批大型国家数据库依托高校智库进行建设，由研究者开发和维护数据库，并利用库存资料开展学术研究，形成一种“中心建库－库养中心”的共存模式。下文对于各种类型高校智库的特点将有详细阐述。

第二节　英国地方高校智库的组织要素

一、英国地方高校智库的组织结构

英国学者吉本斯等人在其著作《知识生产的新模式：当代社会科学与研究的动力学》中，从研究的旨趣、知识的属性和生产的组织等维度梳理了传统的知识生产模式（模式 1）及其当代转型（模式 2）。模式 2 强调，知识生产不应局限在学科化的认知语境中，而是应当在一种更广阔的、跨学科的社会经济情境中进行，知识生产应具有应用情境性、跨学科性、开放性和灵活性的特征。[①] 作为一个知识生产组织，英国高校智库的功能定位决定了其所生产的是一种“政策思想”或“政策知识”，形成了开放、协同、问题驱动和迅捷的治理结构：围绕现实问题组建研究团队，以校内外专兼职研究者联盟为核心，吸纳外部大众、政府和社会组织作为外围成员，通过专业研究、研讨会、公众咨询等形式凝聚多方智慧，迅捷、高效地提出政策方案。高校智库的知识生产模式决定了其治理结构具有协同攻关、开放参与、问题驱动和迅捷产出的特征。

高校智库的知识生产模式和治理结构决定了其所产出的“政策知识”是基础研究与应用研究不断交互的产物：一方面，智库研究者有着深厚的理论知识，能够结合具体问题情境将其转化为实用性的政策知识；另一方面，政策知识生产的出发点是社会现实问题，而现实问题往往是社会结构性矛盾及其变迁的产物，蕴涵着理论上的生长点。例如，英国国会曾委托苏塞克斯大学科技政策研究院分析国家能源战略，选择该研究院的原因在于其对“任务导向型”创新政策有多年的研究，而这正是能源战略调整的重要方向。接受委托后，研究院立足于自身的研究积淀展开了专题研究，并将其成果作为对策建议提交给国会，而研究过程中所发现的新问题也为

① ［英］迈克尔·吉本斯等．知识生产的新模式：当代社会科学与研究的动力学［M］．陈洪捷、沈文钦等译．北京：北京大学出版社，2011：1—8.

研究院未来的研究提供了新思路。[①] 可见，在政策知识的生产过程中，“基础”与“应用”性质的研究相互交融、密不可分。

（一）协同攻关

英国高校智库治理结构的最大特征是协同性。有别于人文社科传统的“书斋式”治学方式，高校智库的知识生产单位并不是个人，而是团队和联盟，这是因为智库所要解决的社会问题是复杂的，往往超过了学者个人的知识面。[②] 由此，高校智库建立起了多层次、立体式的协同研究机制，包括跨学科/跨院系协同、兼职/专职队伍协同、本校/外校/政府/企业协同等。以伦敦政经学院公共政策中心为例：针对不同课题的领域聘请外校、企业及政府相关专家，以课题组专职成员或咨询专家身份参与；通过咨询委员会制度吸收校外专家、利益团体代表、政府和企业领导者，为智库自身的战略规划、人员聘用等事项把关；一些课题采用跨校或跨国联合项目的形式推进；此外，协同研究的内涵不仅限于学者间的合作，还包括智库与所属高校间的配合，即由高校提供项目管理方面的保障，以优化供需关系、提高研究效率。[③]

（二）开放参与

英国高校智库的治理同样有着很强的开放性。高校智库秉持着大众立场，在其政策知识的生产过程中，政府、大众和社会组织都能够通过各种形式参与。[④] 具体而言，智库在研究过程中开展了大量的公众咨询活动，通过公众咨询，使得核心利益相关者能够直接介入研究的过程，也即知识生产的过程。例如，伦敦政经学院和和苏赛克斯大学在研究过程中大量开

① University of Sussex. BEIS industrial strategy report cites SPRU evidence [EB/OL]. [2018-04-27]. http://www.sussex.ac.uk/spru/newsandevents/2017/talks/beis-report.

② Abelson, D. E. Do Think-tanks Matter? Assessing the Impact of Public Policy Institutes [M]. Kingston: QC McGill-Queen's University Press, 2002: 17-48.

③ London School of Economics and Political Sciences. LSE public policy group [EB/OL]. [2018-04-30]. http://www.lse.ac.uk/government/research/research-groups/public-policy.

④ JAMES S. The idea brokers: the impact of think tanks on British government [J]. Public Administration, 1993 (4): 491-506.

展面向核心利益相关者的闭门研讨会和公众听证会，并将研讨和听证的反馈意见整合进最终的政策建议中；同时，在上报最终政策建议之前以皮书的形式进行公示，在吸收各方建议的基础上进行定稿（后文将有详述）。智库知识生产过程的开放性保障了政策建议的民主性和科学性①，是其治理结构中的一大亮点。

（三）问题驱动

英国高校智库的运行方式为问题驱动导向。换言之，智库的研究遵从"问题领域"范式而非"学科"范式，这一特点使得其有别于高校中传统的研究机构。具体而言：智库的研究选题主要来自政府和公共部门的委托，直指社会现实问题；研究团队围绕问题领域（而非学科体系）而组建；研究方法主要采用实证研究的范式。例如，伦敦大学学院纵向追踪研究中心是一个数据库型智库，其职责是维护一批重要的国家追踪数据库。该中心的研究人员来自经济学、统计学、社会学和心理学等学科，中心的运行机制为项目制，围绕教育与社会流动、学业成就公平性、就业市场和健康生活方式等主题整合人员，开展专题研究。② 不难发现，该中心的研究团队是一支学科多样性很强的团队，这类研究团队在管理上的难点和重点就在于协同机制，即如何才能将具有不同学科专业背景的人员协调起来，使其向着一个统一的方向努力。而问题驱动的组织机制（特别是项目制）恰好保证了多元化背景学科团队的凝聚力，这种运行方式打破了传统学科之间的壁垒，突出了智库研究的实践取向。

（四）迅捷产出

英国高校智库的运行突出了迅捷性。传统的人文社科研究注重"慢工出细活"，一份研究成果的形成要经历系统的文献梳理、反复的选题论证、

---

① 余晖．半官方教育智库如何服务政府决策——香港教育统筹委员会的经验及启示［J］．现代教育管理，2015，(12)：17—22.

② University College London. About the centre for longitudinal studies [EB/OL]. [2018-04-27]. http://www.cls.ioe.ac.uk/page.aspx?&sitesectionid=26&sitesectiontitle=About+the+Centre+for+Longitudinal+Studies.

全面的调查研究和深入的理论推敲，这一过程往往耗时数年。而政策问题则具有即时性，特别是一些应突发的、重大社会问题而产生的政策议程，需要在有限的时间内拿出有效的解决方案。针对公共政策活动与研究的特点，英国高校智库探索出了一套“短平快”的知识生产和传播模式，使得大量的研究项目能在一年以内完成，及时为决策者提供解决方案。以剑桥大学未来智能研究中心为例①，该中心是一个由四所高校联合举办的研究中心，按照研究方向划分为若干梯队，在接受决策部门委托后迅速进行问题研判，针对具体问题快速动员形成课题组，通过经营完善的数据和调研平台有针对性地搜集资料，及时发布阶段性研究成果，并通过绿色通道直达决策部门，或以工作论文、网络和自媒体形式面向大众发布。

二、英国地方高校智库的研究领域

英国的高校智库多为专门领域的智库，如经济智库、国际关系智库或行业性智库（如能源类、人工智能类、科技政策类），其研究领域涵盖了科技政策、工商业政策、国防与国际关系、经济政策、社会发展等，涉及经济和社会生活的方方面面，与高校的学科体系呈现对应关系。以宾夕法尼亚大学《全球智库报告》高校智库排名榜为例，2017 年英国共有九个智库进入全球前 90 名，其中有三个进入前 5 名。在排名榜中进入全球前 90 名的英国智库有：伦敦政治经济学院外交与国际战略研究院/公共政策中心，苏塞克斯大学发展研究院，伦敦大学国王学院防卫研究院，牛津大学非洲经济研究院，邓迪大学能源、石油与矿产法律与政策研究院，苏塞克斯大学科技政策研究院，剑桥大学未来智能研究中心和牛津大学能源研究院。

三、英国地方高校智库的团队建设

英国高校智库的研究遵从问题领域范式，与此相应，其人才队伍的组

---

① University of Cambridge. Leverhulme centre for the future of intelligence［EB/OL］.［2018－04－30］. http：//lcfi. ac. uk.

建所围绕的是领军学者和特定的问题领域，而不是具体学科。由于智库研究具有开放性、协同性的特征，因而在延揽人才方面不局限于高校学者，也不限于专职研究者。

（一）围绕领军学者组建梯队

领军学者是高校智库研究团队的核心。一般而言，高校智库在若干专业领域方向上拥有一个或多个领军学者（通常为具有国际影响力的正教授），围绕这些领军学者的方向组建研究梯队，形成一个个松散联合的科研团队。团队成员主要包括：领军学者、专职科研人员、兼职科研人员、博士研究生、科研助理和行政助理等。例如，伦敦大学学院纵向追踪研究中心拥有经济学家艾莉莎·古德曼（Alissa Goodman）和埃姆拉·菲茨西蒙斯（Emla Fitzsimons）、人口健康学家乔治·普卢比迪斯（George Ploubidis）、社会学家艾利斯·苏利文（Alice Sullivan）、人口学家乔希（Heather Joshi）、社会统计学家迪克·维根斯（Dick Wiggins）等一批经济学家、社会学家、人口学家和统计学家，并围绕上述领军学者分别形成了“全国儿童发展研究 1958”（NCDS）、“英国群组队列研究 1970”（BCS70）和“千禧群组队列研究”（MCS）三个数据库的研究团队，以及数据库运营团队、数据管理团队、问卷调查团队等数据库运行团队。需要注意的是，上述研究梯队的人员构成并不是固化的，而是可以灵活调整的。例如，一位领军学者或专职科研人员可以同时加入多个研究团队，或参与多个科研项目。换言之，在高校智库中，研究梯队的价值在于维持一个大致稳定的研究方向，并通过灵活的人才引入和输出机制，生成一个个具体的科研项目。

（二）组建跨学科研究团队

英国高校智库人才队伍建设的另一大特点是围绕特定研究领域、项目组建跨学科研究团队。多样化的学科背景是高校智库的生命力，因为公共政策问题往往是牵一发而动全身的复杂问题，仅靠单一学科的视角与方法难以提出有效的解决对策。因此，高校智库将组建跨学科研究团队作为学科建设的重要任务。例如，苏塞克斯大学的科技政策研究院围绕其四大学科群（能源与可持续发展、创新经济与工业政策、技术与创新管理和科学与政治决策）组建了一支由70位研究员和80位博士生组成的人才梯队。该中心还与哈佛大学共建了“哈佛—苏塞克斯项目”，专注于生化武器的政策研究。其成员的学术背景包括生命科学、化学、医学社会学、科技政策和反恐政策等多个研究领域，因而能够从技术层面（生命科学/化学）、社会层面（医学社会学）、公共政策层面（科技政策）、国际层面（反恐政策）等多个层次对生化武器开展全面系统性的研究。① 以上正是跨学科研究团队的价值。

（三）延揽工作多元背景人才

英国的公共政策制定具有很强的开放性，政府、政党、大众、媒体、业界、NGO和国际组织都能够或多或少地影响政策制定，因此，高校智库的人才队伍建设突出了人员背景的多元化，以适应英国的政治体制环境。具体而言，高校智库通过“旋转门”机制延揽具有政党、政府、媒体、业界、NGO和国际组织背景的人才，并在承担科研项目时实现上述人才的全覆盖，从不同视角、立场出发提出政策建议，从而处理好各方关系，确保政策建议的科学性和民主性。例如，在伦敦政经学院公共政策中心，22.2%的研究者曾在政府工作，44.4%具有媒体工作经历，22.2%具有NGO和国际组织（世界银行/经合组织）工作经历。②

（四）吸纳外部智力协同攻关

对策研究是一项系统工程，离不开智库与政府、高校、业界和利益相关者团体的协同攻关。如前文所述，英国的高校智库本身具有一支跨学科、多元背景的人才梯队，在此基础上，吸收了政府官员、官方智库成员、学者和业界领袖担任研究中心理事和咨询委员，从而进一步吸收外部

① University of Sussex. The Harvard Sussex program［EB/OL］.［2018－03－08］. http://www.sussex.ac.uk/Units/spru/hsp/Harvard－Sussex－Program－people.htm.

② 张新培、赵文华. 谁在为著名高校智库工作——基于人员任职经历的结构化网络分析［J］. 清华大学教育研究，2014，（6）：59—65.

智力进行协同攻关。例如，剑桥大学未来智能研究中心聘请了由 8 人组成的国际顾问委员会，其中包括教授、上议院议员、皇家学会主席、IBM 科学家和深度思维（Deep Mind）首席执行官，同时在具体项目中通过专家咨询和研讨会等形式吸收外部智力。不难发现，高校智库的外聘专家们多为社会各界和国际上享有盛誉的专家，其加盟有助于高校智库把稳方向。①

四、英国地方高校智库的组织资源

在组织资源方面，英国的高校智库不仅能够从所在高校获得相应的经费、人员和设备支持，还能够从政府部门、国家科研基金委和企业界获得相应的经费支持，同时能够通过外部合作（如外校合作、国际合作）获得相应的人员和经费支持。在高校智库内部，组织资源的类型包括科研经费、成果上报平台、交流合作机会等，以上资源的分配主要基于研究者所承担的项目需求、个人发展需求和智库发展的总体需要。

五、英国地方高校智库的咨询模式

在问题驱动型的知识生产模式之下，由于高校智库的委托方类型广泛（国会、政府部门、利益团体、企业、媒体机构、科研基金会、国际机构和外国政府等），需要针对其特点和需求提供差异化的研究服务，形成了三种主要的服务模式。

（一）政府直接委托模式

政府直接委托是英国高校智库的主要研究模式，具有鲜明的问题导向性，研究过程面向大众和媒体开放，注重与政府、官方智库、利益团体的协同，产出的政策具有科学性、民主性、稳定性、延续性和长效性，因而能够产生较大的政策影响。其研究内容通常包括舆情监测、民意调查、方案设计、政策评估和组织优化，等等。考虑到研究周期的短期性、研究问

① University of Cambridge. Leverhulme centre for the future of intelligence team members［EB/OL］.［2018－03－08］. http：//lcfi. ac. uk/about/people/.

题的针对性和政策受众的多元性，研究者采用利益相关者访谈法、文献整合分析、国际比较、德尔菲法和混合方法作为主要研究方法。

苏塞克斯大学科技政策研究院近期的一项研究案例体现了政府直接委托模式的主要特点。在2016年，英国首相特雷莎·梅决定重组商业、能源与工业战略部，以期提升工业政策的活力。[①] 在这一国家政策议程下，下议院的"商业、能源与工业战略"工作委员会对政府商业、能源与工业部的工作进行了系统检视，并就工业战略调整方向展开了广泛的咨询。委员会委托了若干专家团队进行对策研究，其中包括苏塞克斯大学科技政策研究院以及伦敦大学学院、杜伦大学、华威大学、阿斯顿大学和考文垂大学所属的相关智库。苏塞克斯团队在能源和创新政策领域有着深厚的研究基础，在接受委托后针对咨询方案中的五大焦点问题展开了专题研究，立足于团队成员的已有成果，采用文献整合分析、国际比较、政策文本分析、统计分析等方法进行实证研究，产出了一系列研究报告和对策建议。[②] 研究院将上述成果以口头报告（oral evidence）和书面回应（written evidence）的形式向下议院工作委员会和媒体大众进行了汇报，随后结合所获反馈进行了修订。[③] 最终，工作委员会于2017年3月发布了《科技战略检视报告》（Industrial Strategy：First Review），报告中整合了苏塞克斯团队所提出的"工业政策应当以任务为导向以解决社会实际问题"的建议，并直接引用了团队成员的观点作为支撑。这份报告被提交给商业、能源与工业

① UK government. CBI annual conference 2016：Prime Minister's speech [EB/OL]. (2016－11－21) [2018－03－08]. https：//www. gov. uk/government/speeches/cbi－annual－conference－2016－prime－ministers－speech.

② University of Sussex. Written evidence from SPRU, University of Sussex (ISG0111) [EB/OL]. [2018－03－08]. http：//data. parliament. uk/WrittenEvidence/CommitteeEvidence. svc/EvidenceDocument/Business,% 20Energy% 20and% 20Industrial% 20Strategy/Industrial% 20strategy/written/39044. html.

③ University of Sussex. BEIS industrial strategy report cites SPRU evidence [EB/OL]. [2018－03－08]. http：//www. sussex. ac. uk/spru/newsandevents/2017/talks/beis－report.

战略部，成为特蕾莎政府工业战略调整的基本思路，并部分转化为实际政策。① 在另一项政府委托研究中，苏赛克斯团队考察了布莱顿市的创意、数码与 IT 产业集群，针对其现状与瓶颈提出了系列政策建议。其研究成果得到了包括科学大臣戴维·威利茨（David Willets）和多位国会议员在内的政府高层的关注，最终转化为一系列改革措施，为布莱顿市吸引了 1.7 亿英镑的投资，创造了 8500 个就业岗位，产生了显著的经济社会效益。②

（二）国家数据库 - 研究中心模式

在英国，一批大型国家数据库依托高校智库进行建设：由研究者开发和维护数据库，并利用库存资料开展学术研究，形成一种“中心建库 - 库养中心”的共存模式。大型追踪数据库就是这一模式的典型，数据库由经济与社会研究基金委（ESRC）进行资助，而具体建设和维护则依托高校进行。研究者通过问卷调查、访谈等方法，将来自大规模样本的数据录入数据库，每隔一定年份对被试进行回访并对数据库进行更新，以获得样本人群自出生时起贯穿一生的数据。由于大型追踪数据库储存着个体在不同时间节点上的各项观测值，因而能够支撑大型贯时性研究，尤其是涉及社会变迁、代际差异和阶层流动等结构性问题的研究，在消除贫困、社会融合、性别平等、教育公平等领域产生了重大政策影响，成为“基于证据的政策研究”之重要基础。③ 如果说前文所述的政府直接委托模式是一种即时性研究，那么国家追踪数据库的建设则是一种战略性布局。

英国人口队列研究（British birth cohort studies）是一项国际著名的追踪研究，由经济与社会研究基金委（ESRC）资助，包含四个核心数据库，其中三个项目依托伦敦大学学院纵向追踪研究中心举办：全国儿童发展研

① Business, Energy and Industrial Strategy Committee. Industrial strategy: First review［R］. London: House of Commons, 2017: 56 – 77.

② University of Sussex. Brighton fuse［EB/OL］.［2018 – 03 – 08］. http://www.sussex.ac.uk/spru/impact/brightonfuse.

③ VAN BELLE G, FISHER L, HEAGERTY P, et al. Biostatistics: A methodology for the health sciences［M］. New York: John Wiley and Sons, 2004: 728 – 765.

究1958（NCDS）、英国群组队列研究1970（BCS70）和千禧群组队列研究（MCS）。如果说四大数据库是英国人口队列研究的“国之重器”，则伦敦大学学院是这一项目的“国家队”。该中心的工作包含四个部分①：一是数据采集。中心设有专门的数据库维护、数据管理和问卷调查部门，在数据采集时段对全部被试进行访谈和问卷调查，并对数据进行系统整理，之后转交英国数据服务机构（UK Data Service）进行储存和公开。二是辅导外部研究者使用数据库。数据库内含多个数据子集，研究中心为各个数据子集分别制作了操作指南，并开设工作坊对外部研究者进行培训。三是为其他追踪数据库建设团队提供专业咨询。多年以来，研究中心积累了大量的追踪数据库管理和数据分析经验，因此，为其他追踪数据库团队提供咨询成为其工作的重心之一。四是依托数据库从事政策研究。例如，该中心依托“英国群组队列研究（BCS70）”数据库开展了一项关于儿童阅读的追踪研究，发现儿童时期的自由阅读会在成年后产生积极效应，因此建议国家加大对公共图书馆的投入，让更多来自弱势家庭、家中少有藏书的孩子能够受益。由于该政策建议符合左翼阵营的工党一贯关心弱势群体的政治主张，加之数据来源权威、说服力强，因而被收入工党的教育政策评论集，进入了国家政策议程，并在主要英语系国家产生了广泛的社会影响。②国家数据库的建设集中体现了高校智库以科学精神服务决策制定、以大众立场增进社会公义的价值追求。

（三）高校“中间人”模式

高校智库的功能发挥不仅依靠智库自身的建设，同时也离不开高校的组织保障。英国的部分高校设立了专门的智库服务部门，从校级层面对智

① University College London. About the centre for longitudinal studies [EB/OL]. [2018-03-08]. http://www.cls.ioe.ac.uk/page.aspx?&sitesectionid=26&sitesectiontitle=About+the+Centre+for+Longitudinal+Studies.

② University College London. Centre for longitudinal studies annual report 2014-15 [EB/OL]. [2018-03-08]. http://www.cls.ioe.ac.uk/page.aspx?&sitesectionid=294&sitesectiontitle=Governance.

库工作进行统筹。例如，伦敦政经学院设立了以商业化形式运作的企业服务部（LSE Enterprise），下设咨询部（LSE Consulting），作为一个学校层面的集中平台，该部门与校内智库保持着密切联系，并与官方智库和政策咨询公司建立了稳定联系，充当着智库与产业界的“中间人”。咨询部的项目委托方往往是中小型机构和单位，由于自身缺少与高水平智库的联系，希望通过高校牵线搭桥。咨询部在掌握委托方需求后，会为其选择合适的校内智库，并承担项目协商、计划拟定、预算评估、合同签约、组织研讨、过程管理、著作权管理和成果转化等工作。[①] 这一对接机制有效地满足了中小型机构的咨询需求，同时拓宽了高校智库的外联渠道和服务范围，每年为校内的45个智库（240位研究者）带来超过150个咨询项目，涉及25个不同行业，引入超过1500万英镑经费。[②] 此外，通过学校层面的统一管理，帮助研究者节省了大量用于项目协商、著作权管理和成果转化工作的时间，使其能够更加投入地从事研究。不难发现，高校“中间人”模式实现了政策咨询市场的资源优化配置。

六、英国地方高校智库的交流平台

英国高校智库的交流平台分为三种类型：第一，在外部合作方面，高校智库通过合作课题、合作中心、访问学者等渠道，搭建了合作交流的良好平台。第二，在数据获取方面，高校智库通过建设自身的专题数据库，并为外部研究者提供培训来进行交流。同时，与政府部门、国际组织、数据公司和大型企业建立起了稳定的合作关系，在数据获取与分析方面保持着良好合作交流关系。第三，在决策咨询方面，高校智库通过与决策部门、利益相关者和媒体的合作渠道，通过网站、大众媒体、自媒体等形式

① London School of Economics and Political Sciences. Information for LSE academics & experts [EB/OL]. [2018－03－08]. http://www.lse.ac.uk/business－and－consultancy/consulting/experts/information－for－lse－academics－and－experts.

② London School of Economics and Political Sciences. Creating impact in the wider world: A guide to LSE consulting's services [EB/OL]. [2018－03－08]. https://indd.adobe.com/view/523ade8d－b017－4262－906a－41e71965ed0e.

进行信息共享与传播。

七、英国地方高校智库的绩效评价

在英国，高校智库的绩效评价基于多种不同类型的成果形式，包括：工作论文（working paper）、研究报告、专著、学术论文、视频展示、政策解读、报刊评论、媒体专栏、社交媒体、皮书、案例分析和专题数据库。换言之，高校智库与高校常规研究机构相比较，其优势在于：智库所产出的研究成果并不受限于研究报告、专著和学术论文等传统学术论著形态，而是涵盖了媒体评论、数据库等多种形态。由于公共政策的受众具有多元性，在高校智库的绩效评价方面，媒体评论、数据库建设与学术论著享有同等重要的地位。值得注意的是，英国高校智库普遍鼓励研究者进行媒体发声，在BBC等主流媒体建立专栏或定期进行。同时，高校智库普遍在其官方网站上设置了工作论文专栏，并定期更新对最新政策的解读，在网站上设置案例分析专栏，以及数据库链接。通过以上渠道推动智库研究者成果的推广。

第三节　英国地方高校智库的组织特征

一、实体性组织机构

英国的高校智库多为相对稳定、运作规范的实体性研究机构，具有以下特征：

第一，以实体性研究机构形式运行。有重要影响力的高校智库多为实体性研究机构，具备相对独立的人事权和财权。例如，本研究的四个案例中有三个为高校实体性研究中心/院[①]：苏塞克斯大学科技政策研究院为商学院下属的独立研究机构，成立已超过五十年；伦敦大学学院纵向追踪研

---

① 剑桥大学未来智能研究中心则是一个跨校研究机构，由剑桥大学、牛津大学、帝国理工学院和加州大学伯克利分校的研究者组成，依靠大型合作项目进行推动，形成了相对稳定的合作伙伴关系。

究中心为该校教育学院社会科学系下属研究中心；伦敦政经学院公共政策中心为政府管理学院下属的独立研究中心。以实体性研究机构形态存在是高校智库得以维持稳定运行的保障，使得智库能够拥有一支稳定的科研队伍，独立招聘符合自身发展方向的人员，并开设硕博士专业，从而实现学科建设与人才培养的互补。

第二，以专职科研梯队为主干。在英国，专职科研人员梯队是高校智库研究力量的核心，在此基础上吸收外围兼职人员。例如，苏塞克斯大学科技政策研究院有专职研究人员70位，伦敦大学学院纵向追踪研究中心有专职科研人员55位，而规模较小的伦敦政经学院公共政策中心也有研究人员15位。专职科研梯队的核心是领军学者，通常而言，领军学者为各个学科方向的带头人，并且在一些学科方向上有多位带头人。专职领军学者的存在使得高校智库具备较为稳定的研究方向，形成自身特色。围绕学科带头人，智库形成了以专职科研人员为主干的学术梯队，梯队中包含学科背景多元、工作经历多样的研究人员。在专职科研梯队的基础上，通过兼职、访问学者机制柔性引进一些外围科研人员，形成了完善的人才团队。

第三，以人才培养反哺学科建设。在高校智库的运行中，学科建设和人才培养形成了良性循环：梯队建设、科学研究为人才培养提供智力保障，而人才培养中的课程体系建设和教学工作则为学科建设提供了组织凝聚力，使得学科建设能够围绕智库发展的中心方向展开。在本研究的案例中，高校智库的核心研究方向与其所开设的硕博士专业方向通常是一体的。例如，在苏塞克斯大学科技政策研究院，其主要研究领域为能源与可持续发展、创新经济与工业政策、技术与创新管理和科学与政治决策，与此相应，该院开设了能源政策、项目管理、科技政策、战略创新管理、可持续发展等五个方向的硕士专业，以及科技政策、技术与创新管理两个博士专业。上述硕博士专业与研究院的各大研究领域是一一对应的，支撑着各研究方向的稳定发展。同样，在以量化研究方法（追踪数据分析）见长的伦敦大学学院纵向追踪研究中心，其所开设的硕博士专业为社会科学研究方法，特别注重量化研究方法的培养，该专业的课程体系建设和教学活动始终对研究中心的人员梯队提出高标准的要求。与此类似，伦敦政经学院公共政策中心开设了公共政策与行政硕士专业和博士方向，通过课程体系建设凝聚师资，反哺学科建设和科学研究。

二、特色化人才培养

（一）硕士生培养

如前文所述，英国高校智库大多为实体性研究机构，因而能够依托该方向的专任教师开设一个或多个硕博士专业，通过教学相长的过程，促进中心的前沿研究成果向教学转化，培养相关领域的高水平人才，同时，为中心未来的博士生候选人进行人才储备。例如，苏塞克斯大学科技政策研究院开办了能源政策、可持续发展、战略创新管理、项目管理、科技政策等五个硕士专业，以及科技政策、技术与创新管理两个博士专业。上述专业依托该研究院的四大研究方向（能源与可持续发展、创新经济与工业政策、技术与创新管理和科学与政治决策）开设。又如，伦敦政经学院公共政策中心依托中心师资，开设了公共政策与行政硕士专业和博士方向。

除了依托自身的特定研究领域培养人才外，一些高校智库还依托特定的方法和理论专长开设了极具特色的研究生专业。例如，伦敦大学学院纵向追踪研究中心依托其研究人员在量化研究方法上的专长，开设了社会研究方法硕士专业。该专业旨在培养学生系统地掌握社会科学实证研究的量化和质化方法，包含以下核心课程：数据分析、回归分析、量化研究方法、质化研究方法、问卷设计、文献整合分析、追踪数据分析、影响评估方法、高效数据分析。以上研究方法类课程的系统开设有赖于纵向追踪研究中心的教师构成，如前文所述，该中心聚集了一批经济学、社会学、人口学、心理学和统计学背景的专家，且大多为掌握各类量化研究方法的专家，因而能够结合自身研究专长开设高品质的研究方法课程。

（二）全奖博士生

在博士生培养方面，英国高校智库注重学研结合，高校智库普遍采用全奖博士生机制：高校智库往往承担了一些重大科研课题，随之而来的是大量的经费资助，而智库将部分课题的内容分解为若干子课题，以子课题作为博士论文选题，并配以全额奖学金，吸引高水平学生。例如，苏赛克斯大学科技政策研究院的能源研究团队以构建可持续发展的低碳能源体系作为研究领域，该团队在蒂姆·福克斯（Tim Foxon）教授和史蒂夫·索瑞尔（Steve Sorrell）教授领导下，从欧盟、英国自然科学基金委、英国政府部门等渠道获取了大量的纵向和横向研究经费。该团队近年来的一个重要研究方向是“数字社会中的能源需求”，围绕这个方向，该团队依托研究院在2018年度设立了2个为期三年的博士奖学金名额，并将博士论文的选题方向限定为以下四个方面：（1）信息与通信技能在能源消耗中的运用；（2）信息与通信技能导向的商业创新模式；（3）智能系统在节能中的应用；（4）运用数字技术提高区域能源使用效率。入选奖学金项目的学生除了需要按要求完成学业外，还有机会担任研究院相关课程的助教。①同时，研究院还依托单个科研项目招收全奖博士生。例如，奥希德·亚库布（Ohid Yaqub）博士的研究团队获得了一项为期五年的欧盟研究基金委的委托项目“研究与创新中的不确定性”，获得了140万欧元的科研经费，通过这笔经费，奥希德·亚库布博士依托研究院开设了2个为期四年的全奖博士生项目，壮大了研究团队的力量。

博士奖学金项目机制有助于实现项目、学生、智库三方的共赢：第一，对于科研项目而言，通过奖学金博士项目能够吸收高水平学生进入课题组，并且实际负责其中的子项目，形成“领军学者—青年学者—博士生—研究助理”的研究梯队，有助于项目的整体推进。第二，对于学生而言，依托重大项目来推进自身课题，确保了选课本身的价值，并明确了写作方向，且能够依托重大课题的相关学术资源，确保顺利完成毕业论文，并产出有较大社会影响的成果，无疑是开辟了一条学术生涯的“绿色通

① https：//www. sussex. ac. uk/study/fees – funding/phd – funding/view/907 – Two – 3 – year – PhD – studentships – on – Energy – Demand – in – the – Digital – Society – at – SPRU – University – of – Sussex.

道”。第三，对于智库而言，奖学金项目博士生的招收是其本身进行人才储备的重要渠道。学生写作博士论文和担任助教的过程同时也是与研究团队进行磨合的过程，这种磨合既是研究方向上的，也是人际关系上的。这一过程还是对学生进行筛选的过程，有助于团队领导挑选出个人能力、研究方向和做事风格都与团队最为契合的未来同事。

（三）人才培养特色

第一，强调量化研究方法训练。在当前“以证据为基础”之政策制定的趋势下，实证研究成为智库进行对策研究的基本范式，而量化研究方法又是实证研究的重要根基，政策分析家的价值也在很大程度上体现为为政策制定、评估提供数据支撑。在此背景下，量化方法日益成为政策规划、设计与评估中的显学，量化分析也成为公共政策研究的重要子学科，一批培养量化政策分析专家的专业也得以设立。在本研究的四个案例智库中，其所开设的硕士专业均突出了量化研究方法课程的地位，例如，在伦敦政经学院公共政策中心的公共政策与行政专业的课程体系中，7门核心课程中有2门是量化研究方法课，分别为量化分析基础和应用回归分析。又如，在苏赛克斯大学科技政策研究院能源政策专业的课程体系中，量化研究方法课占2门，分别为统计研究方法导论和量化研究方法。上述专业的共同点在于：第一，量化方法课比重高、范围广。以伦敦大学学院纵向追踪研究中心所开设的社会科学研究方法专业为例，其所开设的必修与限选课程中量化课程的比重达到了80%。第二，学科基础以统计学、经济学、心理学为主，注重传授实际的政策分析方法。例如，社会科学研究方法专业所开设的8门量化方法涵盖了实验与准实验设计、统计分析、初级量化分析、高级量化分析、追踪研究与分析、数据缩减与潜变量模型、取样设计以及评估方法，均为政策规划与分析活动中的常用方法。当前，量化方法在政府、NGO、商业机构和学术界的政策分析中得到了广泛的应用，系统掌握量化方法的学生在深造和就业方面均有广阔的空间。

第二，强调文献整合分析方法训练。文献整合分析作为智库在缺乏一手数据情况下进行基于二手数据的研究之重要手段（后文将有详述），成为智库进行人才培养时所着重强调的技能，也成为不少高校智库课程中的重要课程。伦敦大学学院纵向追踪研究中心的社会科学研究方法专业将文献整合分析作为课程体系的重点，开设了一门必修课（文献整合分析设计与规划）和一门选修课（面向复杂政策问题的文献整合分析），对学生进行扎实的文献整合分析训练。①

第三，为学生（特别是博士生）提供实际参与研究项目的机会，培养学生分析实际政策的技能。高校智库承担着大量的研究项目，研究项目的运转离不开研究梯队的支撑，一个研究梯队通常包含了领军学者、青年学者、博士生和研究助理，因而项目的运行为博士生和硕士生提供了大量的参与研究的机会。由于高校智库所开设的专业为政策分析导向的专业，学生未来的工作方向为从事政策分析工作或政策研究，其在学习期间的实际参与课题的经历使得其能够从做中学，为未来的发展奠定基础。

第四，通过人才培养反哺学科梯队建设。英国的高校智库往往将专业建设作为自身人才储备的重要渠道：通过开设与智库研究方向契合的硕士专业，吸收对本领域有兴趣的学生入围，经过系统严格的课程训练打下扎实的知识和方法训练基础，并选出其中的佼佼者进入博士阶段深造；读博期间，围绕当前智库的研究课题或持续关注的核心主题进行选题，通过参与研究中心的实际科研课题，积累第一手的科研经验，掌握对策研究的范式，熟悉中心的组织文化，并与所在学科梯队相处磨合；最终，相当一部分博士生在毕业后能够留在中心成为学科梯队的一员，或是进入其他同行高校院所从事科研工作。

三、多渠道经费来源

（一）横向与纵向项目经费

作为以面向社会、服务决策为宗旨的研究机构，英国高校智库的经费来源主渠道是横向委托项目，委托方包括欧盟委员会、欧盟研究基金委等

① https：//www. ucl. ac. uk/ioe/courses/graduate – taught/social – research – methods – msc.

国际和国内机构；同时，作为高校研究机构，高校智库可申请国家纵向科研经费。英国人文社科领域纵向经费的主要管理部门有：经济与社会研究基金委（ESRC）、艺术与人文研究基金委（AHRC）、英格兰高等教育拨款委员会（HEFCE），等等。以苏赛克斯大学科技政策研究院为例，该院目前承担了各类横向与纵向课题 24 个。在横向课题方面，该院研究人员承接了英国政府国际发展部、自然环境研究基金委（NERC）和经济社会研究基金委（ESRC）联合委托的“印度城市化中的风险与回应”项目（课题周期为 7 年，经费 4050 万欧元）。在纵向课题方面，该院获得了欧盟研究基金委立项“后基因组时代的癌症诊断研究”（2017—2021 年）、“研究与创新中的不确定性研究”（2018—2022 年，经费 140 万欧元），以及英国经济社会研究基金委立项“城市网络中的脆弱性与复原力研究”、国际社科基金委立项“可持续发展转型研究”（2016—2019 年，经费 85 万欧元），等等。[①]横向与纵向相结合的资金来源渠道构成了英国高校智库的重要经费平台，保证了其科研活动的开展。

（二）基地特别资助

如前文所述，英国的高校智库可申请英国及欧盟各类基金委员会的纵向课题，与此同时，上述委员会还对部分高水平的高校研究基地（包括高校智库）进行基地特别资助，形式包括基地基本配套资助、年度专项课题，资助周期为 2—5 年不等。特别资助的宗旨在于保障基地的业务费用，为其自主拓展研究方向提供保障。例如，伦敦大学学院纵向追踪研究中心的成立便是依托英国三大人口队列研究（British birth cohort studies）核心数据库获得经济与社会研究基金委（ESRC）专项经费资助：全国儿童发展研究 1958（NCDS）、英国群组队列研究 1970（BCS70）和千禧群组队列研究（MCS）。在艺术与人文研究基金委（AHRC）的资助下，苏赛克斯大学科技政策研究院联合卡迪夫大学、兰开斯特大学、纽卡斯尔大学、爱丁堡大学、伯明翰大学、伦敦政经学院、阿斯特大学、格拉斯哥大学、曼彻

① http：//www. sussex. ac. uk/spru/research/projects.

斯特大学等在2018年成立了询证政策研究中心（Policy and Evidence Centre）。苏赛克斯大学的研究员乔希·西佩尔（Josh Siepel）博士、莫妮卡·马苏奇（Monica Masucci）和罗伯托·卡梅拉尼（Roberto Camerani）作为基地核心成员。同年，该研究院还获得工程与科技研究基金委（EPSRC）和经济与社会研究基金委（ESRC）的1950万英镑资助，联合英国的13所院校共同成立了能源需求研究中心。上述研究中心均为苏赛克斯大学科技政策研究院根据自身研究积累、学术前沿和政策实践前沿而自主设置，有望在相关领域产出前沿性、引领性的新思想，推动实践发展。

（三）高校的基本科研业务费和社会捐赠

作为高校中的实体性研究机构，高校智库承担着科学研究、人才培养和社会服务的职能，也因此得以从所在高校获得基本科研业务经费、人员经费以及科研平台设施支持，维持人员、设备、资料的运转。英国的高校多为公立大学，政府提供的基本业务费用构成了高校经费的主要渠道，除此之外，社会捐赠是高校获取教学和研究经费的重要补充途径。高校智库（特别是科技前沿领域的智库）作为高校中的有机组成部分，由于其研究与实践的高度相关性，能够吸引到较多的社会捐赠。例如，剑桥大学未来人工智能研究中心的建立便是依靠利华休姆信托基金（Leverhulme Trust）的1000万英镑启动基金。一般而言，影响力越大的智库经费来源越广，收入也越高，如苏塞克斯大学科技政策研究院的在研课题经费就常年保持在700万英镑以上。①

四、多元化转化渠道

高校智库的一个重要价值定位在于以大众立场增进社会公义，由于公共政策的受众群体具有多元性，因而采用了多样的成果呈现形式，包括：

① University of Sussex. Written evidence from SPRU, University of Sussex (ISG0111) [EB/OL]. [2018-03-08]. http://data.parliament.uk/WrittenEvidence/CommitteeEvidence.svc/EvidenceDocument/Business,%20Energy%20and%20Industrial%20Strategy/Industrial%20strategy/written/39044.html.

工作论文（working paper）、研究报告、专著、学术论文、视频展示、政策解读、报刊评论、媒体专栏、社交媒体、皮书、案例分析和专题数据库。多样化的传播途径使得研究成果不仅能够为决策者所采用，也能够为大众所检验。

（一）政策建议直通决策部门

高校智库在研究过程中与决策者保持着高度协同，其成果能够通过多种正式和非正式的渠道报送给决策部门。其中，正式的报送渠道包括提交给决策委员会的对策分析报告以及听证会、研讨会上的口头报告。非正式的渠道则更为灵活多样，例如：部分决策者本身也是研究的参与者，部分研究者则具有官方和智库的双重身份，同时高校智库的校友网络往往渗入政府部门。由此，高校智库的政策影响力“往往是通过非正式人际关系网络在日常生活里偶然互动的过程中施加的”。①

（二）面向社会发布各类成果

在成果发布平台方面，高校智库有以下渠道：一是结合自身研究领域举办专业学术期刊，或依托研究院所承担的课题发布年度报告、出版专著。二是以在线形式发表工作论文。不同于期刊论文和研究报告，工作论文汇报的是阶段性成果，旨在让项目委托方、媒体和公众及时掌握项目的最新进展情况，并提供反馈，这种形式最能够体现高校智库知识生产的快捷性和开放性。伦敦大学学院纵向追踪研究中心每年在其官方网站发表10余篇工作论文，而苏塞克斯大学科技政策研究院则年产25篇左右。三是建设面向公众的数据库。公众可通过英国数据服务机构（UK Data Service）获得数据库登录授权，使用其中的数据进行进一步分析。

（三）借助媒体平台扩大影响

英国高校智库十分重视其成员的媒体影响力，并将媒体发声纳入成果

① 陶郁．专访吉登斯：生活在“脱缰的世界”［N/OL］．时尚先生 Esquire，2015－10－02. http：//www. 360doc. com/content/15/1020/10/2369606_ 507004048. shtml.

考核标准。当前，传统媒体依然是智库发挥影响力的主要渠道，许多智库研究者在权威媒体（如 BBC）开设专栏，接受专访，并通过多种渠道进行成果推介。例如，苏塞克斯大学科技政策研究院开展了一项关于太阳能电池板使用效率的研究，制作了一份太阳能电池板的操作手册，将手册发放给数百个家庭使用，并将使用过程拍摄成纪录片进行宣传。① 随着自媒体时代的到来，高校智库普遍建立了博客、推特和脸书平台，上述平台的优势在于即时性强、受众面广、互动性强。值得注意的是，伦敦政经学院公共政策中心专门设置了两个媒体编辑岗位，负责运营中心的自媒体平台；伦敦大学学院纵向追踪研究中心也设立了专门的外联部门，共有员工五人，专门负责网站和自媒体平台建设。由此可见，制度化的媒体工作部门在高校智库运行中具有重要地位。

（四）通过网站平台促进传播

在“互联网+”时代，英国高校智库普遍注重网站建设，通过网站促进其成果影响力的最大化。一般而言，高校智库的网站会对其研究成果进行系统整理（如研究报告、工作论文、学术期刊论文、工作坊、论坛等），按照成果的性质（课题报告/工作论文/研究资源）、年份、主题、资助方和作者来源进行归类，并提供 PDF 全文档案以供下载。大多数网站还设定了在线互动功能，例如，伦敦大学学院纵向追踪研究中的主页上设有以下信息窗格：“如果你使用本中心的数据库进行研究，在成果发表后请告知我们，这样我们可以把你的研究记录在案，帮助未来的研究者避免重复研究。”② 通过这种互动机制，智库得以掌握最新研究进展，并从访客回应中寻找潜在合作对象，保障了知识生产过程的开放性。

① University of Sussex. Impact and influence [EB/OL]. [2018-03-08]. http://www.sussex.ac.uk/spru/impact.

② University College London. Tell us about your research [EB/OL]. [2018-03-08]. http://www.cls.ioe.ac.uk/page.aspx?&sitesectionid=39&sitesectiontitle=Research.

五、完备的信息系统

由于公共政策问题具有时效性，智库需要在接到政府委托后立即进行问题研判，并有针对性地搜集资料，而这些都离不开数据平台的支持。英国高校智库借助校内外平台保障搭建了功能完备的信息采集分析系统。

（一）建设专题数据库

在当前，以“数据—信息—知识—智慧”为主要特征的数据驱动型决策成为政策研究的重要范式①，而稳定的数据平台也成为智库进行跨部门协同的保障。在英国，一些高校智库依托其量化研究专长建设了专题数据库，并通过“中心建库－库养中心”的模式实现可持续发展。例如，本文案例之一的伦敦大学纵向追踪研究中心负责运行英国人口队列研究（British birth cohort studies）中的三个核心数据库（后文有详述）。

（二）利用第三方平台

除了建设专题数据库，高校智库与政府部门、国际组织、数据公司和大型企业建立起了稳定的合作关系，形成了获取内部数据的“绿色通道”。第一，在对策研究中，作为委托方的政府部门、国际组织和大型企业往往会向智库开放未公开数据库的部分权限，作为其研究工作的保障。需要注意的是，在利用第三方平台数据进行研究时，智库在获取数据前会与委托方签订保密协议，承诺不向社会或其他研究者公布相关数据。在这类研究中，最终成文的研究报告往往以内参的形式上报给委托方。第二，一些数据公司经过多年运营，形成了自主运营的专题数据库。智库如需使用这类数据库中的数据，可通过购买服务的形式，获得进入数据库的权限。通过第三方平台所获得的数据为高校智库的研究提供了有效补充。

（三）文献整合分析

由于专题性数据库的建设需要动用大量资源和人力，许多高校智库并

① 刘献君．院校研究规范发展中的若干关系［J］．中国高教研究，2016，(10)：20—23.

没有自己的专题数据库，而第三方数据平台的使用也受到限制。在这些情况下，智库研究者往往通过文献整合分析的方式，通过分析相关领域的研究资料（报告、论文、书籍、新闻、网页信息，等等），从不同的文献源中提炼出相互支撑的信息，形成新的研究发现。[①] 进行文献整合分析的一个基础性条件是占有充分的文献，包括研究报告、专著、论文、政策文件、新闻和统计数据，因此，高校智库的研究者在自身的常规研究活动中大多注意积累以上资料。当其未来进行前沿性研究面临一手数据不足的情况时，可通过文献整合分析从二手数据中提炼有价值的发现。值得注意的是，文献整合分析法的数据信息虽然来自不同的研究项目，有着不同的研究样本，指向不同的研究问题，但均面向相同的研究领域，因而有着内在的互联性，能够通过研究者的系统挖掘产出新的研究发现。因此，这种研究方法成为高校智库所常用的方法。

六、常规性国际合作

国际交流合作是英国高校智库运行的一个重要基础，甚至是一些智库得以成立和发展壮大的重要条件。例如，剑桥大学未来智能研究中心的成立便是基于英国三所高校（剑桥大学、牛津大学和帝国理工学院）和美国一所高校（加州大学伯克利分校）间的合作。一般而言，高校智库通过国际合作课题、合作中心、国际交流机制、国际访问学者等渠道，搭建了国际合作交流的良好平台。

（一）国际合作课题

高校智库的大部分科研项目均带有国际合作的性质，在不同的课题中国际合作所扮演的角色有所不同：

第一，高校智库通过邀请国际合作伙伴作为负责人承担科研项目。由于高校智库本身就是一个跨学科、跨学校的研究者的集合，针对不同的研

① WALKER E, HERNANDEZ A, KATTAN M. Meta - analysis: Its strengths and limitations [J]. Cleveland Clinic Journal of Medicine, 2008 (6): 431 - 439.

究项目，本校和外校的研究者所扮演的角色是有所不同的。对于大部分项目而言，项目的负责人及核心成员为本校研究者，而在另一些项目中，来自外部（包含国外）的研究者更能胜任该项目的研究工作，因而成为项目的核心成员或负责人。例如，剑桥大学未来智能研究中心开展了一项关于防止人工智能做出有悖于人类道德准则的研究，该项目的两个负责人均为中心的兼职研究人员，一位是来自牛津大学哲学系的斯特罗姆（Nick Bostrom）教授，另一位是来自加州大学伯克利分校的斯图尔特·罗素（Stuart Russell）教授。两位教授的研究方向分别为科学技术哲学和人工智能技术，为这项研究提供了多学科的视野和方法。

第二，一些有影响力的高校智库能够发起或参与大型联合国际研究。例如，苏赛克斯大学科技政策研究院联合了多国的政府部门、基金委和研究机构，发起成立了一项名为“创新政策转型联盟”的国际研究联盟。该联盟的成员包括：南非国家科研基金委、瑞典政府创新署、哥伦比亚科技与创新部、芬兰商业部、墨西哥国家科学与技术委员会、挪威国家科研基金委、巴拿马国家科学与技术委员会和中国科学技术发展战略研究院等机构。其理事会由来自苏赛克斯大学、哥伦比亚、南非国家科研基金委、南非科技部、瑞典、芬兰商业部和墨西哥国家科学与技术委员会的 7 位理事组成，理事会的功能在于决定联盟的重大事项。该联盟的执行管理团队设在苏赛克斯大学科技政策研究院，有 5 位成员，由研究院院长亲自牵头管理。①

（二）合作研究中心

高校智库为加强与国际合作伙伴的联系，在研究院内设立国际合作研究中心。苏赛克斯大学科技政策研究院与哈佛大学共建的“哈佛—苏塞克斯项目”便是国际合作研究中心的典例。该中心成立于 1990 年，专注于生化武器的政策研究，其成员的学术背景包括生命科学、化学、科技政策、医学社会学和反恐政策。该中心设有 2 位联席主任，分别为来自哈佛

① http：//tipconsortium. net/members.

大学的马修·梅塞尔森（Matthew Meselson）教授和苏赛克斯大学的朱利安·佩里·罗宾逊（Julian Perry Robinson）教授，两位教授自1967年便开始了长达半个世纪的学术合作，也是该中心的联合创始人。中心共有9位核心成员，其中4位来自哈佛大学、5位来自苏赛克斯大学，是一支跨学校、跨学科的研究团队。一般而言，国际合作研究中心的优势在于其稳定性，因而不仅能够承担短期性、即时性、热点性的研究，还能够承担战略性长期研究（通常需要多年的持续跟进）。

（三）国际访问学者

作为一个开放的、跨学科的学者共同体，高校智库对国际访问学者和学生持欢迎态度，常年接待国际访问学者学生，并吸收其加入课题组。以剑桥大学未来智能研究中心为例，目前接待了三位国际访问学者和两位访问学生。在三名访问学者中，来自日本早稻田大学的高桥俊惠（Toshie Takahashi）教授的研究领域为人工智能的社会应用，目前参与中心的“全球人工智能叙事”研究；来自澳大利亚悉尼大学的拉斐尔·卡尔沃（Rafael Calvo）教授和多里安·彼得斯（Dorian Peters）教授从事学习科技研究。在两位访问学生中有一位来自加州大学伯克利分校的在读博士生卡拉·佐伊（Carla Zoe），该学生通过交换项目来到剑桥大学未来智能研究中心并参与中心的研究项目“智能的类属”。

第四节　对我国高校智库建设的启示

明确高校智库的价值定位，推动智库的可持续发展，是当前关于我国高校智库建设的首要命题。[①] 英国经验显示，高校智库要以科学的精神服务决策制定，以现实的关照驱动理论创新，秉持“为天地立心，为生民立命”的学者情怀，推动社会公义。以上价值定位要求高校智库凝练知识生产模式，及时跟进公共政策前沿，能够快速动员形成团队，并通过开放、

① 刘福才、张继明. 高校智库的价值定位与可持续发展［J］. 教育研究，2017，（10）：59—63.

协同的组织机制吸收多方智慧诉求。具体而言，需要从以下方面进行系统筹划，全局推进。

一、优化内部治理，打造实体性研究机构

借鉴英国经验，建立协同攻关、开放参与、问题驱动和迅捷产出的制度机制，健全优化我国高校智库治理结构，打造相对稳定、运作规范的实体性高校智库。我国高校智库建设需要认清自身的优势和短板，打破高校中传统的学科壁垒、院系壁垒和以理论成就论英雄的惯性思维。我国目前的高校智库中存在大量的非实体研究机构，与实体机构相比，非实体智库有其独特价值。然而，就英国经验来看，对国家、区域或行业发展有实质影响力的智库多为实体机构，因实体机构在经费、人员稳定性方面比非实体机构有不可比拟的优势，能够有效动员、快速攻克重大问题。为此，需要优化高校内部治理体制机制，将一批有影响力的高校智库发展成为高校中的实体性机构，以专职科研梯队为主干，同时，处理好作为科研平台的高校智库与二级学院在人才培养、学科建设之间的关系，处理好高校智库与其母体学校之间的关系。

二、优化梯队构成，促进人才培养和学科建设良性互动

英国高校智库重视人才培养工作，能够做到自主培养研究团队和引进领军学者相结合，并围绕领军学者组建专兼职结合的、跨学科、多元背景的研究梯队。我国高校智库可围绕现实问题领域打造一支学科交叉、背景多元、专兼职结合的人才队伍。梯队成员可包括：领军学者、专职科研人员、兼职科研人员、博士研究生、科研助理和行政助理，等等。依托高校智库研究方向开设硕博士专业，善用横向和纵向课题经费招收博士生和博士后科研人员。在具体培养环节，依托项目从做中学，强化量化研究方法与文献整合分析方法训练。以人才培养反哺学科建设，通过人才培养遴选智库后备人才，通过课程教学体系建设凝练科研方向，实现人才培养与学科建设的良性循环。

三、注重交流平台建设，健全信息数据系统

英国高校智库扩宽学术交流和成果转化渠道，除利用好现有的政府部门联系外，需拓宽研究成果的传播途径，将媒体发声纳入成果考核标准。为扩大高校智库成果的社会影响力，我国高校智库建设可适当引进有媒体经验的人才，加强网络平台和自媒体平台建设，面向大众传播研究成果，增强舆论引导能力。英国高校智库重视建立和完善数据采集分析系统，我国高校智库可通过建设专题数据库，善用政府部门、国际组织、数据公司和大型企业的第三方数据平台，在一手数据不完备的情况下，采用文献整合分析方法从二手数据中提炼有价值的发现，充分利用好信息数据系统。

四、探索多样化的研究模式，加强国际交流合作

借鉴英国高校智库的研究模式，需要立足我国公共政策活动的特点，探索多样化的研究模式：以政府委托课题为主攻方向，强化问题意识、协同意识、效率意识和大众立场；积极拓展大型国家数据库建设业务，《中国特色新型高校智库建设推进计划》中提出“重点建设一批社会调查、统计分析、案例集成等专题数据库”，为大型数据库建设指明了方向；在学校层面，需成立专门的智库服务部，提升智库工作的整体效益。借鉴英国高校智库国际合作交流的经验，我国高校智库应该结合主动承接国际合作课题，发起或参与大型联合国际研究，建立国际合作研究中心，接待国际访问学者。围绕重大国际问题，健全优化协同攻关机制，打造开放的、跨学科的学者共同体，加强国际合作交流。

第七章　美国地方高校智库建设研究

由于各国政治、经济、文化、社会和科技等外部环境的不同，智库在不同国家的发展规模和水平存在着一定的差异，全球智库发展呈现出多样化趋势。美国是全球范围内智库数量最多、影响力最大的国家，美国智库在国家内政和外交政策等方面发挥着重要的作用，被称为“政府的外脑”“思想工厂”，是立法、行政、司法和媒体之外的“第五种权力”。就美国智库的类型而言，因其组织结构、运作模式、目标受众和市场、资金来源等方面的不同，智库分类存在多种标准，如根据隶属关系、意识形态、组织形式和专业化程度等。尽管美国智库具有多样化的分类，但不同类型的智库都有一个共同的目标，即把公众参与的不同形式结合起来，提供高质量的研究和分析。①大学附属智库（University Affiliated Think Tank）是美国智库的一个重要类型，除了具有一般智库的功能、角色和特征以外，还具有自身独特的优势。

第一节　美国智库的历史和类型

虽然世界各国决策者在追求政治、军事、社会和经济目标时，几乎都

---

① ［美］詹姆斯·麦甘、理查德·萨巴蒂尼．全球智库：政策网络与治理［M］．韩雪、王小文译．上海：上海交通大学出版社，2015：18.

需要知识专家的支持，但智库作为制度的组成部分最初是工业化和发达国家的产物。例如，英国作为19世纪的全球霸主，在1831年第一个成立了英国皇家联合军种研究院（British Royal United Services Institute，RUSI），以满足全球大国的需要。随着全球经济中心从欧洲转向北美，美国于1916年成立了布鲁金斯学会（Brookings Institution）。美国宾夕法尼亚州立大学发布的《2010年全球智库年度排名报告》显示，美国是世界上拥有智库最多的国家，其中布鲁金斯学会在世界顶级智库中排名第一。

一、美国智库的发展历史

全球智库产生于19世纪，直到1940年开始缓慢发展并壮大，第二次世界大战期间，智库的增长主要是由于国防专家和技术专家的需要。例如，著名的兰德公司（Rand Corporation）成立于1946年，其前身是道格拉斯航空公司，1948年成为独立的公司。二战后，为了满足一些发达国家战后恢复和重建的需要，以及冷战期间工业化国家全球政治、社会和经济发展研究的需要，促使世界各国智库发展快速增长。一些发展中国家从殖民地走向独立后，普遍面临工业化和发展的需要，也促进了智库的发展。

（一）美国智库发展的历史

智库（Think Tank）或称“智囊团”，产生于美国第二次世界大战期间，是指国防科学家和军事规划者可以开会讨论策略的安全场所或环境，现在已经扩展为超过2000个总部位于美国、从事政策分析的组织以及世界各地大约2500个类似机构，如兰德公司是美国首屈一指的外交和国防政策研究机构，拥有1000多名员工，每年预算超过1亿美元。智库还可用于描述一个小规模的政策研究机构，如华盛顿政策研究所只有不到20多名员工和预算仅在100万美元到200万美元的范围内。美国智库研究专家詹姆斯·麦甘（James G. McGann）认为美国智库发展经历了四次浪潮，包括政策研究机构、政府承包商、倡导型智库和遗产型智库。①

1. 第一代：作为政策研究机构

美国第一代主要的外交政策智库出现在1900年代早期，主要是指由慈善家、知识分子创建的供学者和领导人聚集讨论和辩论世界问题的公共、私营部门。如匹兹堡钢铁大王安德鲁·卡内基（Andrew Carnegie）于1910年建立了卡内基国际和平基金会（Carnegie Endowment for International Peace），前总统赫伯特·胡佛（Herbert Hoover）于1919年创立了“胡佛战争、革命与和平研究所”（Hoover Institution on War, Revolution and Peace）；还有1921年成立的外交关系委员会（Council on Foreign Relations），这个机构从一个每月举办一次晚宴的俱乐部发展成为世界上最受尊敬的外交机构之一。1927年，罗伯特·布鲁金斯（Robert Brookings）创建的政府研究学会与其他两个机构（经济研究所、研究生院）合并，形成了现在的布鲁金斯学会。这些智库和20世纪头几十年创建的其他智库都致力于将其科学专长应用于一系列政策问题。布鲁金斯学会学者肯特·韦弗（Kent Weaver）把这个时期的智库称为“没有学生的大学”②（Universities without Students）。卡内基基金会和布鲁金斯学会等智库把产出高质量学术研究作为最高优先任务。他们出版针对不同目标受众的书籍、期刊和其他材料。虽然这些机构的学者在最初设立时偶尔向决策者提供咨询意见，但他们的主要目标不是直接影响政策决定，而是帮助教育决策者和公众，使他们了解采取一系列外交政策选择的潜在后果。在某种程度上，政策研究导向的智库之所以愿意与政治进程保持分离，是因为它们致力于维护自己的知识和制度独立性。

2. 第二代：政府承包商的出现

第二次世界大战后，美国决策者对独立外交政策建议的需求变得更加

① ［美］詹姆斯·麦甘．第五阶层：智库·公共政策·治理［M］．李海东译．北京：中国青年出版社，2018：25—35.

② Donald E. Abelson. Think Tanks and U. S. Foreign Policy: an Historical Perspective. The Role of Think Tanks in U. S. Foreign Policy［J］. U. S. Foreign Policy Agenda, 2002（3）: 10.

迫切。面对在两极世界成为霸权国家的日益增加的责任，华盛顿的决策者需要智囊团的洞察力和专门知识，以便帮助他们制定连贯和健全的国家安全政策。兰德公司成立的目的是在核时代促进和保护美国的安全利益，该公司引进了新一代智库——政府承包商（Government Contractors）性质的政策研究机构，这些机构主要由政府部门和机构资助，其研究旨在解决决策者的具体关切问题。兰德公司激励了其他几个政府承包商的创立，如1961年成立的哈德逊研究所（Hudson Institute）和1968年成立的城市研究所（Urban Institute）。

3. 第三代：倡导型智库的兴起

在过去30年里，没有任何一种智库比所谓的倡导型智库（Advocacy Think Tank）获得了更多的媒体曝光。倡导型智库将政策研究与激进的营销技术结合起来，从根本上改变了智库群体的性质和作用。与20世纪早期的智库不愿卷入政策辩论不同，倡导型智库积极寻找机会影响外交政策的方向和内容。这种智库有1962成立的战略与国际研究中心（Center for Strategic and International Studies）、1973年成立的美国传统基金会（Heritage Foundation）和1977建立的卡托研究所（Cato Institute）。随着美国智库行业的竞争越来越激烈，大多数智库已经意识到吸引公众和决策者注意力的重要性。

4. 第四代：遗产型智库

在外交决策领域出现的最新类型的智库被一些人称为“遗产型智库”（Legacy - based think tanks），包括1982年吉米·卡特（Jimmy Carter）总统发起的卡特中心（Carter Center），该中心旨在推进卡特本人倡导的人权事业；1994年理查德·尼克松（Richard Nixon）总统创建的和平与自由中心（Center for Peace and Freedom），现已改名为国家利益中心（Center for National Interest），该中心致力于“在急剧变化的国际新环境下为美国制定新的全球参与指导原则”。[①]这类机构是由美国前总统创建的智库，他们致力于在外交和国内政策上留下持久的遗产。它们出版各种出版物，举办研讨会和讲习班，并在若干政策领域进行研究。

（二）美国智库发展的独特文化和政治背景

与西欧国家相比，美国智库发展属于赶超者。虽然英国和欧洲最早建立了智库，但美国是最早建立智库系统的国家，自20世纪以来，北美在全球智库发展中处于领先地位。美国智库发展形成了独特的文化和政治生态系统以及影响美国政治文化的主要模式。

1. 美国智库发展的文化特性

并非所有美国智库都能成功运作，那些无法获得慷慨的慈善资金而依赖企业或个人捐赠的智库，往往把目标对准服务出于商业动机的捐赠者的研究成果。总的来说，美国智库文化可以规避官僚政府的惰性，主要体现在以下六个方面[②]：（1）智库比政府研究机构更具前瞻性。因为政府研究部门的工作人员不会因为“创造性破坏”而得到鼓励和奖励。（2）智库最有可能提出政策重塑议程。行政官僚们通常习惯于标准操作程序的安全性。（3）由于智库没有从任何固定的研究领域获得永久的隐性利益，它们更倾向于促进来自不同群体的研究人员为共同目标进行更密切的合作。（4）智库更有能力克服官僚主义障碍和促进知识能力的综合利用。（5）智库可能比政府部门本身更能在政府机构内传播有关的政策研究，因为政府部门容易受到线性官僚控制，甚至“地盘之争”。（6）与政府官员相比，智库能更好地通过数据收集、事实鉴定、理念形成等方式全面实现政策功能，因为政府官员的政策功能往往由于内部职责分工而分割了政府整体政策的有效性。

---

① ［美］詹姆斯·麦甘．第五阶层：智库·公共政策·治理［M］．李海东译．北京：中国青年出版社，2018：35.

② The Development of Think Tanks，H. Wang and S. Li，Introduction to Social Systems Engineering［EB/OL］. https：//doi. org/10. 1007/978 –981 –10 –7040 –2_ 10，514 –515.

2. 美国智库发展的政治生态系统

与其他国家相比，美国公共政策的制定更容易受到非政府部门的影响。美国政府的行政和立法部门之间有着非常明确的分工，这不同于标准的议会制度。在议会制国家，总理同时是立法问题的首席执行官和首要政党代表。就美国的总统制而言，总统由选举产生而不是通过议会任命，他不仅是国家元首而且是政府首脑，各部部长由总统任命，对总统而不是议会负责。在美国，立法倡议可能同时来自国会和白宫。

预算拨款和批准是决策过程中的一个重要问题。在美国，此类问题表现为政府部门之间的竞争，而不是议会制中出现的政治党派之争。美国政府部门众多，政府在政策制定过程中可能会受到各种各样外部游说团体的影响。国会的立法部门如技术评估办公室、国会预算办公室和总会计办公室等本身具有重要的研究职能，这些办公室还与外部智库保持密切联系。

3. 美国智库对美国政治文化影响的主要模式

美国政府官员的等级选择过程并不是一个封闭的系统。国会代表可以成为政府部长，例如莱斯利·阿斯平从一位美国国会议员成了国防部部长。地方政客可能成为国家领导人，如卡特总统和里根总统。里根总统曾是一位著名的演员。记者斯特罗布·塔尔博特（Strobe Talbott）、商人罗伯特·鲁宾（Robert Rubin）、学者亨利·基辛格（Henry Kissinger）等都成了政府高级官员。智库在美国政治进程中发挥着重要作用，有些智库实际上是政府的官方储备，比如布鲁金斯学会和美国企业研究所（American Enterprise Institute）都是众所周知的“影子政府”（shadow government reserves）。[①] 学术界的智库成员还将前政治家、新闻记者和内阁官员引入大学生活圈，如哈佛大学的约瑟夫·奈（Joseph Nye）教授和格雷厄姆·艾利森（Graham Allison）教授都是前政府高级官员。美国基金会的高级职员也在政府智囊团中任职，如福特基金会（Ford Foundation）的负责人曾经

① The Development of Think Tanks, H. Wang and S. Li, Introduction to Social Systems Engineering［EB/OL］. https://doi.org/10.1007/978-981-10-7040-2_10, 513.

是美国国务卿；布拉德利基金会（Bradley Foundation）的一名成员离开基金会后不久成为美国企业研究所的研究员。

美国的智库不同于其他国家，智库和政府有着“旋转门”（Revolving Door）的关系。如布什依靠保守的美国企业研究所的专家，而奥巴马则依靠美国进步中心的学者和专家。这些智库帮助执政当局产生思想和制定政策。在“旋转门”机制下，许多政府官员在白宫、国会和智库之间流动。一些美国智库甚至是由总统或资深政治家建立的，如斯坦福大学胡佛研究所是由美国第31任总统胡佛（1928—1932年在任）建立的，布什政府时期的美国国务卿康多莉扎·赖斯（Condoleezza Rice）曾任职于胡佛研究所。对于“旋转门”的优势，曾任美国进步中心高级研究员、现任职于美国国务院公共事务局的克劳利（P. J. Crowley）曾指出：“智库比政府部门理性得多，你的工作不会那么单调乏味。政府部门让你在规定的范围内处理事务，在智库工作，你总是从零开始。”①他的观察清楚地解释了美国智库的特点和优势，以及它们与美国政府的关系。

二、美国智库的主要类型

对于智库的定义，美国学者詹姆斯·麦甘（James G. McGann）在分析已有智库定义的基础上，认为：“智库是进行公共政策研究、分析、交流的机构，它们针对国内和国际议题产出政策导向的研究、分析和建议，从而使决策者和公众对公共政策议题做出明智决定，智库可以与政党、大学或者政府保持紧密联系，是作为常设组织的独立机构，而非临时性的委员会。”②

（一）美国智库的组织类型

理解美国智库需要考察智库的隶属关系、组织结构和文化以及政治和

① The Development of Think Tanks, H. Wang and S. Li, Introduction to Social Systems Engineering [EB/OL]. https://doi.org/10.1007/978-981-10-7040-2_10, 512-513.

② [美] 詹姆斯·麦甘. 第五阶层：智库·公共政策·治理 [M]. 李海东译. 北京：中国青年出版社，2018：10.

哲学取向。智库的战略和结构会影响政策生产的类型，以及选择将其活动集中在政策过程的哪个阶段。美国智库大致包括学术型（通用型和专业化）、合同研究型、倡导型、政策企业型以及前三种类型的混合体。美国几乎没有党派性智库，但有一些智库隶属于国会和政府机构、大学和公司。美国智库的组织类型主要包括学术多元化智库、学术专门化智库、合同研究型智库、倡导型智库、政策企业型智库。[①]

1. 学术多元化智库（Academic - diversified），指倾向于对一系列政策问题进行研究和分析的机构，研究领域包括但不局限于经济、外交政策和环境。这种智库的基本特征包括：在学术界拥有信誉、支持和影响，并且其学者和学术研究受到尊重；这种学术机构是“没有学生的大学”；组织成员由学者构成；遵循已建立的学科；长时段的研究视野；研究的客观性和独立性；与学术机构一样有相同的产出和奖励；发表书本厚度的研究、期刊文章和专著；遵循学院式、协商一致的管理模式。这种智库的代表有美国布鲁金斯学会（TheBrookings Institution）、美国企业研究所（the American Enterprise Institution，AEI）、美国战略与国际研究中心（the Center for Strategic and International Studies，CSIS）等。

2. 学术专门化智库（Academic - specialized），指专注于经济学或福利改革等单个问题或学科的研究机构。与学术多元化智库非常相似，区别在于专门化程度不同；有专门的研究议程、资助者和客户基础；通常只有单一问题和狭窄的研究议程。美国国家经济研究局（National Bureau of Economic Research，NBER）和汉堡经济研究所（Hamburg Institute for Economic Research）是这类智库的代表。

3. 合同研究型智库（Contract Research Organizations），指主要为政府部门进行研究和分析的机构。这类智库的特征有：通常有政策导向，与政府部门保持密切的工作关系；依赖政府合同；担任政策或项目顾问；提供

① James G. McGann，Ph. D. Think Tanks and Policy Advice in The US. ［EB/OL］. https：//www. kas. de/c/document _ library/get _ file? uuid = 720e9151 - 74aa - 8525 - 7ff8 - ffcacde0cc5c&groupId = 252038. 2019 - 03 - 18. 6 - 8.

客观和定量的分析；进行政策分析，而不是研究；允许研究人员有一定的自由度；制作仅供其合同代理机构使用且不能广泛传播的作品，即研究成果是合同机构的财产而不是智库或研究人员的财产；反映合同组织的研究方法；从事多学科研究；拥有咨询公司的文化和组织结构；根据合同制定奖励制度、发表计划和成果。如兰德公司（RAND）从最初的一个国防智库发展为拥有高度多样化政府合同型智库；城市研究所（Urban Institute）开始帮助设计和管理“伟大社会”（Great Society）社会项目。

4. 倡导型智库（Advocacy Think Tanks），指那些宣扬某种观点且分析具有鲜明党派色彩的研究机构。这类智库的特点包括：使命是由意识形态、道德或党派世界观来定义的；机构的目标是提升动因、选民、意识形态、党派和平台；研究由问题、理念和选民驱动；有组织地推广他们的想法；拒绝政策分析的学术和技术官僚导向；根据推进事业的能力获得奖励；人员考核更倾向于考察出版记录或学术资历；思想符合选民的需求或提出一个特定的哲学。1984 年成立的稳健经济公民组织（Citizens for a Sound Economy）和卡托研究所（the Cato Institute）是典型的倡导型智库。

5. 政策企业型智库（Policy Enterprise），这种机构非常重视包装和营销他们的创意。这类智库的特点是组织具有公司的有效性和效率；将管理、营销和销售原则应用于公共政策研究；认为智库的定位是错误的，因为它太学术化而没有认识到决策者的需要；消化和形成研究，以满足忙碌的官僚、政客和政策制定者的需求；撰写简短的新闻研究，关注当前的立法或政策问题；像报纸一样有条理；为产出或产品制定严格的生产计划；奖励那些能够在较短时间内完成工作，并能提供行动导向政策简报的人。这类智库的代表有遗产基金会（Heritage Foundation）和经济政策研究所（Economic Policy Institute）。

（二）美国智库的隶属关系类型

依据智库的隶属关系，美国智库分为独立型、半独立型、高校附属型、政党型、政府型、半政府型和营利性智库。

1. 独立智库（Independent think tank），指相对或完全独立的公共政策研究机构，它们的运作和研究不受政府和任何利益集团或捐赠者的影响。

2. 半独立智库（Semi－independent think tank），指不受政府影响的公共政策研究机构，但是，他们是由利益集团和主要捐赠者控制，这可能会对智库的运作和研究成果产生重大影响。

3. 高校附属型智库（Think tank subordinate to colleges and universities），简称高校智库，是指高校成立的政策研究中心。这种智库形式上同某所大学或学院有关联，通常以社会科学研究中心或研究所的形式出现，其特征为：附属于某一学术院系，但有些大学的智库是独立的，能吸引来自所属大学不同院系的研究人员；主要集中在政治科学、国际事务、经济学、历史和公共政策等院系；致力于追求知识而非政策分析；因要满足首要的教学和教职要求，研究者常常偏离了决策者需要的政策分析研究。[①] 斯坦福大学胡佛研究所和莱斯大学贝克公共政策研究所是美国大学附属智库的典型代表。

4. 隶属于某一政党或支持某一政党的智库（Think tank subordinate to political party or in favor of a particular political party），指正式隶属于某一政党或支持某一政党的公共政策研究机构，比如支持民主党的美国进步中心、支持共和党的传统基金会等。

5. 隶属于政府的智库（Think tank subordinate to the government），指隶属政府部门的公共政策研究机构，如美国国家经济研究局，研究机构的成员都是政府雇员。

6. 半政府智库（Quasi－governmental think tank），这种公共政策研究机构并非由政府雇员组成，但受政府或合同研究资助。

7. 营利性智库（For－profit think tank），这种公共政策研究机构按照营利企业模式运作。

此外，美国智库可以从另一个角度分为两类：一类是“没有学生的大

① ［美］詹姆斯·麦甘．美国智库与政策建议：学者、咨询顾问与倡导者［M］．肖宏宇、李楠译．北京：北京大学出版社，2018：25—26.

学”，它在二战前就已经存在。20 世纪初，先进的工业经济管理和日益增长的国际承诺要求政府引入科学和理性。布鲁金斯学会（Brookings Institution）的建立就是对这种需求的回应。另一类主要是基于契约的研究机构，为特定的政府部门进行课题研究。例如，美国兰德公司一直为美国国防部进行合同研究，直到今天，它已经将同样基于合同的研究扩展到其他部门。

第二节　美国地方高校智库的组织要素

2018 年 1 月 31 日，美国宾夕法尼亚大学“智库和公民社会项目”（Think Tanks and Civil Societies Program，TTCSP）发布的《全球智库报告 2017》显示：全球智库数量为 6486 家，其中美国 1872 家、中国 512 家、英国 444 家、印度 293 家，分别位居全球智库数量排名的前四名。[①] 在全球最好大学附属智库（Best University Affiliated Think Tank）排名中，美国有 5 家大学智库进入前十名（如表 7－1 所示），可见美国高校智库具有强大的全球影响力。本研究选择哈佛大学肯尼迪政府学院贝尔弗科学与国际事务研究中心（Belfer Center for Science and International Affairs），莱斯大学詹姆斯·贝克公共政策研究所（James A. Baker III Institute for Public Policy），斯坦福大学胡佛战争、革命与和平研究所（Hoover Institution on War, Revolution and Peace），以及约翰·霍普金斯大学埃德温·赖肖尔东亚研究中心（Edwin O. Reischauer Center for East Asian Studies）四家高校智库为案例，探讨美国高校智库的组织要素及其组织特征。

① James G. McGann. 2017 Global Go To Think Tank Index Report. TTCSP Global Go To Think Tank Index Reports. [EB/OL]. https://repository.upenn.edu/think_tanks, 37.

表 7－1　全球最好大学附属智库前十名

排名	智库名称	所属大学	使命陈述	成立时间
1	贝尔弗科学与国际事务中心	哈佛大学	(1) 在推进与政策有关的知识方面发挥领导作用，这些知识涉及最重要的国际安全挑战以及科学、技术、环境政策和国际事务相交叉的其他关键问题；(2) 为以上领域培养未来一代的领导者	1973 年
2	思想/公共政策小组	伦敦政治经济学院	通过与政策制定者和意见形成者的持续接触，为政策辩论提供了一个论坛，并将学术研究与外交和战略实践联系起来	2008 年
3	杰姆斯·贝克公共政策研究所	莱斯大学	为我们这个时代的公共政策挑战带来独特的视角	1993 年
4	发展研究所	苏塞克斯大学	不详	不详
5	国防研究中心	伦敦国王学院	(1) 促进安全和国防政策研究的跨学科方法。(2) 通过正式的学术渠道传播研究和专业知识。(3) 与英国及其他政府和国际组织合作。(4) 在相关领域进行公司政策研究。(5) 通过与媒体的互动来保持公众的高度关注	1990 年
6	国际发展中心	哈佛大学	将知识应用到发展实践的世界并使其发生革命性变化	1998 年
7	国际研究中心	巴黎政治学院	基础研究中心，与学校的教学计划保持着密切的关系。致力于公民空间和公众辩论，并致力于为许多公共机构提供支持并与其分享专门知识	1952 年
8	胡佛研究所	斯坦福大学	唤醒群众，反对制造战争。研究收集的历史资料和出版物，使人们不遗余力地去倡导和维护和平，使全体美国人全心全意地去保卫美国的生活方式	1919 年

续表

排名	智库名称	所属大学	使命陈述	成立时间
9	金砖国家政策研究中心	里约热内卢天主教大学	不详	不详
10	埃德温·赖肖尔东亚研究中心	约翰·霍普金斯大学	支持跨太平洋和跨亚洲关系的研究，同时促进东北亚特别是日本和美国之间的相互了解	1984 年

资料来源：各高校智库官方网站机构简介

一、美国地方高校智库的功能定位

美国高校智库是附属于大学的政策研究中心和咨询机构，具有非营利性、独立性、专业性和多元性等特点和功能优势，在某些问题领域能有效弥补政府和市场的失灵。哈佛大学贝尔弗科学与国际事务中心（Belfer Center for Science and International Affairs）是由生物化学家保罗·多蒂（Paul Doty）于 1973 年创立，是哈佛大学艺术与科学学院（Harvard School of Arts and Sciences）的“科学与国际事务项目”（Program for Science and International Affairs, PSIA），旨在提供减少核威胁和军备控制方面的深入分析。1978 年，福特基金会（Ford Foundation）的一项重大拨款使该项目重新设立为“科学与国际事务中心”（CSIA），成为新成立的约翰·肯尼迪政府学院（John F. Kennedy School of Government）的一个永久性研究中心。1990 年，中心将能源与环境政策中心纳入环境与自然资源项目。到 1997 年，该中心得到重新捐赠和翻新而更名为“罗伯特和蕾妮·贝尔弗科学与国际事务中心”，以纪念贝尔弗石油天然气公司的创始人罗伯特·贝尔弗。现在，该机构是哈佛大学肯尼迪学院国际安全与外交、环境与资源问题以及科学与技术政策方面的研究、教学和培训的中心。该中心具有政策研究和政策人才培养的双重功能：（1）在推进与政策有关的知识方面发挥领导作用，这些知识涉及最重要的国际安全挑战以及科学、技术、环境政策和国际事务相交叉的其他关键问题；（2）为以上领域培养未来一代的领导者。[①] 2018 年，贝尔弗科学与国际事务中心连续第五年被宾夕法尼亚大学“智库和公民社会项目”评为世界第一大学附属智库。中心致力于“为一个更安全、更和平的世界进行研究、提出想法和发挥领导作用”。

斯坦福大学胡佛战争、革命与和平研究所（Hoover Institution on War, Revolution and Peace），简称胡佛研究所，由美国前总统赫伯特·胡佛（Herbert Hoover）于 1919 年创建，是斯坦福大学的智囊团，该机构一直是国内经济政策、安全和国际事务方面的领导者，属于保守派大学智库。研究所始终坚持“代议制政府、私营企业、和平与个人自由”的基本原则。1959 年，胡佛研究所的创始人赫伯特·胡佛向斯坦福大学董事会发表了关于研究所的宗旨和使命的声明：“该研究所恪守美国宪法、美国人权法案和美国政府的政策。我们研究所的社会和经济体系是以有利于发挥创造性和聪明才智的私有制企业为基础的。对我们的体系，联邦政府应采取非政府的、社会的或者经济的措施，如当地政府或者人民不能容忍，则另当别论。研究所的主要目的是唤醒群众，反对制造战争。我们的使命是通过研究收集的历史资料和出版物，使人们不遗余力地去倡导和维护和平，使全体美国人全心全意地去保卫美国的生活方式。这个研究所不是，也不应该仅仅作为一个微不足道的图书资料馆。研究所的宗旨必须始终不渝地指明走向和平、个人自由和保卫美国制度的道路。”[②]胡佛声明现在已有近 60 年的历史，它继续指导和确定胡佛研究所的使命。胡佛研究所倡导“以自由社会定义其思想”，致力于推进个人的经济自由、政治自由和社会自由。

莱斯大学贝克公共政策研究所（James A. Baker III Institute for Public Policy）成立于 1993 年，是得克萨斯州休斯敦的一个非营利性、无党派智库。“研究所对国内和外交政策问题进行独立研究，重点是为公共和私立

---

① Belfer Center for Science and International Affairs, Harvard KennedySchool [EB/OL]. https://www.belfercenter.org/about. 2019 - 03 - 18.

② Hoover Institution, Stanford University [EB/OL]. https://www.hoover.org/about/missionhistory. 2019 - 03 - 16.

部门的决策者提供相关和及时的政策评估和建议。通过将政治家、学者和学生聚集在一起，研究所扩大政策评估与政策建议的内容和范围，并为辩论和讨论提供一个公开的论坛。研究所通过在莱斯大学开设课程、资助学生实习和国内外的指导项目，对学生进行公共政策问题和相关主题的教育。"① 根据宾夕法尼亚大学（University of Pennsylvania）智库与公民社会项目（think tank and Civil Societies Program）2017 年的一项研究，该研究所在全球顶级大学附属智库中排名第三。调查显示，该研究所的能源研究中心在世界能源和资源政策智库中排名第一。贝克研究所是莱斯大学的重要组成部分，是美国最著名的高等教育机构之一，在其研究员、学者、莱斯大学的学者和教职员工的努力下，贝克研究所取得了良好的成绩。贝克研究所致力于"以独特的视角看待当今一些最重要的公共政策挑战"。美国前国务卿、财政部部长、白宫办公厅主任詹姆斯·A. 贝克（James A. Baker）在研究所成立时明确了其功能："我希望研究所在思想世界和行动世界之间架起一座桥梁，学者应该从政治家那里直接学到影响政策的实际必要性，政治家和政策制定者应该听取如何改进他们工作的严谨、合乎逻辑（而且总是切合实际）的学术分析。而学生，作为下一代的学者和政治家，应该通过参与这一对话来充实自己，从而成为更好的学者和政治家。"②

约翰·霍普金斯大学埃德温·赖肖尔东亚研究中心（Edwin O. Reischauer Center for East Asian Studies）成立于 1984 年，是约翰·霍普金斯大学高级国际研究学院下设的研究机构，该中心得到赖肖尔家族的支持。中心的功能定位是支持跨太平洋和亚洲间关系研究，同时促进东北亚特别是日本和美国之间的相互理解。③ 埃德温·赖肖尔（Edwin O. Reischauer）是

① Rice University's Baker Institute for Public Policy. 2018 Annual Report [EB/OL]. https://www.bakerinstitute.org/media/files/research-document/553648e3/bi-pub-annualreport2018.pdf. 1.

② Rice University's Baker Institute for Public Policy [EB/OL]. https://www.bakerinstitute.org/. 2019-03-16.

③ The Edwin O. Reischauer Center for East Asian Studies [EB/OL]. http://www.reischauercenter.org/about-us/. 2019-03-16.

第一位出生在日本、会说日语的美国驻日本大使（1961—1966 年在任），他的职业生涯始于哈佛大学（Harvard University），后来成为哈佛燕京学院（Harvard - yenching Institute）院长，为美国大学建立东亚研究中心铺平了道路。1961 年，约翰逊·肯尼迪（John F. Kennedy）总统派遣赖肖尔担任美国驻日本大使。他接受了大使一职，并寻求加强两国之间的联盟。在驻东京大使馆工作之后，赖肖尔回到哈佛大学继续他的学术生活，并在余下的几年里做讲座、写作以及促进美国和日本的关系。从成立到 1990 年，他担任埃德温·赖肖尔东亚研究中心的名誉主席，从 1991 年到 1998 年，他的妻子松方春郎·赖肖尔（Haru Matsukata Reischauer）担任名誉主席。它们都体现了东亚研究中心在学术和文化活动中对公共服务和跨太平洋沟通的坚定承诺。

二、美国地方高校智库的研究领域

美国高校智库结合所属大学的优势学科和全球议题，设立了各有特色的研究领域。贝尔弗科学与国际事务中心以创始人保罗·多蒂的愿景为基础，整合了社会科学家、自然科学家、技术专家以及政府、外交、军事和商业领域从业者的见解和研究。该中心的研究主题为冲突和冲突解决；经济和全球事务；能源；环境和气候变化；治理；国际关系；国际安全与防务；核问题；科学与技术等，其研究领域主要包括四个方面：[①]（1）国际安全计划，处理对美国国家利益和国际安全最紧迫的威胁。（2）科学、技术和公共政策项目，分析公共政策在安全、能源效率、可持续性和经济竞争力方面影响科技的方式。（3）环境与自然资源项目，是哈佛大学资源与环境问题和政策响应的跨学科研究中心。（4）外交和国际事务，重点包括未来外交项目，并通过中东倡议、印度和南亚项目支持全球政治关系的研究和教学。

① Belfer Center for Science and International Affairs.［EB/OL］. https://www.belfercenter.org/about. 2019 - 03 - 16.

胡佛研究所的研究涉及九大领域：[①]（1）经济政策，包括经济理论、商业和劳动、财政政策、全球政策、货币政策、政府监管、税收；（2）教育，包括12年义务教育改革、财政与领导、联邦政策、教师和教学；（3）能源、科学与技术，包括环境、能源、自然资源、科学和技术；（4）外交与国家安全，地区、中东、国防、外交政策、网络安全、国际组织与政治、恐怖主义；（5）卫生保健；（6）历史，包括经济史、军事史、政治史、美国史、世界史；（7）法律，包括联邦法律、移民法、强制法和产权法；（8）美国政治，包括选举制、执行、司法、立法、联邦制、州和地方政治、加州政治；（9）价值观与社会政策，包括文化、家庭和婚姻、种族和性别、宗教、住房和价值观。

此外，埃德温·赖肖尔东亚研究中心开展了各种各样的活动，以促进与其使命相关主题的高质量研究，并支持约翰·霍普金斯大学高级国际研究院（School of Advanced International Studies，SAIS）日本研究中心的学生。该中心的重点研究领域包括亚太政策、欧亚研究中的新问题、全球背景下的美日关系。莱斯大学贝克公共政策研究所就国内和外交政策问题进行独立研究，重点是向公共和私立部门的决策者提供相关和及时的政策评估和建议。贝克研究所设有研究中心和项目，其中六大研究中心分别为能源研究中心、健康与生物科学中心、中东中心、公共财政中心、麦克奈尔中心、墨西哥中心；研究项目包括生物医学研究、中国研究、国内卫生政策分析、毒品政策、全球健康、国际经济、拉丁美洲倡议、总统选举、宗教与公共政策、科技政策、太空政策和中东妇女的权利等。

三、美国地方高校智库的团队建设

美国高校智库主要以项目来组建研究团队，如贝尔弗科学与国际事务中心研究团队，包括外交与国际政治项目、外交和国际政治程序、环境与自然资源项目、国际安全计划、科学、技术和公共政策项目。其中环境与

① Hoover Institution, Stanford University [EB/OL]. https://www.hoover.org/. 2019-03-16.

自然资源项目的任务是在区域、国家、国际和全球层面开展与政策相关的研究，并通过其外联倡议使其产品可提供给决策者、学者和感兴趣的公民。在过去的30年里，环境政策发生了巨大的变化，现已成为能源政策、经济发展和安全的组成部分。安全不仅意味着防止军事侵略，而且意味着维持足够的粮食和水供应，以及保护公众健康。这些问题不能从一个学科或一个问题或一个国家的角度来解决。未来的世界将需要跨学科和跨地理边界的多种需求和价值的整合。以环境与自然资源项目为例，该项目的研究团队主要围绕以下五个主题进行研究：①（1）整合：跨越自然、社会和工程科学、环境和发展社区、人类活动的多个部门以及地理和时间尺度的鸿沟；（2）全球变化：有效应对气候变化、生物多样性丧失和环境不可持续的经济政策等全球环境威胁；（3）能源：设计、发展和执行经济和环境保护的能源政策；（4）经济激励：评估以激励为基础的环境监管的有效性；（5）可持续性：满足人类对能源、农业和水的需求，同时保护环境质量和生物多样性。在该项目和活动不断发展的同时，研究团队的观点仍然是全球性和跨学科的，将科学和政策领域联系起来。

胡佛研究所把财政和智力资源分配给符合其总体规划和特定主题的活动，同时支持胡佛研究员的个人研究议程。胡佛研究员致力于个人的研究议程，在某些情况下，他们通过有组织的研究计划采取集体的方式。胡佛研究所的研究倡议，通常是多年的项目，以各种方式构建，包括来自斯坦福大学的胡佛研究员和学者，以及其他大学、研究组织和企业。研究的团队方法对小组的召集能力产生了“杠杆效应”，并以书籍、论文、文章和观点的形式增加了产出。胡佛研究员的研究和写作主题广泛，包括个人自由和法治、民主资本主义和经济/政治集体主义、美国个人主义和社会价值观、国家优先事项和国际竞争/全球合作。胡佛研究所围绕以上研究主

① Belfer Center for Science and International Affairs ［EB/OL］. https://www.belfercenter.org/. 2019－03－16.

题组建了 14 个研究团队①：（1）北极安全倡议组（Arctic Security Initiative），探讨北极活动增加对战略和安全的影响，识别机会塑造一个安全、繁荣的北极。（2）经济政策工作组（Economic Policy Working Group），组织经济和金融政策专家，研究美国和全球经济的重要发展，调查它们之间的相互作用，并制定具体的政策建议。（3）能源政策工作队（Energy Policy Task Force），讨论美国的能源政策及其对国内和国际政治优先事项、特别是国家安全的影响。（4）医疗保健政策工作组（Health Care Policy Working Group），制定了公共政策使更多的美国人能够更好地利用他们的医疗保健资金，并促进适当的创新以延长和改善寿命。（5）移民改革倡议组（Immigration Reform Initiative），旨在通过提供创新的思想和完善的改进措施来改善移民法，从边境安全到绿卡到临时工作签证。（6）知识产权、创新和繁荣工作组（Intellectual Property，Innovation and Prosperity，IP2），该项目组正在审查美国的专利制度以解决该系统的范围、规格、持续时间和经济影响等问题。（7）伊斯兰主义和国际秩序问题工作组（Working Group on Islamism and the International Order），寻求通过改革和加强国家在整个穆斯林世界的合法作用来扭转伊斯兰激进主义。（8）军事历史和当代冲突的作用工作组（Working Group on the Role of Military History in Contemporary Conflict），审查对过去军事行动的了解如何影响当前冲突的公共政策决定。（9）国家安全、技术和法律工作组（National Security，Technology and Law Working Group），组织各国和国际专家，分析技术如何影响国家安全和国家安全法，以及各国政府如何根据宪法价值和法治，利用这种技术保卫自己。（10）国家安全和法律特别工作组（National Security and Law Task Force），审查法治、战争法和美国宪法，提出在个人自由和大力保卫国家抵御国内外恐怖分子之间取得最佳平衡的建议。（11）产权、自由和繁荣特别工作组（Property Rights，Freedom，and Prosperity Task），通过包括经

① Hoover Institution，Stanford University. ［EB/OL］. https：//www. hoover. org/. 2019 - 03 - 18.

济学家和法律专家在内的跨学科小组学者的学术研究和合作研究，探讨产权的哲学、历史、法律和经济基础。（12）自由社会美德特别工作组（Virtues of a Free Society Task Force），研究美国核心价值观的演变、如何受到威胁以及如何保护这些价值观。（13）K－12 教育特别工作组（K－12 Education Task Force），重点关注教育政策，因为它涉及政府提供和监督，以及强调选择、问责和透明度的私人解决方案。（14）外交政策和大战略工作组（Working Group on Foreign Policy and Grand Strategy），探讨一系列外交政策主题，制定美国面临的最重要政策挑战的指导原则。贝克研究所的主要研究项目包括能源、中东、卫生、墨西哥研究、公共财政和创业与创新。该研究所与来自学术界、政府、媒体、商业、非政府和私人组织的专家合作，与 20 多个项目合作。学院吸引了许多国内外领导人，他们在重大问题上提出了自己的观点和见解。发言者包括美国总统和内阁成员、世界领导人和政府首脑，以及来自世界各地的许多外国政要。

人力资源配备是高校智库建设的核心所在，高质量的研究人员才能产出高质量的研究成果。在人力资源配置上，贝尔弗科学与国际事务中心的核心是由 150 多名学者组成的研究社区，其中包括哈佛大学的教职员工、研究人员、实践者，每年还有一批新的国际研究人员。中心汇聚了来自政府、商业、军界、学术界和媒体等背景的研究人员，他们或在某一专业领域有扎实的理论功底，又有很强的调查研究和对策研究能力；或在政府部门工作多年，拥有丰富的实践经验并且深谙政府部门的政策制定程序和决策咨询需要；或是与诸多世界领导人有过直接接触，屡获殊荣的媒体从业者；或是在军队任职多年，对国防政策和军备控制长期跟踪研究的退役人士。[①]中心采用灵活的人员聘任方式，设有高级学者、高级研究员、研究员以及博士后研究员和预备博士等岗位。2017 年，美国前国防部长阿什顿·卡特（Ashton Carter）结束国家安全领域的任职后加入贝尔弗中心，并担

① 叶琳静．一个美国大学智库的建设——“贝尔弗科学与国际关系中心”剖析［J］．教育导刊，2016（3）．

任主任。

胡佛研究所在组织管理上设立了独立的监事会（Board of Overseers），是研究所高级行政部门的咨询机构，为胡佛研究所的高级管理人员提供咨询和支持，确保胡佛研究所遵循其创始人赫伯特·胡佛（Herbert Hoover）提出并在其使命声明中重申的道路。监事会成员通过他们的知识、经验和领导能力为胡佛研究所的发展做贡献，他们每两年在斯坦福大学和华盛顿举行一次会议。监事会设主席 1 人，副主席 2 人，监事会成员 101 人，杰出监事者 6 人，名誉监督者 5 人。现任监事会主席是乔尔·彼得森（Joel C. Peterson），自 1992 年以来一直在斯坦福大学商学院任教，教授房地产投资、创业和领导力方面的课程，还担任斯坦福大学领导力发展与研究中心（Center for Leadership Development and Research）主任，院长顾问团成员。胡佛研究所的主体人员包括以下三类：一是以知名学者为主体的常驻研究人员，146 名常驻研究人员包括 1 位杰出学者、80 位高级学者、4 位高级研究员和 61 位研究员；二是多类型的访问研究人员，包括杰出访问学者、访问学者和国家研究员、国家安全事务研究员、媒体研究员等访问项目；三是以项目管理、技术支持、媒体联系、图书档案管理专业人士为主体的辅助人员，包括行政管理、数据支持、媒体沟通、档案图书管理等。以上这三类人员的比例基本上为 1∶1∶1，按照斯坦福大学的规定，三类人员的聘任与管理模式也各不相同。①

贝克研究所荣誉主席詹姆斯·A. 贝克三世长期活跃于美国总统政治圈，从 1976 年到 1992 年，他连续五次为福特、里根和布什成功竞选总统服务。所长爱德华·P. 德利吉安是公共外交、冲突解决和中东研究中心的专家。贝克研究所顾问委员会成员有 38 位，主席史蒂文·L. 米勒是风险投资公司董事长兼总裁，职权成员包括美国第 64 任国务卿玛德琳·科贝尔·奥尔布赖特、名誉主席詹姆斯·A. 贝克三世、所长爱德华·P. 德利

① 陈英霞、刘昊．美国一流高校智库人员配置与管理模式研究——以斯坦福大学胡佛研究所为例［J］．比较教育研究，2014（2）．

吉安、莱斯大学校长大卫·W. 勒布朗（David W. Leebron）和美国第65任国务卿鲍威尔将军。贝克研究所的人力资源由162名专家和29名行政管理人员构成，其中研究专家包括47名研究员和学者、64名非常驻研究员、36名莱斯教授学者和15名研究人员。从研究领域分布看，能源研究中心有38名专家、健康和生命科学研究中心有25名专家、中东研究中心有19名专家、公共财政研究中心有5名专家、麦克奈尔研究中心有3名专家、墨西哥研究中心有35名专家。①

四、美国地方高校智库的资金来源

美国高校智库的资金来源渠道多样化，主要包括隶属大学的研究和行政经费，校友、个人以及企业、基金会等非政府组织的赞助和捐赠，承担研究项目和研究成果转化收入等。其中社会捐赠收益和支持者的个人捐赠是美国高校智库资金的主要来源。由于美国社会具有慈善捐赠的文化传统和免税政策，美国高校智库享受免税的优惠政策，同时社会对美国高校智库的捐赠基金也可以享受免税待遇。如《莱斯大学贝克公共政策研究所2018年度报告》显示：② 财政总收入为1544万美元，总支出为1196万美元；在资金来源方面，捐赠基金的分配收益和来自支持者的个人捐赠分别为467万美元和767万美元，是最大的两个资金来源，分别占年度总收入的30%和50%；获得的研究资助增加到300万美元，占总收入的19%；大学支持资金保持不变，为10万美元，不到总收入的1%。在资金支出方面，77%的支出直接资助政策研究项目，包括研究员和学者的薪水、研究费用、活动消费和特殊项目；23%的支出用于研究所的运作，包括管理和行政人员的薪水，交流、营销和筹款费用，以及建筑主体管理费用、设备采购和一般物资。

① Rice University' s Baker Institute Experts t [EB/OL]. https://www.bakerinstitute.org/experts/. 2019-6-18.

② Rice University' s Baker Institute for Public Policy. 2018 Annual Report [EB/OL]. https://www.bakerinstitute.org/media/files/research-document/553648e3/bi-pub-annualreport2018.pdf. 40.

胡佛研究所的资金主要自个人捐赠和社会捐赠基金，其资助者包括陶贝家族基金会（Taube Family Foundation）、科莱特基金会（Koret Foundation）、霍华德慈善基金会（Howard Charitable Foundation）、莎拉·斯凯夫基金会（Sarah Scaife Foundation）、沃尔顿基金会（Walton Foundation）、林德基金会和哈里·布拉德利基金会（Lynde and Harry Bradley Foundation）以及威廉·西蒙基金会（William E. Simon Foundation）。《斯坦福大学胡佛研究所2018年度报告》显示：① 胡佛研究所的资金几乎完全来自捐赠者的慷慨，可支用礼物和投资礼物的支出占年度运营预算的97%。在资金来源方面，可支用礼物的总收入为3552.6万美元，其中不受限制的礼物额度为1700万美元，而受限制的礼物额度为1850万美元，占比为50%；获得捐赠总额为2849.7万美元，斯坦福大学董事会（Stanford Board of directors）将目标回报率设定为市场价值的5.5%，以满足大学的资金需求并保持增长，占比为40%；混杂收入和斯坦福的支持总额为244.3万美元，包括出版收入、利息收入、赞助项目，以及斯坦福大学对图书馆、档案馆和公用事业的支持，占比为4%；前期收入总额为398.6万美元，以前各期收入主要来源于有计划的大型预先资助的项目，如教育公共政策中的美国人项目（Educating Americans in Public Policy，EAPP），占比为6%。在资金支出方面，胡佛的大部分活动都是作为运营预算的支出，总预算的70%以上用于对学者和工作人员的补偿，还包括方案费用和一般业务费用。2018年运营预算支出7050万美元，其中当期收入6650万美元，前期一次性捐赠和捐赠收益400万美元。研究所支出的具体分布为：研究支出共3567.2万美元，直接支持胡佛研究员和工作人员、研究费用、研究计划和项目，占比为51%；图书馆及档案支出共896.5万美元，用于图书馆及档案人员、访客、档案外借、图书馆、档案馆项目及展览，占比为13%；推广服务和教育支出总额为1214.3万美元，用于胡佛研究所在华盛顿教育美国人公共政

① Hoover Institution. 2018 Annual Report. [EB/OL]. https://www.hoover.org/sites/default/files/2018ar_hoover_small_web.pdf. 58.

策、媒体和公共事务、胡佛出版社和交流，占比为17%；发展支出总金额为771.7万美元，支持员工发展、开发活动、游学和促销，占比为11%；行政和营运支出总金额为595.5万美元，用于行政和运营人员、非资本设施项目、公用事业和一般经营，占比为8%。

五、美国地方高校智库的咨询模式

美国智库主要通过以下途径和方式发挥机构或个人影响力：(1) 接受内阁、次级内阁或官僚职位。一些智库如传统基金会追踪政府部门中出缺的岗位，并试图以与该会具有共同政治观点的人加以填补，智库还为考虑出任高级职务的同僚写推介信。(2) 在总统选举期间任职于特别政策任务小组和过渡团队，或担任总统候选人的顾问。(3) 建立与国会参众两院的联络处。(4) 有选择地邀请政策制定者参与秘密封闭的会议、研讨会、专题讨论会和引领筹资活动。(5) 为前政府官员提供智库职位。(6) 邀请政府官员到智库进行一段时间的工作。(7) 为政策制定者准备研究报告和政策简报。(8) 为关键性政策制定者开发特殊项目。(9) 与政策制定者保持直接的通讯联系。以胡佛研究所为例，探讨美国高校智库的咨询模式。由于胡佛研究员具有政策创新者的良好声誉，他们经常被召集到国会山和白宫，就立法和政策问题以及影响美国未来的重大问题提供咨询和建议。将胡佛研究员与政策制定者联系起来是研究所“自上而下”(top - down) 战略的重点，以促进自由、国家安全和经济繁荣。这里主要介绍胡佛研究所的人才“旋转门”机制、与政府领导人和政策界有影响力成员的互动以及为国会提供证词和简报。

第一，人才的“旋转门”机制。胡佛研究所一直是为曾在政府担任要职的个人提供研究职位的地方，如乔治·舒尔茨 (George Shultz)、康多莉扎·赖斯 (Condoleezza Rice)、迈克尔·博斯金 (Michael Boskin)、爱德华·拉泽尔 (Edward Lazear)、约翰·B. 泰勒 (John B. Taylor)、埃德温·米斯 (Edwin Meese) 和艾米·泽加特 (Amy zegar)，他们成为胡佛研究所的研究员。2007年，美国陆军退役将军、前中央司令部司令约翰·P.

阿比扎伊德（John P. Abizaid）被任命为该机构首位年度杰出访问学者。前国防部长詹姆斯·马蒂斯（James Mattis）被川普政府任命之前曾在胡佛研究所担任研究员。

第二，与政策制定者互动。胡佛研究所和政府官员互动频繁，一方面，胡佛研究员定期向白宫和国会山的政策制定者介绍情况；另一方面，国会议员和总统行政当局也经常访问胡佛加州总部和华盛顿特区的办事处，参加公共活动和非正式会议。[①] 2018 年，研究所举办了第二届福阿德·阿贾米纪念讲座，福阿德·阿贾米是著名的中东研究学者，2014 年去世前曾任胡佛研究所的赫伯特和简·德怀特高级研究员。国家安全顾问麦克·马斯特麦克重返胡佛担任福阿德和米歇尔·阿贾米高级研究员，讲座由《华尔街日报》编辑委员会成员玛丽·基塞尔主持，吸引了 120 多位嘉宾。

胡佛领导者论坛是一个非正式的会议系列，允许政府和私立部门的领导人就国内和国际政策问题咨询胡佛研究员，论坛将一些备受瞩目的国会和特朗普政府的成员聚集到胡佛加州总部。2018 年，国务卿雷克斯·蒂勒森访问胡佛研究所，并发表重要讲话，宣布美国在叙利亚的未来政策和特朗普政府关于稳定、难民回归的主张。论坛吸引了超过 400 位嘉宾，其中国家顶级记者迪尔逊参加了圆桌讨论，与会者包括前国务卿康多力扎·赖斯和乔治·P. 舒尔茨以及其他胡佛外交政策专家。阿肯色州参议员汤姆·卡顿和白宫经济顾问委员会主席凯文·海瑟顿也访问胡佛研究所，参加了领导者论坛。

2016 年，胡佛研究所启动了斯图尔特家族国会奖学金计划，把胡佛的思想介绍给国会高级职员，为胡佛研究员和国会山建立新的联系。仅仅两年之后，该计划的成员就超过了 100 多名，包括参众两院代表、两党代表以及政策顾问和通讯董事等一系列领导职位，使胡佛研究所形成了贯穿国

① Hoover Institution. 2018 Annual Report. ［EB/OL］. https：//www.hoover.org/sites/default/files/2018ar_ hoover_ small_ web.pdf. 27.

家立法系统的重要网络。该计划促进了“税收改革立法草案”的辩论、对数据隐私的质疑；推动了立法活动的一系列问题的讨论，包括伊朗的政治动荡、选举两极分化、朝鲜核计划、美俄紧张局势、网络安全和人工智能；关于刺激创新、繁荣经济的会议，旨在改善劳动力市场以及改革税收、监管、教育和权利制度。①

第三，为国会提供证词和简报。② 2017 年 11 月 1 日，雷昂那多和雪莉·伊利高级研究员约翰·F. 卡根向参议院预算委员会、众议院预算委员会和众议院自由核心小组的成员介绍了他的著作《善意的高成本》中的经验教训。2017 年 11 月 15 日，高级研究员罗伯特·塞维斯与国会议员就他在胡佛研究所出版社出版的《俄罗斯及其伊斯兰世界》进行了交谈。2018 年 1 月 24 日，J. P. 康特移民研究研究员蒂姆·凯恩在参议院军事委员会就国防人事管理问题作证。2018 年 1 月 25 日，托马斯和苏珊·福特杰出研究员乔治·P. 舒尔茨和杰出访问研究员亨利·基辛格在参议院军事委员会就国家安全和国防问题作证。2018 年 2 月 28 日，莫里斯·阿诺德和诺娜·让·考克斯高级研究员爱德华·拉泽尔向联合经济委员会主席埃里克·保尔森和国会工作人员提交研究报告，这是基于他对胡佛出版社出版的《新时代美国例外主义》的贡献。2018 年 2 月 28 日，大卫和琼·特拉利特高级研究员斯科特·W. 艾特沃斯向健康与人类服务部的住房自由核心小组成员和分析师简要介绍了“医疗保健政策改革”。2018 年 3 月 13 日至 15 日，米尔班克家族高级研究员尼尔·弗格森向众议院自由核心小组作了简报；向参议员让·约翰逊、本·萨塞和汤姆·卡顿以及国务院工作人员报告他关于网络的研究。2018 年 4 月 26 日，马丁和伊利·安德森高级研究员维克多·戴维斯·汉森在众议院外交事务委员会在欧亚大陆和新兴威胁小组委员会就“欧洲大规模移民”问题作证。2018 年 5 月

---

① Hoover Institution. 2018 Annual Report [EB/OL]. https://www.hoover.org/sites/default/files/2018ar_hoover_small_web.pdf. 29.

② Hoover Institution. 2018 Annual Report [EB/OL]. https://www.hoover.org/sites/default/files/2018ar_hoover_small_web.pdf. 31.

24 日，研究员阿雅安·希尔西·阿里向参议员汤姆·卡顿和让·约翰逊以及代表乔·威尔逊简要介绍了伊斯兰政治。2018 年 6 月 7 日，大卫和琼·特拉利特高级研究员斯科特·W. 阿特拉斯在国会联合经济委员会就“增加获得健康储蓄账户的机会”作证。2018 年 6 月 18 日，汉克·霍兰德网络政策与安全研究员赫伯特·林为美国网络司令部提出了新的愿景，作为胡佛正在进行的“国家安全和技术”国会简报系列的一部分。2018 年 6 月 25 日，安纳伯格杰出访问研究员詹姆斯·O. 埃利斯、吉姆·霍格兰和詹姆斯·提比分享了对技术治理挑战的研究。2018 年 7 月 14 日，中东研究杰出访问学者塞缪尔·塔德罗斯在众议院外交事务小组委员会就中东和北非的安全和人权问题作证。2018 年 7 月 25 日，高级研究员兼研究主任约书亚·劳在国会联合特别委员会就未获得资金的公共养老金义务的多重雇主养老金计划偿付能力作证。

六、美国地方高校智库的交流平台

加拿大学者唐纳德·阿伯尔森（Donald E. Abelson）认为美国智库影响公众态度和信念的策略主要有：（1）举行开放的公共论坛和会议，讨论各种国内政策和外交政策问题。这些论坛中有很多进行电视转播，通过卫星电视可为人们看到。这一策略是一些智库所发挥的教育功能之一。（2）鼓励自己的学者作公开讲座，到各大学、有关组织如扶轮社发表演讲。（3）在国会的委员会和小组委员会作证。有些智库专家频繁地被邀请去作证。他们的证词和书面报告成为官方会议记录的一部分。（4）通过为美国各大报纸撰写文章提升其媒体曝光度。智库专家还频繁出现于网络新闻广播、政治脱口秀和广播节目，讨论各种国内政策和外交政策问题的意义。一些智库甚至建立起了自己的电台和电视制作室。（5）出版表达观点的杂志、通讯、政策简报和刊物，广泛发行。（6）向公众销售概括了重要政策问题的录像带。（7）在物联网上建立网站。这是代表各种各样意识形态观点的智库都采用的新媒介，借此能为成千上万的网络用户所阅读。通过网络，各家智库得以向公众提供一个机会看到其正在开展的各种研究项目、研究人员和该机构各种资源的信息。它们还把最近的演讲和报告置于网络上。还有的甚至为人们如何在华盛顿找工作提供建议。（8）在每年的筹资活动中瞄准公众。作为对大额捐款人的酬谢和鼓励，一些智库会让成员加入排他性的俱乐部，这使他们能够接触到重要的政策制定者。①美国高校智库影响公众的途径主要包括对美国人进行公共政策教育，开设学生课程和研究项目，通过论坛、期刊和网络发表观点。

第一，对美国人进行公共政策教育。如斯坦福大学胡佛研究所成立近100年来，一直致力于促进经济机会和繁荣，保障和平，改善人类生活条件。在政策研究机构中，胡佛研究所独树一帜，是世界著名大学斯坦福大学的一个独立研究机构，其成员既是学者也是教育者。为了成为政策知识、智慧和洞察力的首要来源，胡佛研究所发起了玛丽·乔和迪克·科瓦切维奇倡议，对美国人进行公共政策教育。该倡议旨在：（1）让美国人拥有准确的事实和信息，以及敏锐的分析视角，这样他们就能更好地履行公民义务，让他们选出的领导人负起责任，“确保我们自己和我们的子孙后代享有自由的福祉。”（2）为政治领导人提供可靠的知识和分析工具，使他们能够评估制定和执行公共政策的备选方案。② 教育更广泛的美国公众了解经济自由、有限的政府和国家安全是胡佛研究所“自下而上”改变政策战略的关键组成部分。通过公民行动、民意调查和投票箱等方式激发选民新的想法，让政府领导者了解选民的想法。胡佛研究人员已经将他们的触角从传统媒体延伸到了在线教育和可视化学习的新领域，使他们的研究及其背后的原理更容易被数百万人所理解。胡佛研究所通过在线教育、与胡佛学者面对面的学生教育项目、数字游戏和政策简报等多种渠道实施公共政策教育，发挥公众和政策制定者之间的桥梁作用。

第二，开设学生课程和研究项目。为了教育和吸引下一代领导人，许多贝克研究所的研究员和学者教授公共政策课程。该学院还为莱斯大学的

① 任晓. 第五种权力：论智库［M］. 北京：北京大学出版社，2015：159—160.

② Hoover Institution, Stanford University［EB/OL］. https://www.hoover.org/. 2019-03-18.

本科生提供公共政策课程，以及在华盛顿特区休斯敦申请竞争性海外实习机会。研究生经常协助研究员和学者进行研究。在1993年至1994年间，贝克学院由美国国务院负责管理事务的前副国务卿约翰·罗杰斯（John Rogers）管理。著名外交官爱德华·P. 德里吉安（Edward P. Djerejian）曾担任美国驻以色列和驻阿拉伯叙利亚共和国大使30年时间，1994年5月被任命为贝克研究所所长，在他的领导下，贝克研究所很快进入了美国和世界领先的无党派智库的行列。赖肖尔东亚研究中心最突出的活动是访问学者计划、赖肖尔政策研究员计划和暑期实习项目。这些机会分别将有经验的实践者和刚毕业的学生带到华盛顿特区进行研究，并促进东北亚与美国在个人层面上的相互了解。通过暑期实习项目为日本研究中心的学生提供了机会，在攻读硕士课程的第一年到第二年的暑假期间，学生可以获得在东京实习的经济支持。这个短期的交流项目为约翰·霍普金斯大学的学生提供了更多的了解日本历史、政治和文化的机会。

第三，通过论坛、期刊和网络发表观点。贝尔弗科学与国际事务中心于1976年启动了国际安全项目并创办了《国际安全》杂志，建立了科学、技术和公共政策项目。通过出版物和政策讨论、研讨会和会议等方式促进创新的解决方案，以应对重大的国家和国际挑战。胡佛研究所主要通过收集知识、产生思想和传播这两方面的知识，寻求确保和维护和平、改善人类状况和限制政府干预个人生活。胡佛研究所出版社（Hoover Institution Press）出版胡佛研究员写的书，发行的专业期刊有《胡佛文摘》（Hoover Digest）、《教育未来》（Education Next）、《中国领导者观察》（China Leadership Monitor）和《定义思想》（Defining Ideas）等。此外还有研究人员的著作、胡佛频道、研究人员的博客、经济工作组论文、视频系列、播客等。

七、美国地方高校智库的绩效评价

对于智库的影响和绩效评价，有研究认为需要从智库在提出问题、政策形成和政策实施三个阶段对政策产生的主要影响进行评价。值得注意的是，并不是每一个智库全程参与决策的全过程，智库根据各自的使命和资源状况去参与政策周期的某个阶段，如有些智库通过多种渠道提出问题，影响政府的政策议题；有些智库直接进入到政策制定过程，影响政策的制定和执行。这种开放的决策机制使得智库能够充分发挥其思想的影响力，进而影响公共政策。①以贝尔弗科学与国际事务中心为例，该中心的研究和分析及其学者和研究员在关键问题上的专业知识在许多方面对国家和国际政策产生了影响。如防止核战争和恐怖主义、减少严重气候破坏的威胁是贝尔弗中心影响公共政策的两个典型案例。②

第一，防止核战争和恐怖主义。通过中心的研究和分析，以及中心前政府官员的政策实施，贝尔弗中心的核专家在降低全球核恐怖主义的可能性方面发挥了重要作用，并将拥有核武器的国家数量从 1991 年的 52 个减少到 25 个。参议员纳恩和卢格称赞贝尔弗中心是纳恩 - 卢格法案（Nunn - Lugar Act）的“孵化器”，该法案在 1991 年苏联解体后保障了核武器和核材料安全。合作威胁减少计划（Cooperative Threat Reduction Program）是二战以来美国国会在国家安全方面最重要的举措之一。2007 年，由阿什顿·卡特（Ashton B. Carter）和该中心前预防性防御项目联合组织的“后天”（Day After）演习，激起了政府高层的兴趣，促使美国在遇到核攻击时采取详细的计划措施。管理原子项目的研究者和员工以及其他现任和前任中心专家在规划和实施总统巴拉克·奥巴马（Barack Obama）于 2010 年发起并于 2016 年结束的四次“核安全峰会”中发挥了重要作用，这一努力减少和确保了核材料武器的数量，进而减少全世界核恐怖主义的威胁。2015 年，贝尔弗中心的 13 位核专家共同撰写了《伊朗核协议：一份明确的指南》（The Iran Nuclear Deal：A Definitive Guide），该报告描述并澄清了防止伊朗发展核武器的联合综合行动计划的细节。由于国会议员和工作人员

---

① 杨尊伟，刘宝存. 美国智库的类型、运行机制和基本特征［J］. 中国高校科技，2014（7）.

② 参见 Belfer Center for Science and International Affairs. Policy Impact ［EB/OL］. https：//www. belfercenter. org/about/overview/policy - impact. 2019 - 04 - 06.

得知了这项行动计划的决定，该报告获得了他们的高度赞扬。

第二，减少严重气候破坏的威胁。来自科学、技术、公共政策、环境和自然资源项目的教师长期以来一直引领美国气候变化政策研究，他们对于科学、技术（包括网络）和气候/环境相关的政策问题的研究和分析，受到了从联合国、国会主要成员和委员会到财富500强领导人等一系列利益攸关方的广泛关注和高度重视。能源技术创新政策研究小组深入参与促进有效的战略，在美国以及中国、印度等国家开发和部署更清洁和更有效的能源技术。除了向美国国会议员提供关于能源政策转变的宝贵背景资料和建议外，能源技术创新政策研究小组的贡献还包括中国汽车排放标准的大幅改善，以及与中国决策者建立关系，从而加强了气候政策和协议。哈佛大学国际气候协议项目（The Harvard Project on International Climate Agreements）在全球气候变化谈判中产生了重要影响，自2007年启动以来，该项目吸收了世界各国的主要思想家，对国际和国内气候政策的政策架构、关键设计元素和制度维度进行了研究。该项目为2015年巴黎气候大会的成功召开做出了重要贡献。

此外，贝尔弗科学与国际事务研究中心的影响力还体现在它的校友在世界各地的政府、学术界、非政府组织和私人机构中担任有影响力的职位。

第三节　美国地方高校智库的组织特征

美国高校智库具有布鲁金斯学会所坚守的“质量、独立性和影响力”三个核心价值的特性，其职能与官方智库、独立智库形成互补，而培养智库人才是美国高校智库的发展特色。

一、独立性

美国智库的独立性，包括思想独立、资金独立和法律独立。詹姆斯·麦甘认为，智库的独立性需要四个方面的条件：（1）有法律明确承认并保护的市民社会组织；（2）有法规确保市民社会组织从国内外不同资源筹集资金；（3）社会承认市民社会和独立政策分析的价值和重要性；（4）公共政策研究组织重视和尊重独立分析，并坚守科学调查的基本原则。① 从性质上来说，美国高校智库是在高校内部成立的政策研究机构，属于独立的非营利性组织。美国高校智库资金来源主要包括大学的研究和行政经费，校友、个人以及企业、基金会等非政府组织的赞助和捐赠，承担研究项目和研究成果转化收入等。经费来源的多元化使得美国高校智库最大限度保持资金独立，从而高校智库研究不用迎合资助者的利益诉求，保证独立思考产生高质量的研究成果。高校智库的发展需要一个良好的外部环境。这是因为，“一个充满活力、独立、求知欲强的智库需要具备辩论、争论、批评，以及对公众领域的情感和道德的参与精神。智库帮助政府思考的真正意义并不仅仅是让他们成为由技术辅助的官僚，而是让他们更具探索精神、批判精神和独立精神。智库是民间社团的一部分，它处于个人的私生活和政府业务之间。智库的工作本质上是一个社会过程，而不是技术过程。”② 对于社会捐赠，美国高校智库享受免税的优惠政策，同时社会对高校智库的捐赠也可以享受免税待遇。

二、研究成果质量高

产出高质量的研究成果是所有智库的共同追求和目标，也是提高智库公信力的重要保障。“智库最重要的资本是它的公信力，其次才是政府、资助者、其他利益相关者以及公众。通过保持智库始终如一的高质量研究水平，可以建立并巩固智库的公信力，这对智库而言是至关重要的。”③ 如贝尔弗科学与国际事务中心在研究成果质量控制上采取同行评审制度，中心研究人员通过出版物和政策讨论、研讨会和会议等方式，将自己的研究

① ［美］詹姆斯、麦甘．第五阶层：智库·公共政策·治理［M］．李海东译．北京：中国青年出版社，2018：5.

② ［美］詹姆斯·麦甘、理查德·萨巴蒂尼．全球智库：政策网络与治理［M］．韩雪、王小文译．上海：上海交通大学出版社，2015：73.

③ ［美］雷蒙德·斯特鲁伊克．完善智库管理：智库、研究与倡导型非政府组织及其资助者的实践指南［M］．李刚等译．南京：南京大学出版社，2017：46.

成果交由哈佛大学和其他同行进行评审，着力打造学术的黄金标准。研究中心还为研究人员提供相互交流和学习的平台，激发创造性思想、促进创新的解决方案。

三、广泛的影响力

智库的影响力并不是直接施加于政策决策者，而是对社会结构中不同阶层地位的政策参与者产生广泛的影响力。学者约翰·加尔通（Johan Galtung）运用社会结构理论，根据社会各阶层与政策决策的关系，将社会结构分成决策核心（decision - makingnuclear，DN）、中心（center）和边缘（periphery）三个层次。[①] 所谓决策核心层即是指公共政策的制定者，如政策草拟部门、立法机构、参议员等，他们掌握着决策权，对公共决策起决定性作用。在核心层以外是中心层，主要包括具有一定政策影响能力的媒体、企业界和学术界的社会精英等，智库属于中心层范畴，他们尽管不具备决策权，但是具有一定的政策话语权。边缘层则是普通大众，他们一般距离政策核心比较远而对公共决策缺乏足够的话语权，虽然从数量上来讲他们占有社会多数，但却不拥有与政策相关的信息渠道和表达能力，处于公共决策的“边缘”地带。这一阶层也能够对政策决策起到间接的推动作用，因而对他们的影响也是智库影响力的一部分。由此，智库影响力包括决策影响力、精英影响力和大众影响力。智库对每个阶层的影响途径有所不同，智库发挥决策影响力的关键是建立畅通的沟通渠道；发挥精英影响力的关键是需要采取不同的交流方式，如召开学术研讨会、发表论文、出版著作、互派访问学者等；发挥大众影响力的关键是建立和公众、媒体的良好互动关系。

美国高校智库为了提高其政策影响力，采取了各种各样的策略，如胡佛研究所做出了以下努力：通过发表思想和社论让研究所深入到范围更广

① Johan Galtung, “Foreign Policy Opinion as a Function of Social Position,” Peace Research Society, Vol. 2, 1965, pp. 206 - 231.

的公众中去，邀请媒体以访问研究员的身份参加智库活动，努力创造机会让学者能够使用无线电波传播思想，努力与那些经互联网征询研究所意见的公众进行交流，为意见领袖和政策领导提供行文清晰的出版材料，以及邀请来自其他杰出领域的不同意见者参与研究所的专题讨论会。① 美国高校智库将决策核心层精准定位为关键目标受众，以决策者的需求为导向，开展针对性和前瞻性的政策研究，以提供决策咨询。如贝尔弗科学与国际事务研究中心根据自身的学术研究优势，把政策制定者作为关键目标受众，对核安全、国际安全和国防领域进行研究，为他们提出针对性的立法倡议和研究成果支持，获得政策制定者的认可和信任。佐治亚州前参议员山姆·纳恩和印第安纳州参议员理查德·卢格称赞贝尔弗研究中心是纳恩-卢格立法的孵化器。

四、职能多元化

智库作为学界和决策群体之间的沟通桥梁，通过自身独立的研究，将应用研究和基础研究转换成公众容易理解的政策建议，为政策制定者提供决策咨询，服务于公共利益。从职能上来说，美国高校智库依托母体大学的学术研究、学科和人才资源优势，实现了基础研究和应用研究的结合、学术研究和人才培养的结合，在政策研究领域具有独特的地位。从职能结构的角度来看，大学智库所承担的政策研究与官方智库、独立智库恰好形成了互补型的结构：官方智库往往直接为政府决策服务，侧重信息的提供与分析，研究的学术性、思想性稍显不足；独立智库则主要专注于当下性、紧迫性的政策研究，很难集中精力对某一领域进行全面、系统和长期的研究；而大学智库偏重长期性、系统性、战略性政策研究的职能特征很好地弥补了官方智库和独立智库的不足。②培养智库人才是美国高校智库的一个重要职能，所谓智库人才是指具备较强的政策敏感性和洞察力以及分

① ［美］詹姆斯·麦甘．美国智库与政策建议：学者、咨询顾问与倡导者［M］．肖宏宇、李楠译．北京：北京大学出版社，2018：151.

② 王莉丽．旋转门：美国思想库研究［M］．北京：国家行政学院出版社，2010：39.

析公共政策和解决政策问题的新型人才。

如莱斯大学贝克公共政策研究所在培养智库人才方面，研究所学者和专家面向全校学生开设了能源、税收、卫生、科技政策等领域的课程。贝克研究所的两个研究生项目旨在帮助学生为公共政策和行业的领导角色做好准备。无论是培训学生制定全球政策，还是应对能源行业的挑战，这些研究生项目都通过贝克研究所（Baker Institute）和莱斯大学（Rice University）知名专家的接触和指导，提供一流的教育。（1）全球事务硕士课程（Master of Global Affairs，MGA）是由贝克研究所和莱斯大学社会科学学院资助的为期两年的学习课程。MGA 学生在政府、私营部门和国际组织中完成严格的课程学习和实践培训。MGA 项目结合了贝克研究所研究员和莱斯学院教员的学术优势和实践政策课程，包括必要的研究和实习。MGA 二年级的学生深入研究三个研究领域之一——国际政治发展、国际政治经济或国际安全——并制作顶点项目探究时代的关键政策。使毕业生具备广阔的全球视野，成为我们这个瞬息万变的世界所需要的领导者。全球事务硕士项目为学生提供了一个独特的机会，让他们向贝克学院的专家和社会科学教师学习，并从事有意义的职业。（2）能源经济学硕士项目（The Master of Energy Economics，MEECON）旨在培养未来能源领域的领导者和战略思想家。在贝克研究所能源研究中心和莱斯大学经济系的基础上，该项目结合了对市场和经济原理的严谨研究，以及对能源行业功能和相互联系的深刻理解。学生们经过培训，能够提供有洞察力的分析，并为能源行业做出明智的、高层次的贡献。来自全国各地的学者教授选修课，对专业领域有更深入的了解。最后一阶段的实习为学员提供与其学位相关的实践经验，同时为未来雇主提供评估新人才的机会。

第四节　对我国高校智库建设的启示

《国家中长期教育改革和发展规划纲要（2010—2020 年）》指出：“高校要增强社会服务功能，积极参与决策咨询，主动开展对策性研究，充分发挥智囊团、思想库作用。”我国政府于 2015 年 1 月 20 印发的《关于加强中国特色新型智库建设的意见》提出“大力加强智库建设，以科学咨询支撑科学决策，以科学决策引领科学发展”的要求，作为中国特色新型智库的重要组成部分，高校智库建设成为一个重要而紧迫的研究课题。借鉴美国高校智库建设的成功经验，我国高校智库建设应把握好以下四个关键问题，以充分发挥其“咨政育人”的作用。

一、明确功能定位，确定研究领域

一般来说，人才培养、科学研究和社会服务是高等学校的三大职能，生产知识和思想、提供政策咨询、影响公众舆论以及汇聚人才是智库的重要职能。从性质上来看，高校智库兼容高校和智库的双重属性，高校智库功能是高校职能和智库职能的“混合体”，“高校智库需要在其双重身份、双重运行逻辑之间进行有效协调，发挥好人才培养和外向服务的内在关联优势，使之相互融合和促进，以达成高校智库外向服务与人才培养的双重使命。”①美国高校智库在学术研究、政策咨询、政策教育等方面与其他类型智库形成良好的互补关系，培养智库人才是美国高校智库不同于其他智库的特有职能。清晰、明确的功能定位是高校智库可持续发展的前提。我国高校智库的功能定位为：以“问题为导向”开展基础研究和应用研究，为政府科学决策提供咨询服务；以“社会需求”为导向培养智库人才，为智库建设提供人才和智力支撑；通过培养智库人才“反哺”高校学科建设，提高人才培养质量；通过公共政策教育，提高公众的政策理解力。

二、健全筹资机制，拓宽资金来源

资金来源多样化是高校智库运行和研究独立性的重要保障。“智库要在国家履行改进公共政策的使命，就必须在两个互不相同但存在交集的市场运作；一个是资金市场，另一个是政策咨询市场。需求是市场形成的动

① 刘福才、张继明．高校智库的价值定位与可持续发展［J］．教育研究，2017（10）：59—63.

力……只要需求存在，智库就不需要从零开始一步步构建。……智库也能通过高等教育政策来构建。通常并非所有的大学教员都对智库抱有怀疑态度，只要有良好的激励，他们就会为之工作。”① 相比美国高校智库，我国高校智库资金来源渠道比较单一，其中政府拨款是主要来源，而个人和社会捐赠还非常少，与美国高校智库资金主要来源于社会和个人捐赠形成鲜明对比。我国应健全以“政府投入为主，其他多种渠道为辅”的多元化高校智库筹资机制，为此，政府要出台优惠和免税政策，培育慈善和捐赠文化，鼓励和支持社会组织、个人向高校智库捐赠；加强高校智库的筹资和管理能力，面向社会募集资金，设立高校智库发展基金。

三、加强团队建设，提高研究质量

“智库建设的核心在于人，人才质量是影响大学智库可持续发展的决定性因素。”②高质量的研究需要以卓越的研究团队为基础，我国高校智库应依托“母体大学”的人力资源优势，聚集社会各界的精英人士，加强团队建设。首先，高校智库要突破学校内部的学科和院系壁垒，围绕研究课题组建跨学科研究团队，依据项目采用“双聘制”人员管理，给予相应的薪酬待遇。其次，高校智库要突破学校和社会的界限，依据课题研究需要加强和政府、企业、社会组织的协同合作，组建跨部门研究团队，实行“兼职研究员”和“访问学者”制度。再次，人力资源的配备情况也是影响研究质量的重要因素。高校智库应根据自身实际情况，合理配置专职、兼职研究人员和行政管理人员。

四、建立互动机制，增强政策影响

当前我国高校智库影响政策的渠道相对单一，在很大程度上影响了高校智库决策咨询职能的实效性。我国高校智库要增强对公共政策的影响，

① ［美］詹姆斯·麦甘、理查德·萨巴蒂尼．全球智库：政策网络与治理［M］．韩雪、王小文译．上海：上海交通大学出版社，2015：64.

② 刘福才．大学智库文化的特质及其培育［J］．教育研究，2019（2）：94—103.

应采取“自上而下”和“自下而上”相结合的策略：首先，建立高校智库与政府部门之间的良性互动，通过定期互访、人才交流、举办政策论坛、提供政策简报等渠道影响社会的决策核心层，发挥高校智库的决策影响力；其次，建立高校智库与媒体、企业和学术界社会精英的互动，通过相互访问、出版著作、发表论文、发表观点等方式影响社会的中心层，掌握政策话语权，发挥高校智库的精英影响力；再次，建立高校智库与社会公众的良性互动，通过期刊、网络、媒体、会议等途径“培育高质量的宣传文化，营造良好的智库网络媒体环境，提升智库的文化传播力、信息服务能力和舆论引导力[①]，加强公共政策教育影响社会的边缘层，发挥高校智库的大众影响力。

① 刘福才．大学智库文化的特质及其培育［J］．教育研究，2019（2）：94—103.

第八章　不同政策咨询系统中智库产出差异研究

——基于德国、英国和丹麦的比较

智库作为一个比较新型的组织结构形式及制度安排，在我国社会发展中正产生越来越大的影响。2014 年 10 月，习近平总书记在中央全面深化改革领导小组第六次会议上强调：“要从推进国家治理体系和治理能力现代化、增强国家软实力的战略高度，将中国特色新型智库建设作为一项重大而紧迫的任务切实抓好，要统筹推进智库协调发展，建设一批具有重大影响力和国际影响力的高端智库。”十九大报告中再次提出“加强中国特色新型智库建设”。应该如何理解与定义中国“特色”的智库？世界其他国家智库的成果产出是否都一致，还是因不同的政策咨询系统而变化？智库产生有效影响需要在哪些成果方面做出努力？本章通过分析以协调型市场经济的德国、自由市场经济的英国、混合型市场经济的丹麦为代表的三种不同政策咨询系统中智库的三个成果产出指标，试图发现其统计数据之间是否存在差异。这些问题的解答将对中国特色新型高校智库建设起到重要作用。

第一节　政策咨询系统的差异与智库产出

一、不同类型政策咨询系统的智库研究

从强调智库和政策进程之间的关系这一视角来看，应将智库看作是政策咨询系统，而不是独立组织。智库的目的是影响政策的制定，但是这一过程中存在着矛盾，行政部门对政策建议和政策进程往往高度关注，而忽视了智库的其他功能，如生产对大众有用处的专业知识，提供对支持或反对不同的政策观点的专业知识。政策专业知识不是政策制定过程中内部代理人的特权，智库通过在大众媒体或新媒体中的新闻报道等方式间接表现其专业知识。尽管借助大众媒体来吸引并保持一定时期的注意是困难的，但它确实是需要的。制度因素对政策咨询系统的影响研究非常多，但是更进一步地对不同的政策咨询系统进行比较研究，对于明晰政策制定是有帮助的。已有的政策咨询系统研究主要是关注英国和美国的案例，尤其对英国的威斯敏斯特系统的研究，包括对加拿大，澳大利亚和新西兰的系统研究。近来，许多研究趋向于对其他政策咨询系统的研究。这一研究趋势是非常合理的，选择不同案例试图对不同制度传统的国家的发展进行比较，可以更好地借鉴不同的制度知识。通过关注不同国家的公司法人，以及制度、市场和政策理念之间的相互作用，可以发现资本主义国家的制度内差异。[①] 这种制度差异性的存在说明，并不存在一个统一的智库标准与环境，那么中国智库的定位与发展目标就不能完全参照西方标准。

国内学者对美国智库的研究相对丰富，但是我们需要从更多不同国家的政策咨询系统的视角来认识智库的影响力，这样才会对我国的智库发展提出可行性建议。探索不同制度间的差异是非常有意义的，因为这些差异与智库在不同的政策咨询系统的产生及如何进行传播密切相关。纵观世界

---

① Campbell, J. L., Pedersen, O. K. The national origins of policy ideas: Knowledge regimes in the United States, France, Germany, and Denmark [M]. Princeton: Princeton University Press. 2014: 6 - 7.

各国情况（除美国外），我们可以分为协调型市场经济、自由市场经济、混合型市场经济等三类不同特点的国家，这基本上可以代表资本主义国家的不同特点。通过对不同政策咨询系统下的智库进行研究，可以加强我们对智库本质性的认识。

第一类典型的代表国家是德国，它被认为是这一类型的典型，有着妥协型政策制定传统，强调智库的公共资助。[①] 第二类典型的国家是英国，作为代表性国家，更多具有对抗性的政策传统和更多的私人基金赞助的智库。[②] 第三类典型的国家是丹麦，它是一个混合模式，政策制定进程具有一定的协调，同时具有一个新兴的智库环境。[③] 从三种政策咨询系统里选出来的智库样本是基于现有索引选择出来的，而对智库的研究通常基于对样本的指标进行分析。

这三个案例的选择确保能够代表智库产出传播活动中的制度差异。这与先前强调制度差异在不同的政策咨询系统中运行是相关的。首先，德国有较为协调的公共政策传统，代表着一种协调的市场经济，被描述为公共基金资源和科学环境。其次，英国有多元的公共政策传统和自由的市场经济，在这种环境下，智库更多依赖于私人基金和更趋向于拥护。最后，丹麦代表的是一种规模更小的、中介模式的系统，被描述为是一种“多元特权”。

二、智库产出的三大指标

应该如何测量智库在公共政策领域内的效率？已有许多便利有效的测量投入（尤其是资源投入）的方法。在理想的情况下，智库的最终的产出结果不是能被组织可视化的产品，而是对公共政策改善的影响。不过，现

① Braml, J. U. S. and German think tanks in comparative perspective: German [J]. Policy Studies, 2006 (3): 222-267.

② Denham, A., Garnett, M. “What Works”? British Think Tanks and the “End of Ideology” [J]. The Political Quarterly, 2006 (77): 156-165.

③ Campbell, J. L., Hall, J. A., Pedersen, O. K. National identity and the varieties of capitalism [C]. Copenhagen: DJF Publishing, 2006 (Vol. xiv).

实中有关智库实际操作方面更多地通过检测智库的中间产品来实现。每个智库致力于报道发表议题出版物的数量，智库成员在国家电视台上的出镜频次和其活动在纸质媒介上的引用数量。这些都是其对公共政策产生影响力的有效指标，不应被忽视。这些指标（出版数量、出镜频次、引用数量）是容易被测量的中介（中间产品）。在年度发表的全球智库报告中提出了智库产生指标，本研究选取基于智库发表的出版物，举行过的公共活动和根据网络、新闻搜索引擎进行的报纸提及频次等三个指标①，对2016年的智库产出作为测量指标进行分析。

（一）出版物

出版物是智库最主要的产出形式，它可以对公共政策问题进行分析诊断，并提出解决方案。因为出版物是智库提供的可以使其政策推荐建议固定化的文档，因此它在告知政策进程中发挥着重要作用。此外，媒体网络作为基础设施，使得智库更为便利有效地向更大范围观众传播其出版物。智库的出版物有多种形式，包括书，报告，分析、期刊文章和政策简介。一种可以增加注意力的方法是改变出版物的形式，为了产出量更大，可以多出版篇幅更短的出版物，少出版篇幅长的出版物。在实践上，政策简介成为此方法的缩影。作为一种规范，它被广泛应用于传达分析结果，使政策制定者一目了然。智库出版物的长度从专著、100页的报告到两页的政策简介，因出于不同考虑而有所不同。分析过程中的出版物已被量化、简化：有时就效果而言，80页的研究报告与5页的政策简介的价值是一样的。所以，数据没有对智库出版物的投入和其内容质量进行说明，依据的是这样一个假定：在出版物的长度和其所吸引的注意力、浏览量的数量之间没有一致性。

（二）公共活动（简报会、会议和研讨会等）

在常规基础上举行过的活动使得智库（和其利益相关者）可以与政策

① McGann, James G., 2016 Global Go To Think Tank Index Report [R/OL]. [2017-09-18]. http://repository.upenn.edu/think_tanks/12: 24.

制定者互相交流。公共活动可以通过允许参与者用口头交流的方式来讨论政策建议和出版物。许多智库致力于让其公共活动发生在政策决策者和政治家的左右。这些政治家能够在政策形成中发挥积极作用，扩展网络覆盖面，发展成为公共概念。举办“沙龙”给公众这样一种印象：智库中“正在发生的事”和正在举办的活动事件都是可以获得特定政策领域内信息的机会。这些事件也被智库用来发表、交流其出版物，并得以在新闻上进行报道。举行过的活动显示出地域在政策咨询系统内的重要性，因为他们在同一地域内，可以面向不同的政策咨询系统的代理人。①

（三）新闻报纸

大众传媒作为政策的关键部分，在现代社会中起中介作用。与其他指标相比，报纸提及率更高的是对智库产出的测量，而不是活动本身。智库借助大众传媒为增加关注度提供了一种信号功能，因为如果智库的形象更多地出现在报纸及其他链接上，智库就会被认为很重要。许多研究注重对基于不同背景的智库定义，却忽视了对智库媒体影响力的分析。在公共范围上看，智库在报纸中的提及频次被用来作为测量智库影响力的辅助指标。在不同的国家，根据媒体影响，选择可靠的数据时需要对报纸资源和智库研究进行综合考虑。由于律商联讯（Lexis Nexis）集团的搜索引擎对非英语报纸存有偏见，因此，在处理其报纸提及次数的时候应清楚其局限性。

第二节　不同政策系统下智库成果产出的分析及其结论

一、智库样本选择与数据收集

本研究中的智库名单取自《全球智库报告》（the Global Go - to Think Tank Report）的地区排行，进入西欧智库排行榜共 125 个，选取智库样本

① Craft, J., Howlett, M. Policy formulation, governance shifts and policy influence: Location and content in policy advisory systems [J]. Journal of Public Policy, 2012 (32): 79 - 98.

收集的结果为德国的 23 个组织（全国总量为 195 个），丹麦的 4 个组织（全国总量为 41 个组织）和英国的 26 个组织（全国总量为 288 个）①，智库名称等相关信息被作为关键字进行搜索以及使用聚焦网络爬虫工具，所有智库的产出结果统计时间统一为从 2016 年 1 月 1 日到 12 月 31 日。报纸的选择情况：律商联讯已于 2013 年 8 月对智库的媒体影响做了研究，拥有超过 40，000 个信息源，能够提供全球战略新闻和商业信息在线检索服务。其中用了 2169 种报纸资源进行研究，此研究被翻译为各种语言引用。这个数据库包括英国的 648 个报纸，比利时、荷兰和卢森堡三国经济联盟国家的 71 个报纸，德国的 69 个、法国的 40 个和丹麦的 1 个。其存在不足在于新闻全文数据库是以英语为母语的资源。为了消除偏差的影响，丹麦就用其搜索引擎搜索了以下 9 种日常报纸来改善丹麦报纸资源的代表性：Berlingske、BT、Børsen、EkstraBladet、Information、Jyllands－Posten、KristeligtDagblad、Politiken、Weekendavisen。为避免重复，引用此类资源的已被过滤掉。新闻博客和网上资讯资源等暂时未统计，因为尽管新媒体影响力在增加，且智库越来越多地聚焦于新网络媒体的关注，在用于任何的媒体影响力评估时，这些资源的使用仍存在着巨大争议。

二、不同政策系统下智库产出的量化结果及讨论

上文构建的分析框架使得这部分可以对所选择的智库传播活动进行量化差异比较。表 8－1 给出了协调系统的德国、混合系统的丹麦和自由系统的英国的智库在三项产出指标上的基本情况。同时统计了智库全职员工数量的平均值和中位数，使下一步可以对三项产出指标活动的平均数进行比较。

① McGann，James G.，2016 Global Go To Think Tank Index Report［R/OL］. http：//repository. upenn. edu/think_ tanks/12：28，67－69.（2017－01－26）.［2017－09－18］.

表 8 - 1　2016 年三种政策咨询系统内智库不同指标上的情况

	德国（N = 23）	丹麦（N = 4）	英国（N = 26）
平均数（标准差）、中位数（保留整数位）			
规模（全职员工数量）	82（80），62	42（63），16	26（23），18
出版物发行数量	221（231），141	88（92），43	89（123），30
举办公共活动的次数	100（86），89	24（30），7	72（87），38
新闻报纸提及频次	425（470），216	529（386），297	443（336），278

从表 8 - 1 可以发现不同智库案例之间存在的差异。英国的智库规模普遍小于丹麦和德国的智库规模。这与其他对英国、德国的智库研究相一致。表 8 - 1 也显示，在大多数的情况下，每项数据的标准差要大于平均数。平均数与中位数的差异表明，平均数要受到样本智库中极端值的影响。这些发现又一次强调了前文所说的，在选择有代表性的智库样本时遇到的方法挑战。在这三种政策咨询系统内部，其智库规模和传播活动存在较大差异。除了取样方法上遇到的困难之外，发表的出版物存在较大的方差，这或许也反映出在不同类型的智库内部，其各种传播活动的重要性不同。

通过控制智库的不同规模，可以比较智库成员的传播活动的平均水平（如表 8 - 2 所示）。这也表明每个智库在三项成果产出的传播活动上所投入的平均资源水平。表 8 - 2 显示了每个智库样本平均活动水平上的差异。在已经控制智库规模的前提下，自由系统的英国智库在量化项目中表现得最为活跃。每一个英国智库成员，要比德国和丹麦的智库成员，发表更多的出版物，举行更多的公共活动，在报纸上的提及频次也更多，在三项指标上都拥有高水平的产出。相较于德国，英国有更多比平均规模更小的智库。英国智库规模较小，传播活动之多或许是英国早期的智库发展的结果。与欧洲大陆的许多组织相比，英国的组织更加开放。智库间的竞争也能够解释，为了获得短期的私人基金，英国智库拥有更高的平均产出水平。

表 8-2　2016 年三种政策咨询系统中智库人员的平均产出情况

	德国（N=23）	丹麦（N=4）	英国（N=26）
每个工作人员的出版物	2.70	2.10	3.42
每个工作人员的公共活动	1.22	0.57	2.77
每个工作人员在报纸提及频次	5.18	12.60	17.04

在研究中，与英国相比，尽管德国智库的每项指标都不如英国的更活跃，但他们在出版物和举办过的公共活动的指标上水平高于丹麦。正如前文所描述的，德国的智库强调获取公共基金支持，英国的智库更强调不同智库间对私人基金的竞争。德国的智库，比如，依赖莱布尼兹基金的那些智库，由于受到基金支持，并没有将媒体作为主要传播场所。其他的智库，例如，政治团体资金则可以依赖长期的公共基金。这或许有助于解释，德国智库人员的报纸提及频次不如英国、丹麦多的现象。然而有一点需要注意，报纸提及的指标数量或许是因为德国的报纸代表性不足造成的。与英国的那些智库相比，德国的智库活动水平低，另一个可能的原因是受到德国科学传统的影响。这个传统在德国的政策建议言论中起着重要作用。德语“科学”，在描述德国的政策制定的过程中被解释为“一种科学文化”，这可以解释德国智库对出版议题更加关注，而非在“低水平”的传播活动中把媒体作为主要对象。

丹麦的样本智库在出版物和举行事件上最不活跃，这与对丹麦的混合理解模式有关。但是其在报纸提及频次上相当活跃，丹麦的每个智库在出版物和举行事件上的平均数量比德国少。现有的研究强调在政策制定进程中，丹麦的新公司与传统利益相关集团的相互关联。这种传统利于解释丹麦智库之间对非正式协调的依赖，而非智库的出版物和举行公共活动。然而，从报纸提及频次的角度看，丹麦的智库要比德国的智库表现更为活跃，或许是因为它注重日益增长的公众注意力。

量化比较结果表明，智库的产出传播活动因不同的政策咨询系统而变化。这个发现支持了已有研究关于智库比较的制度化差异的结论。同时研究表明，对于政策建议，这个研究也是重要的。尽管智库继续依赖于专家的学术可靠性，但智库在政策咨询中的作用不仅仅是提供基于证据的建议。在英国、德国和丹麦三国中，不同的智库还要为了满足多样化群体的需求，他们在各项活动中需要在吸引资源和通过传播活动传播其建议之间，达到适度平衡。

第三节　对我国高校智库及成果产出的建设性启示

通过对“智库”界定的深入认识，进一步探索测量不同的政策咨询系统中智库成果产出的差异化状态，可以发现智库的产出传播活动因不同的政策咨询系统而变化。这些理论与实践的研究结论对于我国新型高校智库建设有重要的启示价值。

一、立足我国经济社会发展的经验、知识与智慧

经济全球化背景下，基于新的经济、新的业态、新的动能不断发展，智库的内涵与分类会继续呈现开放化、多元化取向。以中国为代表的新兴经济体、发展中国家正在整体崛起，中国特色新型高校智库建设应该坚持道路自信、理论自信、制度自信、文化自信，既要做好中国道路的诠释者，还应该做解决国内外重大问题、难点问题方案的提供者。中国高校智库发挥作用，产生自己的影响力，需要同中国的政策咨询体制相适应，这是智库发挥作用的内在本质规律。通过分析不同类型的政策咨询系统下的智库产出不同，说明不能完全照搬他国的经验，中国智库应该走自己的道路。在中国特色社会主义新时代，中国高校智库的影响力首先在于聚焦解决中国自身发展的问题，在众多公共政策改革的实践中，探索出经验，上升为理论，为世界发展中国家提供中国经验、知识和智慧。加强中国特色新型高校智库建设，需要着力开展事关国家长远发展的前瞻性基础理论研究，不断推进知识创新。围绕重大现实问题、针对社会热点问题积极释疑解惑，主动介入并引导社会舆论，积极建立创新导向的服务体系，提升服

务水平，为科学决策提供坚实的理论支撑，以增强国际竞争力和影响力。[①]

二、增加中国高校智库国际化成果的影响力

中国要成为世界强国，需要不断提升国际影响力。鉴于当前世界仍然是以西方话语为体系（研究中样本获取的语言主要以英语为主），因此如何提高中国高校智库公共政策对世界其他国家产生向心力影响，通过为世界和平繁荣发展贡献自己的政治智慧，赢得世界大国的声誉。答案在于中国智库运用国际话语，提供高质量的公共政策。中国智库的国际化，首先是人才的国际化，这需要大量优秀的国内本土及留学人才，发挥好优秀留学人才的作用。然而，目前我国仍然存在着智库国际化人才缺乏问题，尤其缺乏游走于东西方不同文化平台上的高水平智库学者及智库专家，这是制约智库国际化发展的重要因素之一。政府可优先支持智库的国际化人才建设，例如将智库组织纳入海外人才引进计划的引才主体体系；放宽来华留学生毕业实习和工作政策等。同时，打破人才体制内外的流动的限制，构建可促进学界和政界之间良好交流的中国特色的“旋转门机制”[②]，为智库人才的成长提供良好的环境。

三、利用融媒体传播好中国智库成果

智库及其公共政策的实现，不仅要与政策制定主体进行良好的互动，同时肩负着公共政策对公众普及的责任，社会影响力也是评价智库水平的重要指标。智库首先应该在传统的传播媒介中，增加产出，进而提高自己的影响力。其次，由于目前学界对新媒体的认识没有达成统一，本研究并没有把新媒体作为研究的指标，但是融媒体在当今时代的作用却有目共睹。随着互联网时代和公民社会的快速发展，民意能极大地影响以至于决定和改变政府决策的内容和方式。为此，智库要加强与公众沟通，要有能

① 刘福才、张继明．高校智库的价值定位与可持续发展［J］．教育研究，2017，38（10）：59—63，75.

② 王辉耀．中国智库国际化的实践与思考［J］．中国行政管理，2014（05）：20—24.

力影响和教育公众，这在我国也应会是智库参与决策的一种形式。[①] 智库的贡献力和影响力不仅限于对政府的直接出谋划策，从长远来看，更要加强前瞻性研究，向社会和政府贡献思想产品，抢占思想制高点，通过智库传播软实力，提升中国话语权，从而对全社会产生广泛而深远的影响。

综上所述，中国特色新型高校智库建设必须基于中国经济社会发展的经验、知识与智慧；发挥杰出留学人才的作用，增强中国智库成果的国际化；与时俱进，利用融媒体传播中国智库成果。

---

① 李国强．对“加强中国特色新型智库建设”的认识和探索［J］．中国行政管理，2014（05）：16—19.

第九章　地方高校智库的文化特质及其培育研究

当前，中国正处在中华民族走向伟大复兴、日益迈向世界舞台中央的中国特色社会主义新时代，也正逢智库发展的黄金时代。智库是国家软实力的重要组成部分，智库和智库研究者作为咨政启民、服务国家战略决策和社会发展的一个智力资源，正在发挥着越来越重要的作用。习近平总书记在党的十九大报告中提出“加强中国特色新型智库建设”，将智库建设提升到文化建设的战略高度。《国家“十三五”时期文化发展改革规划纲要》明确将中国特色新型智库体系建设，作为全面推动文化发展改革的重要力量。高校智库作为国家智库体系的一个重要支柱，在我国的智库建设中具有重要地位。地方高校智库作为地方大学组织的有机组成部分，理应担负起新的文化使命。文化是立库之根、兴库之本、强库之魂。地方高校智库应坚守智库建设的文化定位，坚持文化先行。目前，高校智库文化的特质亟须凝练，文化特质在地方高校智库发展中的价值引领作用亟待发挥。新时代高等教育发展方式转型要求实现内涵式发展，重视地方高校智库文化培育研究，涵养新型高校智库文化生态，增强文化软实力，是高等教育内涵式发展的新要求。

第一节　地方高校智库文化及其特质

高校智库作为一种制度安排，是指附设在大学内部主要从事政策研究和决策咨询的学术性组织和机构，致力于生产政策知识、政策思想、培养政策人才和影响政策制定。地方高校智库文化兼容大学文化和智库文化，彰显着高校智库的价值体系和文化使命。明晰高校智库文化的特质，是地方高校智库文化培育的逻辑起点，旨在回答“培育什么特性的文化”这一基本价值取向问题。

一、地方高校智库文化的基点是大学文化

地方高校智库的母体是大学，大学的组织属性决定着大学智库文化的特质，反映着地方高校智库运行的基本逻辑。大学作为一种文化组织，本质上是一种功能独特的文化机构。大学汇聚积淀着国家最优秀的智力资源，担负创造新思想、新知识的重要使命，具有追求卓越的文化传统，具备文化培育的独特优势。“大学与文化是同根同源的，而且大学肩负着文化的使命，蕴涵着文化的性格。”① 大学的基本功能之一是传承文化，理论创新是大学文化的一个重要特质。正是有了文化的传承与理论创新，大学才有绵延不息的生命力。大学是社会的文化高地，大学文化是体现大学精神的本体性文化。大学文化的培育基于人，且为了人。大学文化就是在学校核心价值观引领下，大学人共同创造和经营的文明、和谐、美好的生活方式，乃至大学师生的人格样式。大学乃国之公器，高校智库的研究者大多秉持公共知识分子的立场②，以增进社会大众的利益作为自身研究的出发点和落脚点。地方高校智库服务于政府决策，但并不自视为政府之附庸，也不同于带有意识形态色彩或利益集团背景的民间智库，而往往能够对政策保持批判建设的价值立场。

① 胡弼成、徐跃、蒋婷轶. 和而不同——大学文化培育论［J］. 清华大学教育研究，2008（10）：29—36.

② Misztal, B. A. Public Intellectuals and Think Tanks: A Free Market in Ideas?［J］. International Journal of Politics, Culture, and Society, 2012（4）：127－141.

二、地方高校智库文化兼容大学文化和智库文化

文化是智库之根，智库文化是智库的灵魂。智库软实力，在深层次意义上最终是由智库自身的文化决定的。任何文化都有自己特有的基因，所谓智库文化，是智库行业或智库组织得以维系的独特的核心价值观、理念和愿景，以及智库赖以生存与发展的人文生态环境。地方高校智库文化兼容大学文化和智库文化，正是因为高校智库文化具有兼容性，才可能产生一种独特的文化生成场域，包括内源性组织文化和外源性生态文化。"'独立性、高质量和影响力'是智库共有的独特气质，是智库能够影响国家决策的根基所在。"① 把持客观中立的价值定位和研究立场，坚持咨政启民，研以致用，高质量地向政府提供智库产品，以合作创新的知识生产方式来提升满足社会需求的能力，发挥务实有效的社会影响力等。上述特质作为地方高校智库组织的内源性因素，彰显着特定智库类型的组织特征。人文生态环境作为地方高校智库的外源性因素，体现着高校智库运行的外部生态文化及制度要素，反映着一个国家在特定的社会经济发展阶段对于智库定位及其发展的认同和接纳程度，以及相应的制度设计。从制度的视角来认识高校智库这一组织，"重点关注的是智库嵌入其中的结构化环境，形塑其行为方式的规则和规范，以及他们必须做出反应的组织安排和过程。"② 依法科学民主决策，彰显了新时代中国特色新型高校智库建设的外部生态文化及其制度安排，为提升地方高校智库在知识质量和诚信方面所享有的文化声誉提供了良好的外部环境，以更好地发挥作为专业知识库的地方高校智库组织在科学知识与公共决策之间的桥接及建构作用。

三、地方高校智库文化的四种特质

地方高校智库作为地方高校组织内部的构成单元，一方面以丰厚而殷

---

① 王耀辉、苗绿．大国智库［M］．北京：人民出版社，2014：18.

② Medvetz，T.．Think tanks in America［M］．Chicago：University of Chicago Press，2012：12－13.

实的大学文化传统为依托，潜移默化地受到大学母体文化的浸润和熏染，无时无刻不在影响着智库成员的治学理念、价值判断、思维方式和行为习惯；另一方面，地方高校智库文化集中体现着地方高校智库的共性文化和个性文化，并在智库自身特色化、多样化、个性化建设过程中不断地主动反哺、更新大学母体文化，地方高校智库文化的意涵变得更加丰富和多元。与党政军智库、社科院智库和民间智库相比较，地方高校智库文化的特质突出表现为反思性价值立场、前瞻性育人先行、学研式知识创新、交互式合作协同等价值取向。其中，反思性价值立场体现了高校智库文化的学术传统，前瞻性育人先行体现着高校智库文化的内在要求，学研式知识创新体现了高校智库文化的先发优势，交互式合作协同体现了高校智库文化的现实诉求。

（一）反思性价值立场

地方高校智库遵循大学学术自由的文化传统，具有较强的第三方立场和相对独立性，其核心优势就在于中立客观、尊重研究规律。“中立客观是一种竞争策略。”① 从研究的价值立场角度来看，地方高校智库理应对政策现象或问题把持审慎的反思性价值立场，具有理性平和的批判意识，不回避矛盾和问题。因为，作为文化组织的大学是一个学者社会，是一个基于逻辑和科学立场的学术共同体。大学学术共同体正是基于审慎自省的生活方式而得以确认的。大学的两个重要公共功能在于寻求增进对世界的理性理解，以及获得对实际功用的理解，最重要的是，没有审慎的理性理解这一前提，就没有实际功用的获得。“大学训练应是在未知领域的边缘上的探索，即使在已知领域，也要体现出一种怀疑和探索精神。”② 由此，地方高校智库作为学术高地，具有追求卓越的理性文化、智慧品格和探究精神，体现为思想引领、理论创新和价值创造。一方面，高校智库作为决策

① 史晨．从社会科学到社会工程：大学智库的定位策略、问题意识和未来走向［J］．深圳大学学报（人文社会科学版），2017（5）：10—15.

② ［美］亚伯拉罕·弗莱克斯纳．现代大学论［M］．徐辉、陈晓辉译．杭州：浙江教育出版社，2001：201.

的重要信息来源，能够基于严格意义上的学术标准，对政策问题进行审慎性的反思和批判，为改革决策提供必要的知识基础；或者通过合理预警机制预判政策风险，进而提供建设性意见，以实现智库的政策影响力。另一方面，高校智库的这种反思性价值立场能够确保智库学者坚守社会良知，代表民意，履行社会责任，以增进社会大众的利益为己任，而不囿于集团利益之私利。此外，反思性立场确保地方高校智库立足实践关怀，精准研判国家和社会发展面临的新情况、新问题，恪守研究规律，信奉学术价值，通过贡献思想、知识和智慧为政府和社会解疑释惑，并提供建设性、高质量的智库产品。

（二）前瞻性育人先行

创新人才培养能力是地方高校智库内涵发展的核心点。文化的本真价值就是育人，高校智库的育人文化，是大学人才培养功能的内在要求。地方高校智库不但肩负生产知识的责任，而且承担着培养生产知识、创新应用知识的人才的责任。“高校智库通过项目方式将不同领域的专家集合在一起，在创造知识的同时，承担了培养具有创新精神和知识运用能力的人才的功能。”① 智库建设的核心在于人，人才质量是影响高校智库可持续发展的决定性因素。地方高校智库，特别是承担研究生培养职能的大学科研机构和组织，其人才团队，尤其年轻博士刚入职时大多处于学术徘徊状态，研究方向不甚明晰、稳定；这在客观上要求地方高校智库建设立足育人先行这一基本定位，尊重人才成长规律，实施人才先行战略，结合智库定位、学科基础、专业特色，通过项目制的方式设置、承接研究课题，引导年轻博士转到智库重点发展的领域上来，积极承担学科知识创新融合工作；并以人才培养为基点，集成创新人才培养、科学研究、学科教学、社会服务为一体的综合发展体系。这就需要优化人才联动机制，以联合培养的方式打通传统的院校边界，形成一个专职兼职结合、校内校外结合、核心团队和边缘团队相结合的智库人才培养平台，在此基础上聚焦理论问题

① 胡光宇．大学智库［M］．北京：清华大学出版社，2015：146—147.

和现实问题，对接社会需求，通过助推后学，前瞻性地打造优秀决策咨询人才的“蓄水池”，培养一批适应时代发展的复合型咨政研究团队和智库人才梯队。如英国苏塞克斯大学（University of Sussex）的科技政策研究院，围绕能源与可持续发展、创新经济与工业政策、技术与创新管理和科学与政治决策四大学科群，组建了包括50位研究员和70位博士生的人才梯队；该中心还与哈佛大学共建了“哈佛-苏塞克斯项目”，该项目专注于化学与生物武器政策研究，组建了一支12名成员的跨学校、跨学科的研究团队，该团队的学术背景包括生命科学、化学、医学社会学、科技政策和反恐政策等。[①] 地方高校智库的育人先行之要义在于：一方面，能够通过教学、科研、服务综合活动提升研究团队关注现实的问题意识和思维范式，有助于培养团队成员知行合一、学以致用、经国济世的价值观念和家国情怀；另一方面，在智库活动中通过项目对接政府、市场和社会的现实需求，培养和打造高素质的智库团队，在一定程度上可以消解当前大学教学和科研相对分离的弊端，有机融合各种学术资源，借助于提升智库成果专业化水平，更长远地担当起服务国家和社会的时代使命。

（三）学研式知识创新

国家对提升经验、发展知识、创新理论的新需求越来越凸显。智库的力量和价值，在于创造并提供思想产品，使之成为提供决策者治国理政和社会民众辨析问题的公共产品，这是衡量智库和智库工作者能力和贡献的准绳。地方高校智库的先发优势恰恰在于，大学母体本身是一个知识殿堂，在多学科基础、人才梯队和科学研究的方法论方面优势明显。大学本质上以知识创新和传承为己任，拥有长期积淀的学术传统和学术精神，汇聚大学智慧，具备学问府邸独特的人文历史环境和研究基础。“知识材料，尤其是高深的知识材料，处于任何高等教育系统的目的和实质的核心。”[②]

---

① “The Harvard Sussex Program”, University of Sussex website [EB/OL]. 2018-03-08, http://www.sussex.ac.uk/Units/spru/hsp/Harvard-Sussex-Program-people.htm.

② ［美］伯顿·S. 克拉克. 高等教育系统——学术组织的跨国研究［M］. 王承绪等译. 杭州：杭州大学出版社，1994：12.

大学在倡导理念、传播真理、探索新知识、服务社会众多领域方面都是其他社会组织所无与伦比的。“没有大学内在的传统所维系的强烈的学术素养和献身精神，就不会有具有实践目的的研究中所体现的科学上的诚实、严格作风和学术上的敏感性。”① 地方高校智库作为“知识王国”的一个组成部分，具有相当雄厚的研究能力和知识基础，依托深厚学术积淀生产“政策思想”，能够“为政策制定者提供观念性话语”②，能够培育崇尚学问活动的内在价值，保持学术上的好奇心，以此究天人之际，通古今之变，成一家之言。学者是人格化的学术，智库学者正是基于执着和永恒的大学精神，地方高校智库具有独特的学研式创新文化，并将理论创新作为重要旨趣，以开发和推广思想为本职，以现实关照驱动理论创新，“大学智库中的研究者作为理论与实践间的桥梁，通过承接对策研究，在解决实际问题的同时不断检验和发展学术理论。”③ 地方高校智库研究凭借常规的学术功能，借助于学科驱动的独特引领优势，通过教学项目、科学研究和技术援助等手段，延伸大学知识的价值链，为政策制定者提供专业知识，并承担着满足社会需求的重要职责。智库的研究和政策宣传工作以其价值观为基础，通过传播思想和发展政策研究来鼓励公众辩论，智库的首要目的是“改变思想”。④ 基于智库传统上组织和处理“政策知识”的轨迹，地方高校智库可被视为“政策导向的知识密集型思想生产者和处理者”。⑤ 正如英国学者吉登斯所观察：“媒体也好，智库也罢，它们所赖以影响政策的许多创新性观点和关键性证据，归根到底还是来自严肃的学术研究，特别是在大学或者其他学术研究机构中展开的一些针对长期状况和长效机

① ［德］费希特．论学者的使命 人的使命［M］．梁志学、沈真译．北京：商务印书馆，2013：43.

② D. Stone, Recycling Bins, Garbage Cans or Think – Tanks? Three Myth Regarding Policy Analysis Institutes［J］. Public Administration, 85（20）, 2007：259 – 278.

③ Stone, D. and Denham, A. Think Tank Traditions: Policy Research and the Politics of Ideas［M］. Manchester: Manchester University Press, 2004：1 – 34.

④ 董奇．我国高校智库发展现状与问题原因分析［N］．光明日报，2015 – 07 – 07（15）．

⑤ 唐磊．当代智库的知识生产［M］．北京：中国社会科学出版社，2015：63.

制的研究。”① 高校智库的学研式文化为智库产品的质量产出发挥着基础性优势，并在知识创新维度上推动地方高校智库成为可持续发展的知识供给者。

（四）交互式合作协同

智库作为一个跨界组织，与学术、政治、市场和媒体密切关联，是学者共同体与政策制定者之间的沟通渠道，扮演研究经纪人的角色，充当着政府、社会和学术界之间的交互纽带。当前，高等教育现代化的重要转向之一体现在知识生产模式“从内部导向变为外部导向”②。从文化的角度来看，“大众化的高等教育不仅包括系统的扩张，而且包括高等教育机构的多样性、组织的复杂性，以及学术的差异性等一系列的多元现代化。”③ 机构与机构之间的交互联系日趋增加。高等教育持续创造他们自己的知识市场，最显著的变化不是规模的变化，而是功能上的变化。大学如今也不再局限于定位“学术孤岛”，而是一个延伸至与产业界、政府和媒体等更紧密联系的机构网络生态的一部分。大学知识的生产已经超出了自给自足的自治范围，大学从垄断性的提供者变为国内与国际环境中的合作者。高校智库的知识生产单位也不再局限于个人，而是智库团队和智库联盟。由此，地方高校智库需要应对需求和挑战，开阔视野，创新思维，重新定位和调整自己的研究功能，以适应当前知识生产的弥散性特征。地方高校智库不能被动适应社会需求，而应该更主动地通过进行客观、长期、深入、系统的社会调查和研究，研判乃至引导社会需求，在与政府、社会、市场交互联系中，充分利用其学术资源优势，围绕国家和社会发展面临的重大问题，以最有效的方式联合各种行动力量协同共治，打造新型智库共同体。如伦敦大学学院纵向追踪研究中心（the Centre for Longitudinal Studies）

① 陶郁．专访吉登斯：生活在“脱缰的世界”［N］．时尚先生 Esquire，2015－10－02.

② ［英］迈克尔·吉本斯等．知识生产的新模式：当代社会科学与研究的动力学［M］．陈洪捷等译．北京：北京大学出版社，2011：68.

③ ［英］玛丽·亨克尔、布瑞达·里特．国家、高等教育与市场［M］．谷贤林等译．北京：教育科学出版社，2005：15.

是一个数据库型智库，该中心“围绕教育与社会流动、学业成就公平性、就业市场和健康生活方式等主题整合研究力量，开展专题研究”①，通过项目制运行方式打破了传统学科之间的壁垒，集成创新、资源共享，在建构交互式协同文化过程中积极参与并推动政府和社会事务的建设性工作。

第二节　地方高校智库文化培育之审思

中国高校智库建设近年来取得了长足的进步，但仍然存在“跟不上、不适应”的现实困境。地方高校智库在实体化、制度化建设阶段，其独特的文化品性没有明显表征。究其原因，地方高校智库文化的特质在高校智库发展中的价值引领作用尚未充分发挥。地方高校智库文化培育亟须在文化高度、文化深度、文化包容度和文化创新度等方面有所超越。唯有提升智库文化培育的高度，高校智库发展方具有前瞻性；唯有拓展智库文化培育的深度，高校智库发展方有可持续性；唯有培植智库文化培育的包容度，高校智库发展方可摆脱狭隘和封闭；唯有达成智库文化培育的创新度，高校智库发展方能力避僵化和萎缩。

一、提升文化培育之高度

高校肩负着引领社会文化发展的历史重任。不谋全局者，不足以谋一域。从长远发展来看，地方高校智库需要立足自己独特的组织传统和知识经验，重视价值观念系统的构建，发挥好大学理念、大学精神在智库建设中的基础性价值引领作用。然而，目前智库建设中的文化培育尚没有普遍成为智库成员的一种自觉意识和自觉行动，文化培育的价值观念有待达成共识。“中国新型智库建设的首要问题应该是智库文化培育的观念革命与制度创新问题。”② 由于价值引领的缺位，地方高校智库战略视野不够开

① " About the Centre for Longitudinal Studies", University College London website [EB/OL]. 2018 - 04 - 27, http://www.cls.ioe.ac.uk/page.aspx? &sitesectionid = 26&sitesectiontitle = About + the + Centre + for + Longitudinal + Studies.

② 陶一桃．新型智库建设要重视培育特色文化［N］．中国社会科学报，2016 - 02 - 25.

阔，思想性不够，智库研究产品缺少前瞻性、影响力和公信度，理论贡献缺乏重大突破。社会上热议、追捧的名目繁多的智库影响力排名导向，容易驱使智库建设出现文化生态的偏离，造成单纯的实利主义和绩效主义倾向。这就需要地方高校智库，特别是作为智库组织的灵魂人物、智库领军人才，须有高屋建瓴的胸怀与境界，站多高、看多远、走多久，决定其思想的深度、高度和厚度。智库领军人物只有有境界、有远见、有知识储备、有海量肚量、有洞悉社会的能力，才能从根本上立足文化信念的高度，对重大理论问题、时代命题和社会关注的重大现实问题及时、敏锐地做出回应，改变上述不良倾向对于地方高校智库文化培育可能造成的牵制。意识到地方高校智库适应现实社会变革的同时，首要的是时刻保持对高校智库本职的追问，认识到高校智库文化所固有的更基本、更深沉、更持久的力量之源，避免过于轻率且疲于应对诸多应景和应时的现实利益诉求，或者热衷于频繁的社交活动而放弃高校智库本该担负的长远社会责任。

二、拓展文化培育之深度

高校智库建设在理论层面总是企望能够系统化地构建智库质量评估指标体系，在实践层面极力促成评估技术的精细化和可操作性，以实现高校智库质量管理的制度化。但是，在技术主义管理路线导向下，地方高校智库建设容易停滞于浅表和短视，而忽视了对制度建构的文化认知及其深层的文化意义，指导智库建设的制度要素或文化要素缺乏凝练和挖掘。正如文化学者克利夫德·格尔茨认为："文化是由社会确立的意义结构所组成的。"① 在社会学新制度主义学者理查德·斯科特看来，作为制度内涵之一的"文化—认知性要素"②，能够为人们的社会生活提供意义并对人们的行

① Geertz, Clifford. Islam Observed: Religious Development in Morocco and Indonesia [M]. Chicago: University of Chicago Press, 1971.12.

② [美] 理查德·斯科特．制度与组织——思想观念与物质利益 [M]．姚伟、王晓芳译．北京：中国人民大学出版社，2010：56.

为提供指引。大学内部一旦缺失制度层面的整体规划，容易出现高校智库一哄而上的逐利化倾向，造成浅水平、重复性建设和碎片化研究，可持续性发展乏力，后劲不足，根本原因就在于深层次意义的地方高校智库文化认知、文化建设缺位。因此，地方高校智库建设需要明确定位，固本强基，夯实储备，练好内功，研究真问题，不仅仅局限于智库产品的实用价值、商业价值，或者仅仅注重精细化、单一化的外显技术形式。“明确那些形成这种质量文化的技术将给我们带来巨大的帮助。诚然，文化不属于技术范畴，但特定的方法和手段可以帮助我们形成这种质量文化。”①

当前，融媒体时代“智库媒体化”和“媒体智库化”现象已经引起社会的广泛关注，智库与媒体的边界很难清晰地区分开来。社交媒体作为地方高校智库运营及传播其成果的一种有效手段，借助媒体支持是必要的，也是必需的，通过信息共享机制可以实现智库与媒体二者的优势叠加、融合发展。但是，从政策学意义上而言，“媒体报道不能作为政策影响力的唯一指针，甚至不能作为一个可靠的指针，即使在政策制定的最初阶段也是如此。”② 要谨防一种倾向：过分关注媒体甚于关注研究本身。智库成果在媒体榜单上往往呈现出过于博人眼球的现象，假如以牺牲研究本身的严谨与信誉、产品质量创新和实际贡献为代价，换取智库索引和媒体排名的曝光率，追求社会知名度、“内参”批示率，甚至追逐宣传技巧的影响力，就往往容易被媒体所捆绑，而不能实质性地以学术良知积极引导社会舆论，主动发挥好引领媒体导向的价值；就会舍本逐末，追逐智库市场的表象繁荣，背离高校智库文化所蕴含的深层意义、精神和智慧。

三、培植文化培育之包容度

高水平创新团队和交叉学科群是高校智库建设的有力支撑。地方高校

---

① ［美］弗兰克·M. 格里纳. 质量策划与分析［M］. 何桢主译. 北京：中国人民大学出版社，2005：201.

② ［加］唐纳德·E. 埃布尔森. 智库能发挥作用吗？公共政策研究机构影响力之评估（第二版）［M］. 扈喜林译. 上海：上海社会科学院出版社，2010：3.

智库所研判的问题面向，往往关涉区域经济社会、国家及国际社会发展中的多个领域、多种部门，问题研究的综合性、多变性和复杂性特征，问题边界的模糊性和不确定性特征，“远远超出了学者个人的知识层面。”[①] 这在客观上要求地方高校智库利用好大学多学科、交叉学科的研究优势，主动联合多家组织进行跨团队、多层次、立体式协同攻关。学术共同体理应是智库共享的文化资本，然而目前地方高校智库多以“游兵散勇”式的个体组织研究为主，协同攻关意识不强。加之大学受到内外部体制机制的约束，智库成员之间、智库与智库组织之间相对封闭，缺乏有效沟通，人才流动度不高，信息资源不能及时共享，很难形成攻关重大课题的智库团队或联盟，智库组织内在的生机和活力得不到充分发挥。究其根本，地方高校智库建设过程中利益相关者在智库文化包容度的生态培育上没有达成共识，文人相惜、协同合作、共建新型智库共同体的理念没有成为新时代新型高校智库建设与发展的基本理念。一方面，不同类型地方高校智库之间缺失协同合作的文化包容度，如跨学科跨院系协同，兼职专职队伍协同，行业内大学与行业间大学、直属大学与地方大学、国内大学与国外大学的协同能力不足，合作文化和大局意识不够，跨校智库资源的交叉利用不够充分。另一方面，政府部门、行业组织与大学组织之间有效的双向沟通渠道不畅通。智库研究人员缺乏主动服务决策需求的研究意识与研究能力，不熟悉政策体系与决策过程，缺少主动与政府部门、行业组织沟通交流的积极性，封闭的知识生产机制导致地方高校智库不能有效发挥应有的决策咨询作用。事实上，“除了少数政策研究者，多数研究机构和人员难以直接接触决策部门，研究者和决策部门的联系有赖于‘关系’和资历。”[②] 许多政府职能部门和行业组织尚未与地方高校智库研究机构进行充分关联，与研究相关的数据呈现封锁和封闭状态，导致“信息孤岛”现象，直接影

① Abelson, D. E. Do Think - tanks Matter? Assessing the Impact of Public Policy Institutes [M]. Kingston: QC McGill - Queen's University Press, 2002: 17 - 48.

② Thomas Bondiguel &Thierry Kellner. The impact of China’s foreign policy think tanks [R]. Beijing: BICCS Asia Paper, 2010: 1 - 32.

响到智库产品的高质量产出。

文化包容度问题，还折射出重在对策研究的决策者同惯于学术研究的高校智库人员存在群体文化差异。“实践理性是政府行动的驱动力。政府的任务就是针对实际问题制定出具体的解决方案。”① 与政府的行动逻辑不同，“专家很少因其洞见的闪现而很快从根本上改变国家政策或者激发一项创新性法律。相反，专家的工作是缓慢的，一般是在一位学者所说的‘知识蠕变’的过程中逐渐构筑知识资本。”② 具体而言，决策者的决策文化服从政治权力，注重研究的实用性，运用政策表达语言，要求短平快的研究成果，重在社会动员和富有建设性的政策建议，注重研究的针对性、有效性、简洁性及特殊性；而智库研究人员立足研究视域，看重学术文化，习惯学术语言，注重研究的学理性，重在知识增长和批判性思维，注重研究的理论性、原创性、逻辑性及普适性。基于两种群体文化客观存在的紧张状态，地方高校智库作为中间人的“超边界”的角色，应该主动倡导理念，提供观念性话语，向政策制定者提供专业知识，促进其政策学习，把政策研究推广到实际运用中。事实上，在政策学者看来，“每一位政策科学家都应当把其部分工作时间花在至少一个智库中，以提高其处理政策科学理论与政策制定现实之间的关系的能力。”③ 地方高校智库人员需要基于学科逻辑的比较优势，转变思维方式，以社会问题为中心，通过提供知识基础，突出问题意识，强化问题驱动，强调咨政服务，通过搭建起决策文化和学术文化包容对接的桥梁，促成知识和政策相互建构，由单一的线性关系发展为“彼此共生、相互依存”④ 的文化包容关系，以此提升智库文化的包容力并赋予文化以生命力。

---

① ［美］布鲁斯·史密斯．科学顾问：政策过程中的科学家［M］．温珂等译．上海：上海交通大学出版社，2010：255.

② James Allen Smith, The Idea Brokers: Think tanks and the Rises of the New Policy Elite［M］. Ohio: Free press, 1991: 230.

③ 刘复兴．国外教育政策基本文献讲读［M］．北京：北京大学出版社，2013：33.

④ 唐磊．当代智库的知识生产［M］．北京：中国社会科学出版社，2015：21

四、达成文化培育之创新度

创新发展是国家实施创新驱动发展战略对大学的客观要求，是地方高校智库个性化发展的最高形式，也是地方高校智库可持续发展的不竭动力。创新发展直接影响着高校智库的核心竞争力，缺少文化创新的智库软实力必然会走向僵化和萎缩。新时代地方高校智库内涵式发展，须立足智库文化创新的战略高度，从智库建设伊始，就应该以智库文化建设为龙头，以特定的智库核心价值观为主导，以“质量创新和实际贡献”为标准，创新组织形式和管理方式，全方位地优化制度性安排，涵养和培育独特的智库文化。智库的本质在于提供高质量的思想产品，高质量的思想产品是地方高校智库竞争力和影响力的最终体现。然而，当前中国高校智库与国际上现代智库最大的差距集中表现为智库核心产品的质量差距。中国高校智库产品尚存在数量有余而质量不足、智库研究注重形式传播忽视内容创新问题，智库建设急需降祛“虚热”、做足“实功”。提高地方高校智库研究质量，推动内容创新，尤其要关注和提升智库的质量文化。究其原因，质量文化是地方高校智库文化的核心内涵，也是提高智库质量的根本保障。而地方高校智库内部普遍“缺少一种自省、自律、自查、自纠的质量文化”。[①]“质量文化是人们与质量有关的习惯、信念和行为模式，是一种思维的背景。”[②] 人与文化的辩证法之要义在于：人创造了先进文化，先进文化反过来能够促进人的创新发展。智库质量文化的培育基点在于人，在于共享价值信念的组织成员。质量是文化的产物，地方高校智库组织内部只有追求卓越的质量文化，并内化为智库组织一致认同的质量价值观，成为智库成员的一种自觉意识和自律行为，从根本上提升智库研究人员的文化素质，创新思维品质，而不过分倚重自上而下的外力推动，才能创新

① 吴岩．建设高等教育智库联盟 推动高等教育改革实践［J］．高等教育研究，2017（11）：1—10.

② ［美］约瑟夫·M. 朱兰等．朱兰质量手册［M］．焦叔斌等译．北京：中国人民大学出版社，2003：724.

性地生产出具有重大和长远影响力的智库产品。

地方高校智库的质量文化也受到外部文化生态的影响，如社会宽松的自由思想市场，有利于催生并形成创新求异、丰富多元的智库成果。政策研究市场的生态环境培育尚待进一步优化，比如，信息资源获取渠道不畅会影响对智库产品质量的价值追求，过分依赖于单一的对外融资渠道，可能会影响地方高校智库研究的独立性和客观性，并对进一步提高智库文化创新造成一定影响。

第三节　明晰地方高校智库文化培育的关系范畴

实现高等教育内涵式发展，是新时代高等教育发展方式的价值定位。地方高校智库文化建设是高等教育内涵式发展的重要方面，这在客观上要求遵循高校智库文化培育的内在规律，坚守文化自觉，发挥好高校智库文化对于高等教育内涵式发展的引领价值。哲学自觉是文化自觉的最高境界，地方高校智库文化培育需要加强关系思维的自觉意识，重点明晰以下基本关系：

一、适应与超越之间的关系

智库文化既是一种现实存在，更是一种理念和信仰。在地方高校智库的服务面向上，一方面，地方高校智库要有关注现实的文化自觉，倡导“以问题为导向”的新型知识生产方式，坚持研以致用，精细研究具体问题，以最有效的学术服务方式融合其知识资源，精准回应国家和社会发展面临的现实问题和当下需求；另一方面，战略研究是智库的应有使命，地方高校智库要借助于大学“思想库”基础研究的学术资源优势，优化前瞻性研究的长效机制，综合研判今后一段时间重大宏观战略问题和前瞻性问题的发展态势，着力提升高校智库的战略谋划能力、理论生产能力、成果转化能力和风险预警能力，并用先进的组织文化和行业文化去引领社会文化，促进社会进步。风物长宜放眼量，不囿于就事论事的应时应景之策，在做好扎实研究的基础上把握好发展大势与当下热点之间的关系，把当前社会广泛关注的国内外热点政策议题，如“双一流”建设、新工科、新旧动能转换、“一带一路”倡议、推动构建人类命运共同体等置于我国正在走向高等教育现代化、走向建成高等教育强国的战略语境及文化高度，充分认识地方高校智库文化培育的奠基性使命及先导性价值，为国家经济社会发展提供强大的理论储备和智力支持。为此，需要与时俱进，面向未来，将回应现实诉求与思想引领有机结合起来，正确处理好地方高校智库文化培育面临的现实性适应与发展性超越之间的关系。

二、内容与形式之间的关系

高校智库作为“独立的、无利益诉求（non－interest－based）的非营利性组织”①，基于其高质量的专业知识、理论创新及思想传播来影响决策。因此，一方面，地方高校智库建设的当务之急应着眼于智库组织文化的理论创新及质量文化的培育，固本正元，发挥好理论创新在实践创新中的先导作用，创新质量文化培育的方法供给，夯实研究基础，守正笃实，方可行稳致远，持续发力，久久为功。通过提供严肃的意见，兼备科学的政策研究和政策分析方法，让智库品牌作为智库文化的具体物化形态，真正负载具有独特标识的组织文化。另一方面，基于互联网、大数据、人工智能、云计算等新生产要素深刻变革背景给大学文化带来的新挑战，地方高校智库建设需要以知识、技术、信息、数据为支撑，充分利用信息化技术手段，积极探索融媒体时代智库文化培育的新模式，着力培育高质量的宣传文化，营造良好的智库网络媒体环境，提升智库的文化传播力、信息服务能力和舆论引导力。通过多元化的媒体平台和传播渠道，开发、推广智库组织文化品牌所蕴藏的内涵、气质和精髓，共同为社会提供高质量的智力产品，以实现外显性形式为实质性内容服务的基本初衷。为此，需要立足高校智库文化培育的品牌质量，围绕征询问题，统筹大学内外的各种

① ［美］安德鲁·里奇．智库、公共政策和专家治策的政治学［M］．潘羽辉等译．上海：上海社会科学院出版社，2010：6.

资源优势，将唯实求真的知识品性、实践智慧与智库产品多元化的营销手段、传播形式有机结合起来，正确处理地方高校智库文化培育的质量内涵与形式表达之间的关系。

三、共性与个性之间的关系

一方面，地方高校智库有其共同的运行规律和研究规律可供遵循，能够基于社会公共利益，研究事实真相，探索追求真理，并影响决策，造福民生，体现了地方高校智库共有的文化气质，如良好的智库文化是实现高校智库功能的条件支撑；高校智库文化兼容大学文化和智库文化，其特质突出表现为反思性价值立场、前瞻性育人先行、学研式知识创新、交互式合作协同等价值取向；高校智库文化作为一种组织文化形态，其思想智慧需要历史积淀而成，而非一日之功，等等。另一方面，智库之间的差异，集中体现为智库文化品牌个性的差异，不同的高校智库组织独特的核心价值观、理念和愿景，构成了地方高校智库各自特有的文化影响力、竞争力和软实力，由此，智库文化“表现出鲜明的个性”。[①] 比如，浙江师范大学非洲研究院坚守“非洲情怀、中国特色、国际视野”的治学理念，在秉承中华优秀学术传统的基础上，培养扎根非洲的学术人才，建构起“学科、智库、传媒三位一体”特色发展格局，建立了具有中国学术品格又融通中外的“中国非洲学”；曲阜师范大学中国教育大数据研究院秉承“关注未来的理想情怀，体察现实的大众视野，基于理性的专业探索，秉持道德的本真研究”基本价值观；东南大学道德发展智库理念以“高端、长远、协同、国际对话”为基本方针，等等。为此，需要挖掘地方高校智库自身所蕴含的比较优势，将秉承高校智库以大众立场增进社会公义的共有价值指向，与其独特的品牌定位和服务面向有机结合起来，正确处理好地方高校智库文化培育的共有属性与个性化特色发展之间的关系。

---

① 郭峰等．地方大学文化与地方文化互动发展研究［M］．北京：人民出版社，2017：5.

四、本土化与国际化之间的关系

“每一种文化都植根于她自己的土壤，各有自己的家乡和故土的观念，有自己的风景和图像。”① 中国正处在社会转型时期，“我们所建构的是一个有中国文化性格的现代文明秩序。”②地方高校智库文化培育必须从中国的国情和实际出发，重视对本土知识和本国历史的保护与传承，依循中国大学固有的文化历史传统和时代发展的要求，坚守中华文化的立场，弘扬传统文化的优秀基因，分析和解决中国问题，关注和回应时代诉求，服务于当前政策利好形势下社会转型所面对的供给侧改革、制度创新、文化建设等新课题，服务于新时代中华民族伟大复兴和全面建成小康社会。与此同时，地方高校智库建设要放眼国际，博采众长，尊重各国合理关切，积极开展“智库外交”，助力形成包容开放的文化格局。以自信、理性的文化心态，对跨国智库文化及其制度设计进行批判性学习、包容性借鉴，主动发挥好高校智库对外交流广泛的比较优势，创新对外话语表达方式，传播好中国声音、中国经验和中国智慧，推动中华文化“走出去”，为建设文化强国做出积极贡献。文化的生命力在于多样性，基于开放文化心态的批判和包容，正是文化自信和文化自觉的表现，能够为实现智库“从世界舞台的边缘走向中央”提供内驱力，有助于实现智库人才和智库产品的国际化，形成与国际一流智库合作交流与竞争博弈的智库生态体系，形成高质量的跨国智库研究团队。为此，必须坚持高校智库建设的文化自觉和文化自信，将扎根中国大地、立足本土文化与坚持马克思主义指导地位、放眼国际、倡议文化互鉴有机结合起来，实现中华优秀传统文化的创造性转化和创新性发展，正确处理好地方高校智库文化培育的本土情怀与国际视野之间的关系。

习近平总书记在庆祝改革开放40周年大会上的讲话指出：“我们要加

① ［美］伯顿·克拉克．高等教育新论：多学科的研究［M］．王承绪等译．杭州：浙江教育出版社，1988：22.

② 丁学良．辩论“中国模式”［M］．北京：社会科学文献出版社，2011：总序（6）．

强文化领域制度建设，举旗帜、聚民心、育新人、兴文化、展形象，积极培育和践行社会主义核心价值观，推动中华优秀传统文化创造性转化、创新性发展，传承革命文化、发展先进文化，努力创造光耀时代、光耀世界的中华文化。"[①] 当前，在深入推进"双一流"建设进程中，"一流特色智库"应该与"一流特色学科"并驾齐驱，前瞻性地立足文化建设的战略定位，提升大学文化新势能，彰显出地方高校智库不同于其他类型智库的文化特色和比较优势。在理论层面，深化地方高校智库文化建设的理论研究和方法论创新，从"文化—认知"的战略高度转变思维方式，优化研究范式，明晰地方高校智库文化培育的内外部关系，为智库成员明晰核心价值及意义指引；在实践层面，将"文化治库"理念全面落实到地方高校智库发展的规划行动中，进一步优化决策咨询服务体制机制，充分激发智库团队成员乃至全社会参与智库文化建设的积极性、主动性和创造性，以培育地方高校智库文化的特质为基点，涵养新型地方高校智库发展的良好文化生态，培育富有人文、理性、求实、创新精神的智库治理和发展理念，为加强中国特色新型智库建设，实现新时代高等教育内涵式发展，推进国家治理体系和治理能力现代化，建成高等教育强国提供不竭动力。

① 习近平．在庆祝改革开放 40 周年大会上的讲话［EB/OL］．http://politics.people.com.cn/n1/2018/1218/c1024－30474793.html.

第十章　地方高校智库创新发展的价值定位

智库是国家软实力的重要组成部分，借力于智库的智力支持，为决策咨询服务，正成为现代国家治理和社会组织创新管理模式的战略举措。英国学者詹姆士指出，智库或思想库即从事于力图影响公共政策的多学科研究的独立组织。[①] 在目前庞大的中国智库群中，高校智库是一种“特殊的存在”[②]，主要是大学内设的各种研究院、研究所或研究中心等机构。从数量上来看，根据南京大学“2016 中国智库治理论坛”公布的数据显示，截至2016 年年底，中国智库索引（CTTI）已收录来源智库 490 家，其中高校智库 255 家，占 52%。[③] 据《2018CTTI 智库报告》显示，截至 2018 年12 月，CTTI 共收录智库机构 706 家，遴选、增补了 105 家来源智库，其中，高校智库就占到 95 家。[④] 因人才聚集和多学科协同研究优势，高校智库更彰显出其独特价值。为了充分发挥高校智库在战略研究、政策建言、

---

① Simon James, The Idea Brokers: the Impact of Think Tanks on British Government [J]. Public Administration 1993, 71, pp. 491 – 506.

② 王耀辉、苗绿. 大国智库 [M]. 北京：人民出版社，2014：241.

③ 中国智库研究与评价中心. 中国智库索引 [EB/OL]. http://ctti.nju.edu.cn/CTTI/, 2016 – 12 – 31.

④ “2018 中国智库治理暨思想理论传播高峰论坛”举行 [N]. 光明日报，2018 – 12 – 23.

舆论引导、公共外交等领域的作用，我国政府在不同层面上提出了推进中国特色新型高校智库建设的规划与倡议，并取得了显著成就。在此过程中，地方高校智库主动融入国家和社会建设，并在服务于国家和社会建设中逐渐发展壮大起来。但是，与政府型及社会型智库相比，尤其是跟国外同类机构相比较，我国地方高校智库发展还相对滞后，在贡献力上尚有较大的提升空间；更重要的是，作为一种特殊类型的新型智库，地方高校智库的价值定位及可持续发展等问题，尚有待于进一步探索。从现实来看，地方高校智库在自身建设中尚存在一系列范畴的困境与争议，诸多现实困境限制了其功能的有效发挥。如何调适这些冲突，促进其健康持续发展，亟须做出回应。

第一节　功能面向：外向服务与立德树人

就组织性质而言，地方高校智库属于地方高校里的教学科研组织，同时作为智库的双重身份又决定了其应该以服务于政府及相关社会组织的决策和管理为基本使命。地方高校智库在服务过程中以服务对象的需求为导向，以促进服务对象的决策科学化与管理创新化为目标，最终以服务对象的绩效状况及其满意度为主要评价标准。正如德里克·博克在论及现代大学的社会责任时所强调的，“大学凭借常规的学术功能，通过教学项目、科学研究和技术援助等手段承担着满足社会需求的重要职责。这是一条普遍性原则。”[①] 由此，地方高校智库与一般的教学科研组织相比，在其功能面向上具有更加显著的外向服务属性，且其外向服务职能具有制度化特征。地方高校智库的外向性服务定位要求其在构建自身的生产与服务体系过程中，必须充分把握服务对象的性质、特征、规律及其需求，在此基础上有效整合资源，有序组织生产，从而提供有价值的知识产品或智力服务。地方高校智库要提高其服务的专业化品质，就必然要以独特的学科和

① ［美］德里克·博克. 走出象牙塔：现代大学的社会责任［M］. 徐小洲、陈军译. 杭州：浙江教育出版社，2001：342.

专业优势为基础，进行规范的科学研究，其生产过程是一个专业知识系统的创新转化过程，否则就不可能拿出真正有价值的产品或服务，“高校智库”就难以体现其特殊的价值和优势，从而也就不具备充分的合法性基础。从这个意义上讲，地方高校智库从事的是具有高度创造性的基础性工作。为此，智库、智库依托单位乃至学校层面，都必须在团队组建、资源配置、政策供给等各环节予以足够的支持，甚至在一定范畴内将之作为工作的重心，重点投入，集中攻关，以图实现协同创新。

之所以强调智库外向性服务作为工作重心仅限于“一定范畴之内”，是源于高校智库的特殊组织属性，即高校的组织特性及其本来使命决定了高校智库的育人功能。同样，地方高校智库作为一个教育机构，不能放弃立德树人的基本使命，否则便容易丧失其作为高校组织存在的价值基础。高校智库践行育人职责，既要在常规性的学科、专业和课程框架下严格按照学校审定的“人才培养方案”来培养专业人才，又要尽可能地将其外部资源优势转化为教育教学优势，服务于人才培养体系创新和高素质人才的培育。中国高等教育学会会长杜玉波曾强调，智库应“把提升咨政育人的能力和水平作为主要目标”。① 中国高等教育学会原会长瞿振元也指出，高校智库建设要坚持育人宗旨和育人为重的工作思路。② 2017 年 2 月 20 日上海社会科学院智库研究中心发布了《2016 年中国智库报告》，强调高校应当保持以教书育人为本这一初衷，而不可能大规模地转向决策咨询服务。当然，高校智库所培育的复合型智库人才本身也是智库自身的重要人力资源，对于具有研究生尤其是博士研究生培养职能的高校智库而言更是如此。事实上，就高校智库的功能而言，“培养人才，发展科学，从广义上讲，都是在为社会提供服务。”③ 现实中，地方高校智库的外向服务与人才

① 杜玉波. 切实发挥思想政治教育研究咨政育人功能［J］. 中国高教研究，2016（10）：1—3.

② 瞿振元. 高校智库建设要出思想，出人才，还要育人［N］. 光明日报，2015－07－07（15）.

③ 郭峰、任伟伟等. 地方大学文化与地域文化互动发展研究［M］. 北京：人民出版社，2017：124.

培养却常常存在脱节问题。因此，地方高校智库需要在其双重身份、双重运行逻辑之间进行有效协调，发挥好人才培养和外向服务的内在关联优势，使之相互融合和促进，以达成地方高校智库外向服务与人才培养的双重使命。

第二节　知识链条：知识应用与知识生产

大学是知识发展到一定程度的产物，是为了维系知识生产秩序而对知识生产单位进行管理和提供支持条件的社会组织，它确保新的知识不断被创造出来，并以此推动人们来认识世界，改造世界。正如洪堡所言，“大学是把科学和学术当作解决无穷无尽任务的工具，从事永不停止的探索”①，大学的使命反映了知识从生产到应用再到创新这一完整过程。知识的生产、应用和创新，形成了闭环的“知识的链条”，而标识着大学根本价值的则是知识的创造，大学只有不断满足人类对新知识的需求，才能获得存在的必要性，这正体现了基础研究在整个科学研究体系中的重要性。智库时代的知识生产正在经历一个结构性的变化，地方高校智库参与社会建构，首先是一个应用知识的过程，是利用系统化的学科和专业知识来帮助人们实现政治、经济及社会治理的理想、意图或战略计划。在英国学者迈克尔·吉本斯等人看来，知识生产模式Ⅱ的出现引发了我们对于现有知识生产机构（大学、公共研究机构等）的充分性的质疑。作为一种新的知识生产模式，与知识生产模式Ⅰ所界定的知识生产主要在一种学科的、主要是认知的语境中进行不同，知识生产模式Ⅱ是“始于应用的情境，通过跨学科、异质性、组织多样性而形成的环，在新的适应性却情境化的质量控制形式处完成闭合，结果就是一种更具社会问责和反思性的新的知识模式”。② 地方高校智库作为知识生产机构，其知识生产模式，遵从了模式Ⅱ

① ［美］约翰·S. 布鲁贝克．高等教育哲学［M］．王承绪等译．杭州：浙江教育出版社，1998：12.

② ［英］迈克尔·吉本斯等．知识生产的新模式：当代社会科学与研究的动力学［M］．陈洪捷等译．北京：北京大学出版社，2011：8.

中的知识生产逻辑，是在一个更广阔的、跨学科的社会和经济情境中被创造出来；作为知识创造的主体，即高校智库中的学者，恰如费希特所言，其使命“主要是为社会服务，因为他是学者，所以他比任何一个阶层都更能真正通过社会而存在，为社会而存在”①，学者及专家本质上具有与知识的生产、传播相关联的使命，应当把自己为社会而获得的知识，创造性地用于造福社会，随时随地关注特定条件下出现的社会需求。地方高校智库的学科与专业水平往往决定着智库的服务层次及其社会地位。然而，地方高校智库不应仅仅局限于知识的应用，尤其在当前，地方高校智库应随着外部环境变化的需要，主动适应新的产业升级和经济转型，围绕经济社会发展面临的现实问题，打破传统的学科专业壁垒，整合力量推动学科和专业发展，提供新的知识基础与理论工具，通过加强基础研究，促进知识与理论创新。缺乏知识生产或理论创新能力，智库就如同无源之水，无本之木，无从提升其服务品质，也容易丧失其合法的生存空间。

当前，无论是政局风云变幻、国力竞争空前激烈的国际局势，还是新常态下经济与社会结构的调整、优化和创新，都对地方高校智库服务的品质提出了更高的要求；但现实中我国智库在总体上并不尽如人意，存在智库服务能力跟不上形势、不适应形势的现象。2017 年 1 月发布的《中国智库国际影响力研究报告》显示，中国智库在产品设计、开发和品牌创造等方面表现出明显的局限性。② 在 2016 年中国与全球化智库（CCG）联合宾夕法尼亚大学智库研究项目（TTCSP）、光明日报智库研究与发布中心、西南财经大学发展研究院主办的“2016 中国智库创新峰会”上，国务院发展研究中心副主任隆国强指出，我国智库所提供的高质量研究成果不多，当前智库建设的核心是提升其服务能力。③ 地方高校智库同样具有明显的落

① ［德］费希特．论学者的使命 人的使命［M］．梁志学、沈真译．北京：商务印书馆，2013：43.

② 毛莉．智库助力国际话语权构建——《中国智库国际影响力研究报告》发布［EB/OL］. http：//ex. cssn. cn/dybg/gqdy_ gqcj/201701/t20170110_ 3377821. shtml. 2017 - 01 - 10.

③ 隆国强．中国众多智库面临的核心问题是质量［EB/OL］. http：//www. china. com. cn/node_ 7238578/content_ 38806250. htm，2016 - 07 - 04.

后性，突出的表现就是问题意识不强，成果常常是修补式、解释式的，缺乏原创性和建设性。① 究其原因，在很大程度上是由于未能以理论创新来驱动知识应用，形势研判与前沿追踪能力较弱，从服务理念、服务内容到服务模式均滞后于形势发展的需要。为此，2017 年 9 月 24 日，中共中央办公厅、国务院办公厅印发《关于深化教育体制机制改革的意见》，其中特别强调“加强高等学校智库建设，推进高等学校开展前瞻性、政策性研究，积极参与决策咨询”。② 地方高校智库应正确处理知识生产与应用的关系，明确自身作为知识创造者的定位，充分发挥高校跨学科、多学科协同生产知识的优势，着力开展事关国家长远发展的前瞻性基础理论研究，不断推进知识创新。围绕重大现实问题、针对社会热点问题积极释疑解惑，主动介入并引导社会舆论，积极建立创新导向的服务体系，提升服务水平，为科学决策提供坚实的理论支撑，以增强竞争力乃至国际影响力。

第三节　价值原则：功利取向与伦理观照

地方高校智库在服务面向上涉及政治、经济、科技、教育、文化、卫生等不同领域和不同的社会组织机构，在践行其职责过程中，依据不同组织机构的各自需求而确定其行动目标和计划，因而具有鲜明的功利取向。在此，功利取向是指地方高校智库在提供智力和知识服务过程中，立足服务对象的行业规律及具体组织要求，以是否达成服务对象明确提出的目标为评价智库服务水平的核心标准。例如，若地方高校智库的服务面向是政治领域，服务对象是政府机构，那么智库就必须在满足政府所提出的“促进决策科学”“改善社会治理”等相关要求的过程中，尊重和服从政治的逻辑，包括“政治方向正确”“坚持依法治国”“正确处理发展与稳定的关系”“维护国家根本制度”“促进民族团结”等一系列基本方针、政策

① 董奇．我国高校智库发展现状与问题原因分析［N］．光明日报，2015－07－07（15）．

② 中共中央办公厅 国务院办公厅印发《关于深化教育体制机制改革的意见》［EB/OL］. http：//www. moe. gov. cn/jyb_ xwfb/s6052/moe_ 838/201709/t20170925_ 315201. html. 2017－09－25.

法规及相应规范；如果地方高校智库的服务对象是企业等市场组织，那么智库就必须满足企业在“降低成本”“产品创新”“增加利润”等方面的要求，遵循“竞争”“效率”“排他性”等基本的市场法则，等等。显然，不能为政府部门的决策科学化提供有效的智力支持，不能给企业带来产品创新和利润增加，地方高校智库的影响力也就无从谈起。从这个角度来说，地方高校智库在价值原则上以满足功利标准为取向，是作为智库定位的一个基本要求。

然而，地方高校智库在身份定位上首先作为地方高校内部二级机构，高校的组织逻辑构成了高校智库价值与行为选择的重要依据。具体来说，高校作为学术机构及其“研究高深学问”的组织使命，决定了高校智库必然要承担知识传播与学术创新的职能；高校作为教育机构及其“由科学而达致修养”的组织使命，决定了高校智库必然要承担育人职能；高校作为文化机构及其“塑构道德、价值、伦理的社会标准和引领社会文化走向”①的组织使命，则决定了高校智库必然还要承担文化职能。“智库的首要定位是转变思想。”② 从这个命题出发，基于大学逻辑来审视地方高校智库，意味着功利取向不应是地方高校智库唯一的价值原则，而必须践行“明德亲民，止于至善”的大学之道和“为天地立心，为生民立命”的学者情怀；必须热爱学术，以追求真理和知识创新为己任，尊重和保障学术自由；坚持以人为本，促成受教育者身体与心灵的自由；必须站在精英文化的高地，矫正和提纯大众世俗文化。从理想的角度而言，地方高校智库在多元使命中贯穿着伦理的观照，包括家国情怀、大众立场及教育特有的解放的理想。显然这种具有理想主义色彩的旷达情怀与基于现实主义的功利取向是一对矛盾，地方高校智库应有的态度是在尊重大学理想使命关怀的基础上践行功利价值，这要求地方高校智库在践行政治使命过程中不以集团利益而放弃大众立场，在发挥经济职能过程中不以片面趋利而抛弃社会

① 张继明．学术本位视域中的大学章程研究［M］．济南：山东人民出版社，2015：45.

② Case，T.，&Rowell，A.（2015）. A Quiet word：lobbying，crony capitalism and broken politics in Britain. London：Vintage Books. p. 38.

公平正义。这既反映了地方高校智库的特殊性，也是地方高校智库在价值战略上的合理选择。

第四节　职能方式：积极建构与批判解构

在我国特殊的国家体制、教育管理体制及历史传统等因素的影响下，我国高校实际上并不具备充分的独立办学的法人地位，其自主意识和独立办学能力都亟须增强，而高校内部二级单位更是缺乏独立实体的法人地位。同样，我国知识分子在历史上就表现出较强的依附性，并不是一个具有独立意识和独立能力的群体。[①] 因此，无论是高校还是包括高校教师在内的知识分子，在参与国家建设尤其是参与政治建设中往往缺乏独立的立场与标准，习惯性地扮演追随者、诠释者的角色，拘泥于既有的规制及惯习，缺乏“积极建构”的突围勇气和创新意识。这在很大程度上决定了附属于高校的智库具有一定的先天局限性。尽管地方高校智库在服务方式上并不排斥舆论宣传、政策解读等，但从长效发展的角度而言，这样的服务理念、服务模式同理论的求真向善的品质要求是不一致的，而且也不利于高校智库以得天独厚的理论创新能力为基础的独特优势的发挥。与直属于政府部门的智库、纯粹按市场逻辑运行的社会化智库相比，地方高校智库在获取相关资源与信息方面是具有先天的滞后性的，这样就无法与其他智库展开充分竞争，也难以提供更加优质的服务产品。如此，地方高校智库的合法性基础将逐渐弱化。

地方高校智库要不断提升服务能力以增强竞争力，就必须立足于自身独特的品质，包括作为第三方的客观立场与社会公正意识、独立自主的大学精神与群体人格、多学科协同研究体系以及以此为基础的知识生产或理论创新能力等。唯有如此，地方高校智库的独特价值才得以彰显。在具体的职能方式上，地方高校智库的特殊性表现为以“批判地建构”方式参与国家和社会建设。“批判”是一种集成传统和超越现状的人类理智活动，

---

① 别敦荣．中美大学学术管理［M］．武汉：华中理工大学出版社，2000：37.

它包括了怀疑与否定，也包括理解与宽容；其本质在于通过反思与质疑而做出重新判断与理解，是“要确立新的原则，或通过反思批判将原理建立在更为牢靠的新的基础上”①，是以高深知识为基础，以社会理想为标准的负责任的深刻反思。显然，真正的批判是对不合理现实的真诚而理性的解构，这恰恰是“建构”的基础。地方高校智库的建构应该是积极而有意义的，因此必须经历一个批判地解构的过程，能够对服务对象进行批判性的分析，无论是面对社会机构，还是面对政府部门，而不是忽视基本立场，甚至违背科学标准。就智库专家与决策者关系而言，事实上，在政策参与过程中，“专家很少因其洞见的闪现而很快从根本上改变国家政策或者激发一项创新性法律。相反，专家的工作是缓慢的，一般是在一位学者所说的‘知识蠕变’的过程中逐渐构筑知识资本。”② 从根本上说，立足于自身独特的知识资本及其比较优势，是地方高校智库负责任的表现，也是地方高校智库维系精神与人格、获得认同与赞誉的必要之举。在履行职能方式上，批判性解构基础上的积极建构是地方高校智库应有的职能方式。

第五节　研究范式：实证研究与规范研究

学术研究一般可分为实证研究与规范研究，实证研究解决的是“是什么”的问题，通过对相关信息的搜集与分析来揭示事物或问题的本质；而规范研究的目的则在于告诉人们“怎么做”，在信息分析基础上做出价值判断与行为指导。从传统意义上而言，我国人文科学、社会科学领域更加侧重于以思辨为基础进行规范研究，尤其是人文领域的思辨性、规范性研究偏好更加明显。相对于人文研究，我国近现代社会科学研究受西方研究范式的影响，逐渐具备了实证研究的基本特征。从另一个角度来看，我国高校的学术研究往往依托于学科建设，学科范式是我国学术研究的主流范式，而非“问题领域”范式，这种在“学科”与“领域”之间的范式之

① 张汝伦．思考与批判［M］．上海：上海三联书店，1999：525.

②［美］布鲁斯·史密斯．科学顾问：政策过程中的科学家［M］．温珂等译，上海：上海交通大学出版社，2010：8.

争突出地反映在我国高等教育研究界。[①] 从概念到基础性理论，再到系统化的理论体系，运用思辨与演绎的方式建构理论大厦，显然这种学科范式同思辨研究的传统是具有内在联系的。在西方，经验主义、实证主义作为学术研究的主要指导思想，实证研究是其主要研究范式，这也在很大程度上决定了西方高校学术研究往往是问题导向的。从理论上讲，不同的研究范式与方法本身并无优劣之分，研究者应根据研究需要来选择适切的研究范式、研究方法，不同研究范式与方法应相互补充、综合应用，多元化的范式与方法更有利于揭示研究对象的本质。

随着“数据—信息—知识—智慧”[②] 的数据驱动型决策时代的到来，数据和信息的占有、发掘与应用能力越来越成为智库的核心竞争力之一。“在全球层面，数据越来越标准化和量化，表现为国际可比较统计数据、指标、综合指数以及大规模评估数据，所有这些数据都被用于开展监测、制定基准和排名。这些数据越来越多地用来为教育决策和教育投资提供依据，并使其合法化。”[③] 数据信息的挖掘和分析可以有效预测事物的发展走向，能够为决策参考提供科学依据，从而提高智库产品的公信力和影响力。数据同样是地方高校智库研究和建设的基础。与一般的理论研究相比，地方高校智库研究更加强调问题导向、应用导向、需求导向，注重成果质量，而非纯粹的理论建构。同时，智库的研究更适于选择实证研究，由于实证研究往往被批评缺乏价值关切，从理想的角度而言，智库研究的范式在总体上应是建立在实证调查基础上的问题研究与规范研究。但有时智库接受的委托项目属于现状调查、数据采集等，则无须进行价值判断和规范研究，如果项目需要提供明确的对策建议时，规范研究就必须经过科学充分的实证调查。受传统的研究习惯影响，我国部分地方高校智库尚未及时转变研究范式，用单一的学科研究、规范研究范式来开展服务，导致

① 刘海峰．高等教育学：在学科与领域之间［J］．高等教育研究，2009（11）：45—50.

② 刘献君．院校研究规范发展中的若干关系［J］．中国高教研究，2016（10）：20—23.

③ 联合国教科文组织．反思教育：向“全球共同利益”的理念转变？［M］．联合国教科文组织总部中文科译．北京：教育科学出版社，2017：59.

研究成果缺乏针对性、实效性，尤其是可操作性较差。范式转换已经成为当前我国地方高校智库研究面临的重要任务，这种转换应该是走向跨学科的、综合性的、多范式的融合。因此，当前我国地方高校智库要提升研究能力、服务能力，必须凝练主攻方向，突出专业特色，采用科学的研究方法，通过规范的运作流程，完善成果评价与转化机制。这就要求地方高校智库摆脱传统研究习惯的束缚，拓展数据资源平台，优化人才队伍结构，完备信息采集功能，加强实证调查研究。基于研究领域或研究对象，凝练问题，找准问题，找真问题，围绕问题充分搜集相关数据和信息，进而进行科学统计与分析，在此基础上形成科学、可行、有效的问题解决方案。加快范式转换或加强范式融合，是新时期建设高水平地方高校智库的必要条件。

第六节　建设路径：西化思维与中国模式

智库的首要使命是提供有针对性的对策供给服务，促进理论创新也是智库的重要职责，在对策研究、问题研究中必然伴随着理论的发展。因此，对于地方高校智库建设而言，对策供给与理论创新是其两个最基本的职能。无论是对策供给还是理论创新，地方高校智库需要谨防“西化思维”的影响。自近代以来，我国社会产生了一种“向西方学习”的思潮，从学习西方之器物到学习西方制度，再到如今越来越多的人迷信和盲目学习西方的价值观，并试图以之作为中国改革发展的依据。对欧美国家的制度与价值观的迷恋与照搬照抄，背后的思想根源之一就是普适主义，将西方模式视作能够解决一切问题包括中国改革发展问题的万能良药。在我国学术界也存在着这样的思想，对西方理论乃至理论生产范式都视为普遍正确，在学术研究中搞“拿来主义”，以西方理论标准作为普遍的学术评价规则，进而以此作为认识和参与中国建设实践的理论工具。为此，我们需要清醒地认识到，一方面，任何一个成功的发展模式必然是基于本土特征的，不存在普适的发展模式，中国特色社会主义建设只能依靠“中国模式”；另一方面，当前全球化背景下国际社会形势已经发生了重大变化，文化及价值观的输出成为西方推行新殖民主义的主要手段，当前我国对欧美模式的过度推崇和缺乏批判理性的搬用，蕴含着对我国主权安全、文化安全及意识形态安全的威胁，这为当前我国地方高校智库建设提出了认识论和方法论意义上的新要求。

当前，中国正处在一个社会转型时期，“我们所建构的是一个有中国文化性格的现代文明秩序”①，因此，我国地方高校智库建设必须探索和构建起体现中国特色的“中国模式”。一方面，地方高校智库必须从中国国情出发，立足中国国家体制、历史传统与时代发展的要求，分析和解决中国问题，服务于中华民族伟大复兴和全面小康社会建设，服务于当前社会全面转型期供给侧改革、制度创新、文化建设等新课题、新目标；另一方面，地方高校智库建设必须以中国特色社会主义理论为指导，“坚持用中国理论阐释中国实践，用中国实践升华中国理论”②，坚持“四个自信”，探寻符合中国改革发展需要的道路；丰富和发展我国哲学社会科学理论体系、学科体系，构建面向国际的中国学派和中国理论体系，从而体现并发挥中国特色社会主义的道路优势、理论优势、制度优势和文化优势。唯如此，地方高校智库才能最充分地实现其价值。在放眼国际，对国外相关思想、理论与机制进行批判性学习基础上，地方高校智库建设需要与时俱进，发挥高校对外交流广泛的比较优势，积极推动公共外交，创新对外话语表达方式，努力将本土经验话语转化为国际话语，充分体现出中国特色、中国风格和中国气派，这是我国地方高校智库发展的长远之道。

习近平总书记在 2014 年 10 月 27 日主持召开中央全面深化改革领导小组第六次会议时指出，要从推动科学决策和民主决策、推进国家治理体系和治理能力现代化、增强国家软实力的战略高度，把中国特色新型智库建设作为一项重大而紧迫的任务切实抓好；强调统筹推进党政部门、社科院、党校行政学院、高校、军队、科技和企业、社会智库协调发展，形成

① 丁学良. 辩论“中国模式”［M］. 北京：社会科学文献出版社，2011：总序（6）.

② 中共中央印发《关于加快构建中国特色哲学社会科学的意见》［N］. 光明日报，2017－05－17（01）.

“定位明晰、特色鲜明、规模适度、布局合理”的中国特色新型智库体系。中国新型智库发展较晚，高校智库在我国高等教育发展进程中历史十分短暂，是我国高等教育领域的一支新生力量。在当前我国“双一流”建设政策利好的形势下，需要把握好“中国特色，世界一流”这一核心要求，通过优化组织形式和管理方式，创新发展模式，激发地方高校智库发展的内生动力，不断提高其服务质量，增强其服务能力。在此基础上将建设“一流特色智库”和“一流特色学科”作为建设“一流大学”的两轮驱动，以学科支撑智库，以智库反哺学科，促成智库建设与“双一流”建设的良性互动，在人才培养、学术研究、成果转化方面，主动服务和融于国家发展战略。基于此，在探索中国特色新型高校智库建设道路的过程中，明晰地方高校智库发展的核心价值理念，澄清其价值导向，理顺其发展逻辑，无疑是当前学界首先需要厘清的基础性问题，也是助推地方高校智库可持续发展的力量之源。地方高校智库建设需要直面困境与争议，坚持正确的路向选择。只有在不同的价值取向中进行合理调适，理顺发展思路，地方高校智库才能增强咨政能力，提高服务品质。这不仅有利于推动地方高校智库更好地发挥其特色和优势，还有助于进一步明晰地方高校智库作为教育机构的应然使命。

参考文献

一、中文著作

［1］别敦荣．中美大学学术管理［M］．武汉：华中理工大学出版社，2000.

［2］陈洪捷、施晓光、蒋凯．国外高等教育学基本文献讲读［M］．北京：北京大学出版社，2014.

［3］丁学良．辩论“中国模式”［M］．北京：社会科学文献出版社，2011.

［4］“地方智库建设研究”课题组．地方政府智库建设研究［M］．北京：中国发展出版社，2015.

［5］樊鹏、王绍光．中国式共识型决策：“开门”与“磨合”［M］．北京：中国人民大学出版社，2013.

［6］郭峰等．地方大学文化与地方文化互动发展研究［M］．北京：人民出版社，2017.

［7］胡光宇．大学智库［M］．北京：清华大学出版社，2015.

［8］刘复兴．国外教育政策基本文献讲读［M］．北京：北京大学出版社，2013.

［9］唐磊．当代智库的知识生产［M］．北京：中国社会科学出版社，2015.

［10］王莉丽．旋转门：美国思想库研究［M］．北京：国家行政学院出版社，2011.

［11］王耀辉、苗绿．大国智库［M］．北京：人民出版社，2014.

［12］王珩．高校智库建设的理论范式和实践创新［M］．北京：世界知识出版社，2017.

［13］张汝伦．思考与批判［M］．上海：上海三联书店，1999.

［14］郑永年．内部多元主义与中国新型智库建设［M］．北京：东方出版社，2016.

［15］朱旭峰．中国思想库——政策过程中的影响力研究［M］．北京：清华大学出版社，2013.

二、中文译著

［1］［美］保罗·A. 萨巴蒂尔．政策过程理论［M］．彭宗超、钟开斌等译．北京：生活·读书·新知三联书店，2006.

［2］［德］马克斯·韦伯．学术与政治［M］．钱永祥等译．桂林：广西师范大学出版社，2004.

［3］［美］迈克尔·豪利特、M. 拉米什．公共政策研究：政策循环与政策子系统［M］．庞诗等译．北京：生活·读书·新知三联书店，2006.

［4］［古希腊］亚里士多德．政治学［M］．吴寿彭译．北京：商务印书馆，1983.

［5］［德］费希特．论学者的使命 人的使命［M］．梁志学、沈真译．北京：商务印书馆，2013.

［6］［德］尤斯图斯·伦次、彼得·魏因加特．政策制定中的科学咨询：国际比较［M］．王海芸等译，上海：上海交通大学出版社，2015.

［7］［美］安德鲁·里奇．智库、公共政策和专家治策的政治学［M］．潘羽辉等译．上海：上海社会科学院出版社，2010.

［8］［美］伯顿·克拉克．高等教育新论：多学科的研究［M］．王承绪等译．杭州：浙江教育出版社，1988.

[9] [美] 伯顿·克拉克. 高等教育系统——学术组织的跨国研究 [M]. 王承绪等译. 杭州: 杭州大学出版社, 1994.

[10] [美] 伯顿·克拉克: 大学的持续变革——创业型大学新案例和新概念 [M]. 王承绪译. 北京: 人民教育出版社, 2008.

[11] [美] 布鲁斯·史密斯. 科学顾问: 政策过程中的科学家[M]. 温珂等译. 上海: 上海交通大学出版社, 2010.

[12] [美] 弗兰克·M. 格里纳. 质量策划与分析 [M]. 何桢主译. 北京: 中国人民大学出版社, 2005.

[13] [美] 理查德·斯科特. 制度与组织——思想观念与物质利益 [M]. 姚伟、王晓芳译. 北京: 中国人民大学出版社, 2010.

[14] [美] 德里克·博克. 走出象牙塔: 现代大学的社会责任[M]. 徐小洲、陈军译. 杭州: 浙江教育出版社, 2001.

[15] [美] 罗伯特·海涅曼等. 政策分析师的世界: 理性、价值观念和政治 (第三版) [M]. 李玲玲译. 北京: 北京大学出版社, 2011.

[16] [美] 亚伯拉罕·弗莱克斯纳. 现代大学论 [M]. 徐辉、陈晓辉译. 杭州: 浙江教育出版社, 2001.

[17] [美] 约翰·S. 布鲁贝克. 高等教育哲学 [M]. 王承绪等译. 杭州: 浙江教育出版社, 1998.

[18] [美] 约瑟夫·M. 朱兰等. 朱兰质量手册 [M]. 焦叔斌等译. 北京: 中国人民大学出版社, 2003.

[19] [美] 詹姆斯·麦甘、理查德·萨巴蒂尼. 全球智库: 政策网络与治理 [M]. 韩雪、王小文译. 上海: 上海交通大学出版社, 2015.

[20] [美] 詹姆斯·麦甘. 美国智库与政策建议: 学者、咨询顾问与倡导者 [M]. 肖宏宇、李楠译. 北京: 北京大学出版社, 2018.

[21] [美] 珍妮特·V. 哈登特. 新公共服务: 服务, 而不是掌舵 [M]. 丁煌译, 北京: 中国人民大学出版社, 2010.

[22] [英] 玛丽·亨克尔、布瑞达·里特. 国家、高等教育与市场 [M]. 谷贤林等译. 北京: 教育科学出版社, 2005.

［23］［英］迈克尔·吉本斯等．知识生产的新模式：当代社会科学与研究的动力学［M］．陈洪捷、沈文钦等译．北京：北京大学出版社，2011.

［24］［英］维克托·迈尔－舍恩伯格、肯尼思·库克耶．大数据时代：生活、工作与思维的大变革［M］．盛杨燕、周涛译．杭州：浙江人民出版社，2013.

［25］［加］唐纳德·E. 埃布尔森．智库能发挥作用吗？公共政策研究机构影响力之评估（第二版）［M］．扈喜林译．上海：上海社会科学院出版社，2010.

三、期刊文章

［1］陈英霞、刘昊．美国一流高校智库人员配置与管理模式研究——以斯坦福大学胡佛研究所为例［J］．比较教育研究，2014（2）．

［2］程宏、刘志光．中国智库发展的文化与生态构建［J］．社会科学文摘，2017（7）．

［3］程宏、刘志光．智库、智库学与智库文化［J］．智库理论与实践，2016（6）．

［4］杜玉波．切实发挥思想政治教育研究咨政育人功能［J］．中国高教研究，2016（10）．

［5］高振强．地方高校智库的属性及其发展策略［J］．高教发展与评估，2014（3）．

［6］侯定凯．人文社会科学的知识转化机制探析［J］．复旦教育论坛，2011（5）．

［7］侯定凯、朱红蕊．“相互妥协”或“相得益彰”？——反思高校智库与学科发展的关系［J］．高校教育管理，2019（1）．

［8］胡弼成、徐跃、蒋婷铁．和而不同——大学文化培育论［J］．清华大学教育研究，2008（10）．

［9］金姗姗．智库评价：新型高校智库建设的有效工具［J］．教育发

展研究，2016（11）.

［10］李国强．对“加强中国特色新型智库建设”的认识和探索［J］．中国行政管理，2014（5）.

［11］刘登、赵超阳等．新型智库评估理论及评估框架体系研究［J］．智库理论与实践，2016（10）.

［12］刘福才、张继明．高校智库的价值定位与可持续发展［J］．教育研究，2017（10）.

［13］刘福才．大学智库文化的特质及其培育［J］．教育研究，2019（2）.

［14］刘德海．中国特色新型智库协调发展研究——兼论江苏新型智库体系建构［J］．南京社会科学，2014（12）.

［15］刘海峰．高等教育学：在学科与领域之间［J］．高等教育研究，2009（11）.

［16］刘鸿武．发展研究与文化人类学：汇通与综合——关于非洲文化研究的一种新探索［J］．思想战线，1998（1）.

［17］刘献君．院校研究规范发展中的若干关系［J］．中国高教研究，2016（10）.

［18］史晨．从社会科学到社会工程：大学智库的定位策略、问题意识和未来走向［J］．深圳大学学报（人文社会科学版），2017（5）.

［19］王辉耀．中国智库国际化的实践与思考［J］．中国行政管理，2014（05）.

［20］王文．中国应培育浓厚的智库文化——兼谈对智库学者的激励机制［J］．对外传播，2015（9）.

［21］吴岩．建设高等教育智库联盟 推动高等教育改革实践［J］．高等教育研究，2017（11）.

［22］薛澜．智库热的冷思考：破解中国智库发展之道［J］．中国行政管理，2014（5）.

［23］余晖．半官方教育智库如何服务政府决策——香港教育统筹委

员会的经验及启示［J］. 现代教育管理，2015（12）.

［24］余晖、刘福才. 英国高校智库：功能定位、运行机制和服务模式［J］. 比较教育研究，2018（12）.

［25］苑健、刘福才. 不同政策咨询系统中智库产出差异研究［J］. 国家教育行政学院学报，2018（4）.

［26］张新培、赵文华. 谁在为著名高校智库工作——基于人员任职经历的结构化网络分析［J］. 清华大学教育研究，2014（6）.

［27］周光礼、莫甲凤. 高等教育智库及其学术研究风格［J］. 高等工程教育研究，2014（6）.

四、报纸文章

［1］瞿振元. 高校智库建设要出思想，出人才，还要育人［N］. 光明日报，2015－07－07.

［2］董奇. 我国高校智库发展现状与问题原因分析［N］. 光明日报，2015－07－07.

［3］高毅哲、蒋亦丰、刘鸿武：逐梦非洲［N］. 中国教育报，2019－03－28.

［4］国务院港澳办. 官方定调！中央已明确大湾区五大战略定位及港澳广深四城定位［N］. 大湾区研究，2019－01－14.

［5］华南师范大学校长办公室. 关于成立“华南师范大学粤港澳大湾区人力资源发展研究中心”等15个校级社科类科研机构的通知［N］. 华南师范大学文件，2019－01－11.

［6］南京大学中国智库研究与评价中心、光明日报智库研究与发布中心联合课题组. 2018CTTI高校智库及“高校智库百强榜”报告［N］. 光明日报，2019－01－07.

［7］陶郁. 专访吉登斯：生活在“脱缰的世界”［N］. 时尚先生 Esquire，2015－10－02.

［8］许宝健. 大学智库要影响有影响力的人——加拿大智库考察记

(四)［N］. 中国经济时报，2014－10－08.

［9］中共中央印发《关于加快构建中国特色哲学社会科学的意见》［N］.光明日报，2017－05－17.

五、调研报告

［1］南京大学中国智库研究与评价中心. 2018 CTTI 来源智库发展报告［R］. 南京：南京大学，2019.

［2］舒刚：地方高校智库建设存在的问题及对策研究［R］. 国家教育行政学院调研咨询报告，2016（7）.

六、电子文献

［1］《2016 年中国智库报告》发布，最具影响力智库阵营出炉［EB/OL］. http：//news. 163. com/17/0220/22/CDOI58VN000187VE. html. 2017－02－20.

［2］CTTI 智库索引. 广州大学广州发展研究［EB/OL］.［2019－01－20］. https：//ctti. nju. edu. cn/CTTI/organization/searchDetail. do? solrId＝1－9146.

［3］非洲资深外交官格特·约翰斯·格罗布勒大使受邀来院工作. http：//ias. zjnu. cn/2019/0304/c6141a282718/page. htm.

［4］广州哲社网. 广州市哲学社会科学发展"十三五"规划 2018 年度课题立项公告［EB/OL］.［2019－01－20］. http：//www. gzsk. org. cn/index. php? m＝content&c＝index&a＝show&catid＝46&id＝3647.

［5］暨南大学. 传播大数据实验室［EB/OL］.［2019－01－20］. https：//bdclab. jnu. edu. cn/8213/.

［6］暨南大学. 研究院简介［EB/OL］.［2019－01－20］. https：//iie. jnu. edu. cn/1f/80/c10544a270208/page. htm.

［7］"讲好浙江故事、助力'一带一路'智库论坛"会议智库论坛成果获省长袁家军、副省长成岳冲批示［EB/OL］. http：//ias. zjnu. cn/2019/0304/c6141a282727/page. htm.

［8］金华市“两会”关注中非合作，非洲研究院服务地方成效凸显［EB/OL］. http：//ias. zjnu. cn/2019/0304/c6141a282726/page. htm.

［9］刘鸿武院长为《中国大百科全书（第三版）·非洲地理》编撰启动会暨非洲地理学科建设研讨会作专题报告［EB/OL］. http：//ias. zjnu. cn/2019/0306/c6141a283126/page. htm.

［10］刘鸿武院长赴京出席“2019 中国（国际）纪录片论坛”［EB/OL］. http：//ias. zjnu. cn/2019/0405/c6141a286839/page. htm.

［11］刘元春：高端智库要建起“顶天立地”生产体系［EB/OL］. https：//pl. ifeng. com/zhengduimian/special/zdm20/？from = groupmessage&isap - pinstalled = 0#2964ebdd - dafb - 466e - 939e - 9ae5b459753c.

［12］隆国强．中国众多智库面临的核心问题是质量［EB/OL］. http：//www. china. com. cn/node_ 7238578/content_ 38806250. htm，2016 - 07 - 04.

［13］毛莉．智库助力国际话语权构建——《中国智库国际影响力研究报告》发布［EB/OL］. http：//ex. cssn. cn/dybg/gqdy_ gqcj/201701/t20170110_ 3377821. shtml. 2017 - 01 - 10.

［14］面向非洲国家的《中国改革开放与发展实践》系列丛书（英法）版本在非洲发行［EB/OL］. http：//ias. zjnu. cn/2019/0403/c6141a286601/page. htm.

［15］《全球智库报告 2018》发布 浙师大非洲研究院连续三年入选全球“最佳区域研究中心”［EB/OL］. http：//ias. zjnu. cn/2019/0201/c6141a281853/page. htm.

［16］宋碧琳.《中国对南南合作的贡献：案例与启示》特别系列之五“能力建设”，凤凰卫视中文台《龙行天下》栏目，2019 - 4 - 21.

［17］习近平．在哲学社会科学工作座谈会上的讲话［EB/OL］. http：//politics. people. com. cn/n1/2016/0518/c1024 - 28361421. html，2016 - 05 - 25.

［18］香港中文大学．香港教育研究所专题研究报告［EB/OL］.［2019 - 01 - 20］. https：//www. hkier. cuhk. edu. hk/tc/academic_ publications. asp？pageid = 35.

［19］中山大学粤港澳发展研究院．关于数据库内部开放使用的公告［EB/OL］．［2019－01－20］．http：//ygafz. sysu. edu. cn/article/919.

七、英文著作

［1］Abelson，D. E. Do Think－tanks Matter? Assessing the Impact of Public Policy Institutes［M］. Kingston：QC McGill－Queen ´s University Press，2002.

［2］Andrew，R. Think Tanks，Public Policy，and the Politics of Expertise［M］. New York：Cambridge University Press. 2004.

［3］Berman，E. P. Creating the Market University：How Academic Science Became an Economic Engine［M］. Princeton，NJ：Princeton University Press，2011.

［4］Bourdieu，P. Homo Academicus［M］. Stanford，CA：Stanford University Press，1990.

［5］Braml J. US and German Think－tanks［M］. Baden－Baden：Nomos，2004.

［6］Campbell，J. L.，Pedersen，O. K. The national origins of policy ideas：Knowledge regimes in the United States，France，Germany，and Denmark［M］. Princeton：Princeton University Press. 2014.

［7］Case，T.，&Rowell，A. A Quiet word：lobbying，crony capitalism and broken politics in Britain［M］. London：Vintage Books，2015.

［8］Cole S. Making Science：Between Nature and Society［M］. Cambridge，MA：Harvard University Press，1992.

［9］D. E. Abelson. Do Think－tanks Matter? Assessing the Impact of Public Policy Institutes［M］. QC McGill－Queen's University Press. 2007.

［10］Domhoff，W. Who Rules America? Challenges to Corporate and Class Dominance［M］. Boston，MA：McGraw－Hill，2010.

［11］Dror，Y. Design for Policy Sciences［M］. New York：American

Elsevier Press, 1971.

［12］ Dye, T. Top Down Policy Making ［M］. New York, NY: Chatham House Publishers, 2001.

［13］ Fuchs, S. The Professional Quest for Truth: A Social Theory of Science and Knowledge ［M］. Albany, NY: SUNY Press, 1992.

［14］ Geertz, Clifford. Islam Observed: Religious Development in Morocco and Indonesia ［M］. Chicago: University of Chicago Press, 1971.

［15］ Hunter, F. Community Power Structure: A Study of Decision Makers ［M］. Chapel Hill, NC: UNC Press, 1969.

［16］ Jacobs RN, Townsley E. Media Intellectuals and the Social Space of Opinion ［M］. New York: Oxford University Press, 2011.

［17］ James Allen Smith, The Idea Brokers: Think tanks and the Rises of the New Policy Elite ［M］. Ohio: Free press, 1991.

［18］ J. Brawl. US and German Think – tanks ［M］. Baden – Baden: Nomos. 2004.

［19］ J. McGann and E. C. Johnson, Comparative Think Tanks, Politics and Public Policy ［M］. Cheltenham; Edward Elgar. 2006.

［20］ Lamont, M. How Professors Think: Inside the Curious World of Academic Judgment ［M］. Cambridge, MA: Harvard University Press, 2009.

［21］ McGann, J. 2017 Global Go To Think Tank Index Report ［R］. Philadelphia: University of Pennsylvania, 2018.

［22］ McGann J. G., Weaver K. R. Think Tanks and Civil Societies: Catalysts for Ideas and Action ［M］. New Brunswick. NJ: Transaction Publishers, 2000.

［23］ Merton, R. The Sociology of Science: Theoretical and Empirical Investigations ［M］. Chicago, IL: University of Chicago Press, 1973.

［24］ Medvetz, T. Think Tanks in America ［M］. Chicago, IL: University of Chicago Press, 2012.

［25］ Mills, C. W. The Power Elite ［M］. London: Oxford University Press, 1959.

［26］ Peschek, J. Policy – Planning Organizations: Elite Agendas and America' s Rightward Turn ［M］. Philadelphia, PA: Temple University Press, 1987.

［27］ Posner, R. A. Public intellectuals: A study of decline ［M］. Cambridge: Harvard University Press, 2001.

［28］ Stone, D. and Denham, A. Think Tank Traditions: Policy Research and the Politics of Ideas ［M］. Manchester: Manchester University Press, 2004.

［29］ Stone O. Think Tank Traditions, Policy Research and the Politics of Ideas ［M］. Manchester: Manchester University Press, 2004.

［30］ Van Belle, G., Fisher, L., Heagerty, P. et al. Biostatistics: A Methodology for the Health Sciences ［M］. New York, NY: John Wiley and Sons, 2004.

［31］ Whitley, R. The Intellectual and Social Organization of the Sciences ［M］. New York, NY: Oxford University Press, 1984.

八、英文期刊

［1］ Braml, J. U. S. and German think tanks in comparative perspective: German ［J］. Policy Studies, 2006 (3): 222 – 267.

［2］ Carroll, W., Carson, C. The Network of Global Corporations and Elite Policy Groups: A Structure for Transnational Capitalist Class Formation ［J］. Global Networks, 2003, 3: 29 – 57.

［3］ Craft, J., Howlett, M. Policy formulation, governance shifts and policy influence: Location and content in policy advisory systems ［J］. Journal of Public Policy, 2012 (32): 79 – 98.

［4］ Denham, A., Garnett, M. " What Works"? British Think Tanks and the " End of Ideology" [J] . The Political Quarterly, 2006 (77): 156 - 165.

[5] D. Stone, Recycling Bins, Garbage Cans or Think - Tanks? Three Myth Regarding Policy Analysis Institutes [J] . Public Administration, 85 (20), 2007. 259 - 278.

[6] Domhoff, W. The Power Elite and Their Challengers [J] . American Behavioral Scientist , 2009, 52 (7): 955 - 973.

[7] Evans, J. Industry Induces Academic Science to Know Less about More [J] . American Journal of Sociology, 2010, 116 (2): 389 - 452.

[8] Evert Lindquist. Think Tanks or Clubs? Assessing the Influence and Roles of Canadian Policy Institutes [J] . Canadian Public Administration 1993, 36: 547 - 579.

[9] Eyal G , Buchholz L. From the sociology of intellectuals to the sociology of interventions [J] . Annual Review of Sociology, 2010, 36: 117 - 137.

[10] Hirsch P, Michaels S, Friedman R. " Dirty hands" versus " clean models": Is sociology in danger of being seduced by economics? [J] . Theory and Society, 1987, 16 (3): 317 - 336.

[11] J. De LaMothe. A Dollar Short and a Day Late: A Note on the Demise of the Science Council of Canada [J] . Queen´s Quarterly , 1992, 99: 873 - 886.

[12] Kowalchuck L, McLaughlin N. Mapping the social space of opinion: Public sociology and the op - ed in Canada [J] . Canadian Journal of Sociology, 2009, 34 (3): 697 - 728.

[13] McNutt, K. , and Marchildon, G. "Think Tanks and the Web: Measuring Visibility and Influence", Canadian Public Policy, XXXV, 2009, (2). 219 - 236.

[14] McLevey J. Think tanks, funding, and the politics of policy knowledge in Canada [J] . Canadian Sociological Review, 2014, 51

(1): 54 -75.

[15] Medvetz, T. " Public Policy Is Like Having a Vaudeville Act" : Languages of Duty and Difference among Think Tank – Affiliated Policy Experts [J] . Qualitative Sociology, 2010 (4): 549 -562.

[16] Misztal, B. A. Public Intellectuals and Think Tanks: A Free Market in Ideas? [J] . International Journal of Politics, Culture, and Society, 2012 (4): 127 -141.

[17] M. V. Naidu. From an Idea to an Institution: The CUPS [J] . Peace Research, 1984 16, (3): 2 -27.

[18] Siler, K. , McLaughlin, N. The Canada Research Chairs Program and Social Science Reward Structures [J] . Canadian Review of Sociology, 2008, 45 (1): 93 -119.

[19] Simon James. The Idea Brokers: the Impact of Think Tanks on British Government [J] . Public Administration, 1993 (4): 491 -506.

[20] Stone, D. Non – Governmental Policy Transfer: The Strategies of Independent Policy Institutes [J] . Governance , 2000, 13: 45 -70.

[21] Thomas G. A typology for the case study in social science following a review of definition, discourse, and structure [J] . Qualitative Inquiry, 2011, (6) .

[22] Walker, E. , Hernandez, A. andKattan, M. Meta – analysis: Its strengths and limitations [J] . Cleveland Clinic Journal of Medicine, 2008 (6): 431 -439.

九、英文电子文献

[1]" About the Centre for Longitudinal Studies" , University College London website [EB/OL] . 2018 – 04 – 27, http: //www. cls. ioe. ac. uk/page. aspx? &sitesectionid = 26&sitesectiontitle = About + the + Centre + for + Longitudinal + Studies.

[2]" BEIS industrial strategy report cites SPRU evidence", University of Sussex website [EB/OL]. 2018-04-27, http: //www. sussex. ac. uk/spru/newsandevents/2017/talks/beis-report.

[3]" Brighton Fuse", University of Sussex website [EB/OL]. 2018-03-08, http: //www. sussex. ac. uk/spru/impact/brightonfuse.

[4]" CBI annual conference 2016: Prime Minister's speech", UK government website [EB/OL]. 2018-03-08, https: //www. gov. uk/government/speeches/cbi-annual-conference-2016-prime-ministers-speech.

[5]" Centre for Longitudinal Studies Annual report 2014-15", University College Londonwebsite [EB/OL]. 2018-03-08, http: //www. cls. ioe. ac. uk/page. aspx? &sitesectionid=294&sitesectiontitle=Governance.

[6] Charities and giving [DB/OL]. https: //www. canada. ca/en/revenue-agency/services/charities-giving/list-charities/list-charities-other-qualified-donees. html [2018-08-24].

[7]" Creating impact in the wider world: A guide to LSE consulting's services", London School of Economics and Political Sciences website [EB/OL]. 2018-03-08, https: //indd. adobe. com/view/523ade8d-b017-4262-906a-41e71965ed0e.

[8] Global Go To Think Tank Index Report. TTCSP Global Go To Think Tank Index Reports. [EB/OL]. https: //repository. upenn. edu/think_ tanks, 37.

[9] Hoover Institution. Stanford University [EB/OL]. https: //www. hoover. org/about/missionhistory. 2019-03-16.

[10] Hoover Institution. 2018 Annual Report. [EB/OL]. https: //www. hoover. org/sites/default/files/2018ar_ hoover_ small_ web. pdf.

[11] Hoover Institution, Stanford University. [EB/OL]. https: //www. hoover. org/. 2019-03-18.

[12]" Impact and influence", University of Sussex website [EB/OL]. 2018 -03 -08, http: //www. sussex. ac. uk/spru/impact.

[13]" Information for LSE Academics & Experts", London School of Economics and Political Sciences website [EB/OL]. 2018 - 03 - 08, http: //www. lse. ac. uk/business - and - consultancy/consulting/experts/information - for - lse - academics - and - experts.

[14]" Leverhulme Centre for the Future of Intelligence team members", University of Cambridge website [EB/OL]. 2018 - 03 - 08, http: //lcfi. ac. uk/about/people/.

[15]" Leverhulme Centre for the Future of Intelligence team members", University of Cambridge website [EB/OL]. 2018 - 04 - 28, http: //lcfi. ac. uk/about/.

[16]" LSE Public Policy Group", London School of Economics and Political Sciences website [EB/OL]. 2018 -04 -30, http: //www. lse. ac. uk/government/research/research - groups/public - policy.

[17] Rice University' s Baker Institute for Public Policy [EB/OL]. https: //www. bakerinstitute. org/. 2019 -03 -16.

[18] Rice University' s Baker Institute for Public Policy. 2018 Annual Report [EB/OL]. https: //www. bakerinstitute. org/media/files/research - document/553648e3/bi - pub - annualreport2018. pdf.

[19]" Tell us about your research", University College London website [EB/OL]. 2018 - 03 - 08, http: //www. cls. ioe. ac. uk/page. aspx? &sitesectionid = 39&sitesectiontitle = Research.

[20] The Fraser Institute. Michael Walker [EB/OL]. https: //www. fraserinstitute. org/profile/michael - walker [2018 -03 -20].

[21]" The Harvard Sussex Program", University of Sussex website [EB/OL]. 2018 - 03 - 08, http: //www. sussex. ac. uk/Units/spru/hsp/Harvard - Sussex - Program - people. htm.

［22］The University of Hong Kong. About HIEBS［EB/OL］.［2019－01－20］. http：//www. hiebs. hku. hk.

［23］QS Top Universities. QS World University Rankings：Hong Kong［EB/OL］.［2019－01－19］. https：//www. topuniversities. com/university－rankings/world－university－rankings/2019.

［24］" Written evidence from SPRU, University of Sussex（ISG0111）", University of Sussex website［EB/OL］.2018－03－08, http：//data. parliament. uk/WrittenEvidence/CommitteeEvidence. svc/EvidenceDocument/Business,% 20Energy% 20and% 20Industrial% 20Strategy/Industrial% 20strategy/written/39044. html.

［25］加拿大税务局数据库 List of charities［DB/OL］https：//www. canada. ca/en/revenue－agency/services/charities－giving/charities－listings. html［2018－01－25］.

十、英文电子报告

［1］Business, Energy and Industrial Strategy Committee. Industrial Strategy：First Review［R］. London：House of Commons, 2017：56－77.

［2］McGann, J. 2017 Global Go To Think Tank Index Report［R］. Philadelphia：University of Pennsylvania, 2018：157－159.

［3］ThomasBondiguel &Thierry Kellner. The impact of China’s foreign policy think tanks［R］. Beijing：BICCS Asia Paper, 2010. 1－32.

附录一　问卷调查

“高校智库建设”调查问卷

调查问卷填写说明

尊敬的各位领导：

您好！为全面了解当前我国地方高校智库建设及发展现状，更好地发挥高校智库的功能，我们开展本次问卷调查。本问卷调查涉及的各种数据仅用于学术研究，并对您提供的信息严格保密，不会对您产生任何影响，请您根据贵校智库建设现状，填写相关内容，在相应选项字母下面打“√”，或直接在________处填写答案。非常感谢您的支持！

地方高校智库建设课题组

2017 年 4 月 20 日

1. 您的职务是：

A. 高校领导；　B. 智库负责人；

C. 智库研究者；　D. 智库从业者。

2. 您所在学校所属______省（直辖市、自治区）______市

3. 您的学校类型为：

A. 部属高校；　B. 省属高校；　C. 高职院校；

D. 民办高校；　E. 其他：______。

4. 你的学校属于：

A. 211 且 985；　　　　B. 211 非 985；

C. 非 211 省部共建；　D. 非 211 非省部共建。

5. 您了解本校智库建设情况吗？学校智库数量大约为：

A. 国家级：______所；　　　B. 省级：______所；

C. 校级：______所。

6. 您所在高校智库的类型属于（可多选）：请填写选项：

A. 学术思想智库；　　　　B. 战略型智库；

C. 策略型智库；　　　　　C. 政策研究性智库；

D. 专业型智库；　　　　　E. 应用型智库。

7. 根据服务层次面向，您所在高校智库的类型（多选）：

A. 面向院校管理服务类智库；　　B. 面向省部级部门服务类智库；

C. 面向全国服务类智库；　　　　D. 面向国际服务类智库。

8. 根据智库机构建制，您所在高校智库的类型：

A. 挂靠二级学院型智库；　　　　B. 学校直属平台型智库；

C. 校地联合型智库；　　　　　　D. 高校与国家部委联合型智库。

D. 高校与民主党派联合型智库。

9. 根据智库是否担任人才培养职能，您所在高校智库的类型：

A. 担任研究生培养职能型智库；　B. 无研究生培养职能型智库。

10. 根据智库是否担负某项学科建设任务，您所在高校智库的类型：

A. 担负学科建设职能型智库；　　B. 无担负学科建设职能型智库。

11. 根据学科特点，您具体工作的智库类型：

A. 综合类智库；　　　　　　　　B. 专业特色类智库。

12. 您所在学校智库机构的优势学科领域：

A. 人文社科；　　　　　　B. 理工；

C. 农医；　　　　　　　　D. 交叉学科。

13. 您认为高校智库应向哪一类发展：

A. 综合类；　　　　　　　B. 专业类；

C. 对策研究类；　　　　　　D. 基础理论研究类

E 其他（请注明）______

14. 您了解贵校智库人员情况吗？

智库专职人员数量大约为______人；兼职人员数量大约为______人。

15. 学校智库人员学历水平主要为：

A. 博士；　　　　　　　　B. 硕士；

C. 本科；　　　　　　　　D. 本科以下。

16. 学校智库人员职称结构主要为

A. 教授/研究员；　　　　B. 副教授/副研究员；

C. 讲师/助理研究员；　　D. 助教。

17. 智库机构人员年龄结构主要集中在：

A. 50 岁以上；　　　　　B. 40—50 岁；

C. 30—39 岁；　　　　　D. 30 岁以下。

18. 您所在学校智库的主要人事机制（可多选）：

A. 校内双聘制；　　　　　B. 专职科研岗位制；

C. 博士后和访问学者制；D. 驻院（校）专家制；

E. 非全时人员工作制；　　F. 辅助人员人事代理制。

19. 您所在高校智库的经费来源（限选 2 项，请按重要程度降序排序）

A. 财政拨款；　　　　　　B. 企业赞助；

C. 课题经费；　　　　　　D. 社会公益性组织（NGO 或 NPO）捐赠；

E. 其他：（请在后面横线处填写）1. ______；2. ______

您所在智库目前每年可支配经费的数额约为______万元。

20. 您所在智库有哪些相关政策予以配套支持（可多选）：

A. 研究生招生；　　　　　B. 专项经费投入；

C. 项目支持；　　　　　　D. 人员评聘单列；

E. 其他：______。

21. 您所在高校智库成果的呈现形式（可多选）：

A. 论文；　　　　　　　　B. 专著；

C. 成果要报；　　　　D. 调研咨询报告；

E. 资讯成果汇编；　　　F. 智库专刊；

G. 其他（请注明）：______。

22. 近五年来，您所在学校获得的项目立项和成果奖励情况

类别	等级	是 否	数量	备注
项目课题立项	国家级项目	1. 是　2. 否		此表数据为人文社科类
	省部级项目	1. 是　2. 否		
	地厅级项目	1. 是　2. 否		
成果获奖	国家级成果奖	1. 是　2. 否		
	省部级成果奖	1. 是　2. 否		
	地厅级成果奖	1. 是　2. 否		
成果批示	国家领导人肯定性批示	1. 是　2. 否		
	省部级领导人肯定性批示	1. 是　2. 否		
	地厅级领导人肯定性批示	1. 是　2. 否		

23. 您所在高校智库成果转化和报送机制（限选 2 项，请按重要程度降序方式排序）

A. 通过学校专门报送通道上报；　　B. 定期调研咨询报告；

C. 借助网络自媒体平台发布；　　D. 各高校智库横向交流。

E. 其他：1. ______；2. ______（填写选项）

24. 您所在高校智库有哪些信息化平台（可多选）：

A. 数据库；　　B. 资料库；

C. 案例库；　　D. 其他：______。

25. 您所在高校智库绩效评价机制（可多选）：

A. 论文和成果导向；　　B. 贡献和质量导向；

C. 成果分类评价机制；　　D. 其他（请注明）：______。

26. 您所在高校智库机构职能定位（限选 3 项，请按重要程度降序方式排序）

A. 教学、科研结合；　　B. 人才培养与智库建设结合；

C. 基础研究和应用研究结合；　　D. 为院校管理提供决策咨询；

E. 为各级政府决策部门提供决策咨询；

F. 面向区域产业发展提供咨询指导；

G. 为政府、企业、单位开展相关业务培训；

H. 积极参与国际合作交流；

I. 其他：1. ______；2. ______；3. ______（填写选项）

27. 您所在高校智库发展面临的主要问题（限选 3 项，请按重要程度降序方式排序）

A. 领军人才和创新团队匮乏；　　B. 学校重视程度不够；

C. 问题意识不强；　　D. 资金来源不足；

E. 成果转化机制不健全；　　F. 评估机制单一；

G. 学科整合力度不充分；　　H. 教师参与的积极性不高；

I. 智库机构定位不清晰；

J. 不能充分满足国家和区域经济社会发展的需求。

K. 其他：1. ______；2. ______；3. ______（填写选项）

28. 请判断下列描述是否符合您所在智库的实际情况（请在每个题目后面相应选项处打“√”）：

维度划分	二级指标	发展测量指标建构	完全不符合	比较不符合	不确定	比较符合	完全符合
1. 发展能力	资源能力	1. 智库机构人员中全部是专职人员					
		2. 智库机构人员中有兼职人员					
		3. 研究团队中有领军型（首席）专家					
		4. 研究团队具有多学科背景					
		5. 研究团队中有一定的海外背景人员					
		6. 研究机构的资金筹措渠道多元					
		7. 从事研究的科研经费数量充足					
		8. 研究机构有专门的网站平台					
		9. 网站的内容更新比较及时					
		10. 开通了组织机构的微信公众号					

续表

维度划分	二级指标	发展测量指标建构	完全不符合	比较不符合	不确定	比较符合	完全符合
1. 发展能力	运行能力	11. 有专门的组织管理机构					
		12. 研究机构有自己的章程					
		13. 研究机构有独立的行政人员					
		14. 交流合作常态化、制度化					
		15. 治理结构符合智库发展的规律					
		16. 研究问题具有前瞻意识					
		17. 研究领域体现出跨学科导向					
		18. 研究领域体现了明显的问题导向					
		19. 主攻方向突出特色，发挥优势					
2. 思想能力	基础理论能力	20. 研究团队的学术基础良好					
		21. 研究成果能够反哺教学和学科建设					
		22. 学术产出以论文、专著为主					
		23. 发表论文的数量呈上升趋势					
		24. 出版专著的质量越来越高					
		25. 课题立项数量呈上升趋势					
		26. 成果获奖数量呈上升趋势					
	应用政策能力	27. 咨政建言获得国家领导人批示					
		28. 咨政建言获得省部级领导人批示					
		29. 咨政建言获省部级以下领导人批示					
		30. 参与政府规划编制工作					
		31. 为政府部门做报告、讲座					
		32. 为政府、企业、单位开展教育培训					
		33. 为院校管理提供决策咨询					
		34. 定期向政府提供研究咨询报告					
		35. 定期向政府部门递交简报或资讯					

续表

维度划分	二级指标	发展测量指标建构	完全不符合	比较不符合	不确定	比较符合	完全符合
3. 传播能力	媒介手段	36. 定期举办学术会议					
		37. 定期举办专题论坛					
		38. 主办或承办相关专业期刊					
		39. 有专门的咨政报告数据库					
		40. 重视新媒体的网络传播作用					
	覆盖对象	41. 定期为政府部门发行政策简报					
		42. 面向区域行业、产业提供咨询指导					
		43. 面向社会公众提供公益性咨询服务					
	传播技巧	44. 及时通过电子传媒搭建交流平台					
		45. 邀请政府官员在智库担任政策顾问					
		46. 邀请政府官员参加研讨会议、讲座					
		47. 邀请卸任的政策制定者来智库供职					
		48. 调研考察是主要的工作方式					
4. 影响能力	决策影响力	49. 与政府职能部门业务互动频繁					
		50. 智库研究成果获政府领导批示					
		51. 经常接受来自政府的委托项目					
	社会影响力	52. 经常接受来自行业、产业的委托项目					
		53. 学界知名度较高					
		54. 网站访问量呈现上升趋势					
		55. 机构接受媒体采访报道次数频繁					
		56. 报纸网络文章发文数量呈上升趋势					
	国际影响力	57. 与国外高水平智库建立实质性合作关系					
		58. 机构举办国际论坛					
		59. 在国际学术期刊上发表论文					
		60. 机构人员参加国际会议					

29. 您认为当前我国高校智库建设面临的主要问题是什么?

30. 为解决高校智库建设中的这些突出问题，您有什么具体建议?

31 您所在学校的名称：____________（请您放心填写，不会泄露任何信息）

再次感谢您的支持!

附录二　访谈提纲

1. 地方高校智库的学科特色和优势是什么？

2. 地方高校智库团队和人才建设创新之处是什么？

3. 地方高校智库内部治理机制是什么？对外交流平台（国内、国际）是什么？

4. 地方高校智库成果转化的平台与机制是什么？

5. 地方高校智库经费筹措渠道、方式是否多元？运营经费是否充分？

6. 高校智库如何处理好基础理论研究与应用对策研究的关系？

7. 高校智库如何处理好人才培养与智库建设的关系？

8. 高校智库如何处理好与学校、二级学院的关系？

9. 高校智库与媒体之间的关系是什么？

10. 地方高校智库评价体系、激励机制应该如何健全？

11. 当前急需解决的、制约地方高校智库发展的瓶颈问题是什么？

12. 地方高校智库建设（服务能力）如何定位？关于地方高校智库发展的具体建议是什么？